BAEDEKER SMART

Schottland

Wie funktioniert der Reiseführer?

Wir präsentieren Ihnen Schottlands Sehenswürdigkeiten in fünf Kapiteln. Jedem Kapitel ist eine *spezielle Farbe* zugeordnet.
Um Ihnen die Reiseplanung zu erleichtern, haben wir alle wichtigen Sehenswürdigkeiten jedes Kapitels in drei Rubriken gegliedert: Einzigartige Sehenswürdigkeiten sind in der Liste der *TOP 10* zusammengefasst und zusätzlich mit zwei Baedeker Sternen gekennzeichnet. Ebenfalls bedeutend, wenngleich nicht einzigartig, sind die Sehenswürdigkeiten der Rubrik *Nicht verpassen!* Eine Auswahl weiterer interessanter Ziele birgt die Rubrik *Nach Lust und Laune!*

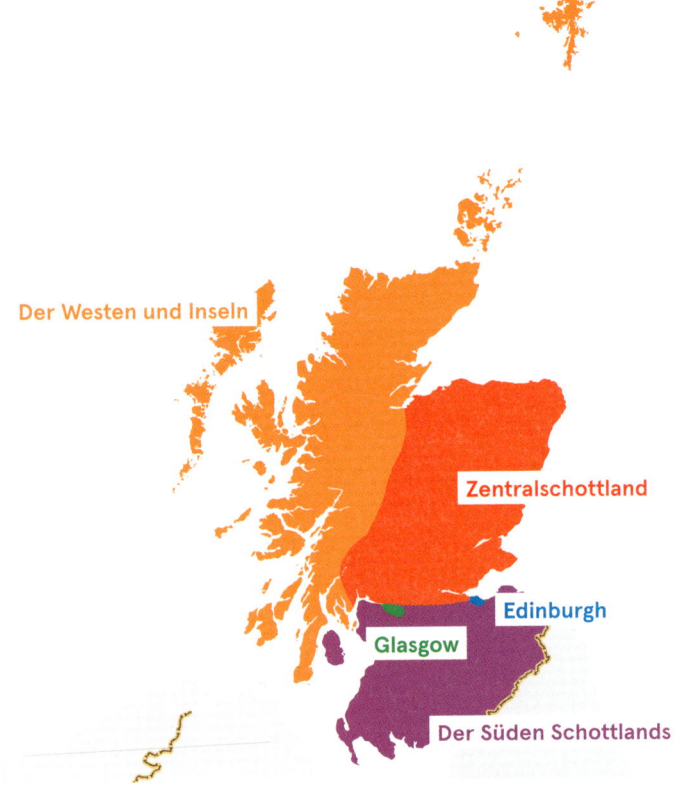

★★ **Baedeker Topziele** 6
**Ein Gefühl für Schottland
bekommen ...** 8

Das Magazin

Wildwechsel 14
Schottische Küche 16
Stock und Stein 18
Musik und Tanz 20
Schottland literarisch 22
Edinburgh feiert 26
Unabhängiges Schottland?.......... 28
»Lebenswasser« Malt Whisky 32

Edinburgh

Erste Orientierung 36
Mein Tag über den Dächern
von Edinburgh 38
★★ New Town 44
★★ Edinburgh Castle 47
Wahrzeichen über der Stadt 50
★★ Scottish Parliament 52
National Museum of
Scotland 53
Nach Lust und Laune! 56
Wohin zum ... Übernachten?
... Essen und Trinken?
... Einkaufen? ... Ausgehen? 59

Glasgow

Erste Orientierung 66
Mein Tag mit
Charles Rennie Mackintosh und
anderen Bauherren 68

★★ Kelvingrove Art Gallery &
Museum 74
★★ Merchant City 77
Nach Lust und Laune! 80
Wohin zum ... Übernachten?
... Essen und Trinken?
... Einkaufen? ... Ausgehen? 88

Der Süden Schottlands

Erste Orientierung 96
Mein Tag in den Borders
mit Rad und Romantik 98
★★ Burns Country 102
New Lanark 105
Nach Lust und Laune! 110
Wohin zum ... Übernachten?
... Essen und Trinken?
... Ausgehen? 114

Zentralschottland

Erste Orientierung 120
Mein Tag
mit Whisky und Castle 122
★★ Cairngorms 128
Loch Lomond 132
Stirling &
the Trossachs 135
Nach Lust und Laune! 138
Wohin zum ... Übernachten?
... Essen und Trinken?
...Ausgehen? 145

Der Westen und Inseln

Erste Orientierung 152
Mein Tag auf Schottlands
spektakulärster Insel 154
★★ Skye & Outer Hebrides 160
★★ The Road to the Isles 165
★★ Glen Coe............................... 168
Loch Ness 170
Nach Lust und Laune! 172
Wohin zum ... Übernachten?
... Essen und Trinken?
... Ausgehen? 179

Spaziergänge & Touren

Great Glen Tour 186
Rund um Ullapool am
Loch Broom 189

Praktische Informationen

Vor der Reise 194
Anreise 197
Unterwegs in Schottland 198
Übernachten 199
Essen und Trinken 200
Einkaufen 201
Ausgehen 201

Anhang

Reiseatlas 203
Register 223
Bildnachweis 227
Impressum 228

Magische Momente

Kommen Sie zur rechten Zeit an den richtigen Ort
und erleben Sie Unvergessliches.

Elegante Teatime
in der Old Town 55
Pint mit Plauderei 81
Gartenpoesie
als Land-Art 109

Gänsehautmoment
auf der Klippe 139
Rendezvous mit
Seevögeln 174

Steil fallen die schroffen Sandsteinklippen im Nordwesten der Insel Hoy (Orkney) herab.

In Ausgehlaune? In der Ashton Lane in Glasgows West End reihen sich Restaurants und Bars.

★★ Baedeker Topziele

Unsere TOP 10 helfen Ihnen, von der Nummer eins bis zur Nummer zehn die wichtigsten Sehenswürdigkeiten einzuplanen.

❶ ★★ Skye & Outer Hebrides
Einsame Berge, schroffe Klippen, düstere Torfmoore und weiße Strände machen aus jeder der Inseln ein Stück entrückte Welt. S. 160

❷ ★★ New Town
Wie aus einem großzügigen Guss wirkt die georgianische Neustadt. Hier begann Edinburghs glänzende Neuzeit – und sie zieht immer noch Flanierende an. S. 44

❸ ★★ Edinburgh Castle
Auf einem Vulkanfels krönt die Burg die mittelalterliche Royal Mile und legt Ihnen die verwunschene Old Town zu Füßen. S. 47

❹ ★★ Road to the Isles
Vom Ben Nevis bis zu den Inseln mäandern Straße und Bahnstrecke so wundervoll durch die Täler, dass Sie die Route gleich noch mal fahren möchten. S. 165

❺ ★★ Cairngorms
Der atemberaubende, alpine Nationalpark mit Caledonia-Kiefern erblüht im Sommer im lila Heideglanz. S. 128

❻ ★★ Glen Coe
Ein Clan-Massaker gab dem Tal traurige Berühmtheit. Der von düsteren Bergen gesäumte Durchlass wirkt heute zivilisiert, doch Highlandmystik ist hier spürbar. S. 168

❼ ★★ Kelvingrove Art Gallery & Museum
Das viktorianische Sandsteinschloss in Glasgow bietet ein grandios skurriles Potpourri aus Kunst, Rüstungen, Mumien, Tiergestalten und sogar einer Spitfire. S. 74

❽ ★★ Burns Country
Zwischen Dumfries und Ayr scheint Schottlands Nationaldichter Robert Burns jedem Bach, Brückenbogen und Hain romantische oder spöttische Verse abgerungen zu haben. S. 102

❾ ★★ Scottish Parliament
So tickt Schottland! Die lichte moderne Architektur in der Old Town ist ein klarer Fingerzeig Edinburghs für die politischen Ambitionen Schottlands. S. 52

❿ ★★ Merchant City
Glasgows altes Handelsviertel zeugt von Glanz und Gloria der einstigen Kaufleute. Heute sind trendige Restaurants, Bars und Läden in die opulenten Mauern eingezogen. S. 77

Ein Gefühl für Schottland bekommen ...

Erleben, was das Land ausmacht, sein einzigartiges Flair spüren. So, wie die Schotten selbst.

Subtropische Fauna

Die Botanischen Gärten mit Pflanzen aus Ozeanien, Südamerika und Südafrika sind sensationelle Tupfen an der kargen Westküste. Die Anlagen Logan im Südwesten und Inverewe im Nordwesten sind die famosesten Enklaven, erblüht auf Basis der heimlichen Beutezüge »viktorianischer Samenjäger«.

Logan Botanic Garden
☩ 209 D1 ✉ Port Logan ⊕ www.rbge.org.uk/visit/logan-botanic-garden ◐ März–Mitte Nov. ✦ 10 £

Inverewe Garden
☩ 217 E2 ✉ Poolewe ⊕ www.nts.org.uk ◐ tgl.; Visitor Centre: s. Website ◐ 15 £

Trainspotting

Von wegen Linksverkehr oder Stress auf engen Landstraßen: Wer mit dem Zug reist, kommt sogar bis zu den Inselfähren. Die Fenstersitze werden beim unverstellten Blick auf ganz viel Gegend schnell zur Loge. Beim Verweilen rund um einen abgelegenen Bahnhof saugen Sie Moorglucksen in sich auf, etwa an der Corrour Station im Rannoch Moor an der West Highland Line. Der Kultfilm »Trainspotting« (1996) nach dem Buch von Irvine Welsh machte den Wildnisstopp zum Inbegriff schottischer Tragikkomik.

West Highland Line: ◐ www.scotrail.co.uk
Corrour Estate: ☩ 213 F3 ◐ www.corrour.co.uk

Whisky on the Isles

Eine Destillenführung ist ein Muss! Bei Highland Park in Kirkwall auf Mainland (S. 175; Orkneys) verwöhnen Sie sinnliche Facetten im Überfluss. Farbe: blasses Gold. Nase: warm, Heidekrauthonig, rauchiger Wohlgeruch, sehr aromatisch. Körper: geschmeidig, fest, abgerundet. Geschmack: leicht salzig, Laub, dann Nüsse, Honig, Zimt, Ingwer. Nachklang: würzig, sehr trocken, Eichenton, rauchig und warm.

So weit die Füße tragen

Den ultimativen Gang durch die Highlands bietet der 152 km lange West Highland Way (S. 132) von Glasgow nach Fort William. Über-

Dramatischer Wolkenlauf am Himmel über der Skye – so verbinden sich raue Natur und Poesie.

Auf Wanderungen erlebt man Schottlands Landschaften intensiv - wie das Glen Coe.

Bei den Highland Games ziehen sie die Blicke auf sich, die Männer in Kilts, z. B. beim Hammerwurf.

nachtet wird in urigen, einsam gelegenen Hotels. Viele lassen ihr Gepäck etappenweise chauffieren. Ein Stückchen zwischen Rowardennan und Inverarnan lässt sich mit der winzigen Ardlui-Fähre, die man per Hissen einer Boje anfordert, über das Loch Lomond (S. 132) zurücklegen.

Traumflug

Schottland hat Traumstrände. Und Schottland hat Traumflüge. Zweimal am Tag landet eine Twin-Otter auf der Hebrideninsel Barra (S. 162) – auf einem Sandstrand, der nur bei Ebbe für das Manöver groß genug ist. Muschelsammler ducken sich, wenn sie den Flieger aus Glasgow kommen hören. Damit hat Schottland den weltweit einzigen gezeitenabhängigen Linienflug – und den kürzesten (S. 199) dazu, nämlich auf den Orkneys.

Highland Games

Tauzieher, Baumstammwerfer, Tänzer und Piper treffen sich im Sommer auf rund 100 Festen, bei denen auch Profis antreten. Die besten Athleten der Clan-Games durften früher Leibwächter der Könige werden. 50 Disziplinen werden streng bewertet; das traditionsreiche Braemar Gathering im September (S. 202) genießt königliche Patronage.

Inselhüpfen

Die kleinen Hebrideninseln Rum, Muck und Eigg sind grundverschieden in Form und Lifestyle. Die kurze Cruise von Arisaig an der Panoramastraße Road to the Isles (S. 165) bietet die Möglichkeit, ein paar Stunden auf Eigg oder Muck zu verweilen, bevor das Boot wieder vorbeikommt. Mit Glück kreuzen Delfine Ihren türkisfarbenen Kurs.

Arisaig : ✝ 213 D4 ⊕ www.arisaig.co.uk

Unterm Torf mit Aussicht

Was gibt es Behaglicheres, als bei Sturm, waagerecht fallendem Regen oder grandiosen Sonnenuntergängen komfortabel zu zweit in einem luxuriös bestückten Erdheim zu sitzen und den Elementen zuzuschauen? Auf der Hebriden-Insel Harris wohnen Sie wie die Wikinger unterm Grasdach, nur viel luxuriöser. Oder wie wäre es mit einem Blackhouse auf Lewis (S. 164)?

Unterkünfte
Harris: ⊕ https://bluereefcottages.com
Lewis: ⊕ www.gearrannan.com

Highlands reloaded

Das Alladale Wilderness Reserve ist ein rund 10 000 ha großes privates Landgut inmitten der wilden Highlands. Heute dürfen Sie zu Fuß, auf dem Rad oder im Safari-Modus an der Vision des Millionärs Paul Lister von der Highland-Renaturierung teilhaben. Es erwarten Sie u. a. eine tolle Berglandschaft, modernrustikale Steinvillen sowie die Möglichkeit zum Angeln und Reiten.

Alladale Wilderness Reserve: ✝ 217 F3, bei Ardgay ⊕ https://alladale.com

Das Magazin

Wilde Natur, großartige Festivals, Musik und Tanz, edler Whisky und eine tiefe Verbundenheit zum Land – willkommen in Schottland!

Seite 12–33

Wildwechsel

Die atemberaubende Wildnis Schottlands – Berge, Moore, Seen und Inseln – teilen sich einheimische Zwei- und Vierbeiner während der Saison mit einer bunten Schar von Wanderern, Kletterern sowie Rad- und Kajakfahrern.

Seite an Seite

Um einen Eindruck von der einheimischen Fauna zu bekommen, muss man heutzutage nicht mehr unbedingt einen abenteuerlichen Trip in die Highlands unternehmen. Besucher des Glentress Forest und der Kailzie Gardens im Tweed Valley können per Livevideo Fischadler (engl.: *osprey*) in ihren Horsten beobachten. Hinter diesem Greifvogel verbirgt sich eine ökologische Erfolgsstory: Nachdem er vor 100 Jahren nahezu ausgerottet war, gelang es nun allmählich, wieder Brutpaare an den Seen und Flüssen des Landes anzusiedeln. Im Tweed Valley scheinen dabei weder Angler noch die jährlich wachsende Zahl der Zweiradtouristen sie zu stören – ein schönes Beispiel friedlicher Koexistenz.

Wenn Sie durch die Nadelwälder der Borders radeln, begegnen Sie mit Sicherheit einem anderen Tier: dem roten Eichhörnchen, das es in ganz Großbritannien nirgends in so großer Zahl gibt wie hier in Schottland.

Bei Rot- und Rehwild gibt es im Land einen Bestand von etwa 400 000 – wodurch junge Pflanzen gefährdet sind. Dank der traditionell liberalen Outdoor-Vorschriften kann man sich als Wanderer in der Natur der Highlands relativ frei bewegen (solange man sich dabei rücksichtsvoll verhält) und hat so gute Chancen, eines der majestätischen Geschöpfe zu Gesicht zu bekommen. Die besten Aussichten bestehen zwar während der Brunft im Herbst, allerdings sollten Wanderer sich in dieser Zeit aus der Schusslinie der Jäger halten!

Rare Gesellen

Die Gewässer um die Isle of Skye mit ihren versprengten Inselchen sind ein Paradies für Kajakfahrer. Paddlern bieten sich mehr Gelegenheiten als anderen Reisenden, Otter,

Der seltene Steinadler hat einen kleineren Kopf als der Seeadler.

Otter sind recht scheue Wesen, an der Küste sind sie am ehesten zu entdecken.

In den Highlands gibt Rotwild den Ton an.

Das rote Eichhörnchen sucht im Deetal nach Futter.

Rotwild, Wildkatzen, Adler u. a. Wildtiere zu sehen (deutscher Veranstalter: www.club-aktiv.de).

Sehr selten und extrem bedroht ist die endemische Schottische Wildkatze mit geschätzt nur noch rund 100 bis 300 reinrassigen Individuen, die besonders im Cairngorms National Park leben. Akut bedroht sind z. B. auch die Auerhähne *(capercaillie)*. Schottlands größter Raubvogel ist der Steinadler. Er beeindruckt mit einer Flügelspannweite von gut 2 m. Im Cairngorms National Park, auf Skye oder auf Mull können Sie nach einem der etwa 500 Paare Ausschau halten – oder Sie legen sich mal auf eine Wiese in den Bergen, den Blick himmelwärts, um einen zu erspähen.

Schottische Küche

In früheren Zeiten kamen Wurzelgemüse, Hafer und Fisch auf den Tisch. Während der Industrialisierung machte der Zuckerimport insbesondere Glasgow reich; der Rohstoff spielte in der Ernährung eine große Rolle. Mittlerweile emanzipiert man sich vom *deep fried junk food*. Das beweisen u.a. rund 10 Michelin-Sterne, die schottische Köche auszeichnen.

Seit je rühmt sich Schottland seiner erstklassigen Nahrungsmittel und erlebte in den letzten Jahren – dank fortschreitender kulinarischer Kultur und immer prominenter werdender Köche wie Martin Wishart – eine wachsende Wertschätzung seiner Produkte von Acker und Bauernhof, aus dem Obstgarten und dem Meer.

Weltruf genießt allemal das Aberdeen Angus Beef, wobei manchen Gourmets Buccleuch Beef als noch feiner gilt. Von exzellenter Qualität ist durchweg das schottische Lammfleisch, besonders jenes aus den hügeligen Borders. Während einheimische Meeresfrüchte früher eher in den Restaurants von Paris und Madrid landeten, gelangt heute und hier frischestes Seafood quasi aus dem Wasser direkt auf den Teller. Denn in den nährstoffreichen Gewässern vor der Küste entwickeln sich Schellfisch, Hummer, Austern und Langusten von hervorragender Qualität. Nicht zu vergessen der berühmte Lachs: Er ist allgegenwärtig in Schottlands Flüssen und Seen, heute stammt er auch von zahlreichen Zuchtfarmen.

Vor allem auf den Tischen hochklassiger Landgasthöfe wird der einst obligatorische französische Käse mehr und mehr durch einheimischen ergänzt, darunter sind der herzhafte Mull Cheddar oder Blauschimmelköstlichkeiten wie der Lanark, der Strathdon und der Dunsyre Blue, die am besten zu einem Glas rauchigen Islay Single Malt munden.

Kulinarische Reise

Auf den Geschmack schottischer Köstlichkeiten kommen Sie übrigens, wenn sich Ihre Reiseroute an den Food-Trails (www.visitscotland.com/ebrochures/en/foodie-trails.pdf) orientiert. Kulinarisch spannend sind die Produzenten und Shops des Seafood Trails und des Scottish Cheese Trails.

Schottische Marken
Zu den bekanntesten Markenprodukten des Landes gehören Loch Fyne Oysters aus der gleichnamigen Bucht, Haggis von Macsween (auch vegan), das preisgekrönte Speiseeis von Mackie's oder Black Pudding von Charles McLeod of Stornoway. Als geschützte geografische Bezeichnung hat sich der Schellfischräucherer Abroath Smokies etabliert – und im ganzen Land kommen neue regionale Marken hinzu.

Frische Potato Scones können ein schottisches Frühstück bereichern.

Schottische Küchenchefs

Eine ganz individuelle Kochkunst verbuchen die folgenden drei Vertreter für sich:
* Tom Kitchin: Der Vertreter der jungen Wilden der Szene erkochte sich in seinem Restaurant in Edinburgh mit lokalen und saisonalen Spezialitäten schon in jungen Jahren einen Michelin-Stern.
* Martin Wishart: Bereits 2001 mit einem Michelin-Stern geehrt, wirkt der Meister in seinem Stammrestaurant am alten Hafen von Leith in Edinburgh (https://restaurantmartinwishart.co.uk/).
* Andrew Fairlie: Fairlie stammt aus Perthshire, wo er im legendären Gleneagles Hotel (S. 146) die zurzeit vielleicht beste Küche des Landes führt – gekrönt von zwei Michelin-Sternen.

Queen Mary spielte gerne Golf in St Andrews.

Stock und Stein

Der Golfsport unserer Tage geht zurück auf das schottische *gowf*-Spiel, das ursprünglich nur aus dem simplen Vergnügen bestand, mit einem Stock einen Stein in die Gegend zu schlagen. Für die Schotten ist Golf heute Volkssport; vielleicht möchten Sie es auch mal versuchen?

Zwar erfand man auch in anderen Ländern Spiele mit Schlagstock und Ball – wie Hockey –, doch Schottland kann sich als historische Heimat des Golfspiels und exzellenter Golf Greens rühmen, die zu den landschaftlich schönsten der Welt zählen. Erstmals urkundlich erwähnt wurde das Golfen im Jahre 1457 – als es offenbar schon so populär war, dass das schottische Parlament es an Sonntagen verbot (damit es nicht das an diesem Tag übliche Bogenschießen verdrängte). 1754 wurde dann unter dem Namen The Society of St Andrew's Golfers der erste kleine Golf-Club gegründet. Als zu Beginn des 19. Jh.s König William IV. die Schirmherrschaft übernahm, erfolgte die Umbenennung in The Royal and Ancient Golf Club. Der R&A mit inzwischen weltweit rund 2500 Mitgliedern gibt international die Regeln dieses Sports vor und ist Ausrichter der British Open Championships.

Ein Ball aus Guttapercha

Bis Mitte des 19. Jh.s wurden Golfbälle traditionell aus Federn hergestellt – was sie teuer machte und ihren Flug unberechenbar, sodass sportliche Erfolge mehr ein Resultat des Zufalls als des Könnens waren. Dies änderte sich 1848, als James Patterson versuchsweise einen Ball aus Guttapercha fertigte – einem festen Naturkautschuk, der als Verpackungsmaterial diente. Der Test verlief positiv und so standen fortan verlässliche Bälle zur Verfügung, die sich problemlos und preiswert produzieren ließen. Außerdem war ihr Material so hart, dass man die Holzschläger nun am Kopf mit Metall bestücken konnte.

Old Tom

Als Erfinder des modernen Golfplatzes gilt Tom Morris senior, der 1861–1867 viermal die British Open gewann und jahrzehntelang Platzwart und Spieler auf dem Old Course in St Andrews war. Er reduzierte die Anzahl der Löcher von 22 auf 18 und entwarf u. a. die Plätze von Muirfield und Carnoustie sowie die erste moderne Anlage (www.prestwickgc.co.uk) in Prestwick.

Der Old Course in St Andrews ist einer der ältesten Golfplätze weltweit.

Die schönsten Greens

- ★ St Andrews – www.standrews.com
- ★ Royal Troon – www.royaltroon.co.uk
- ★ Royal Dornoch – https://royaldornoch.com
- ★ Muirfield – www.muirfield.org.uk
- ★ Carnoustie – www.carnoustiegolflinks.co.uk
- ★ North Berwick – www.northberwickgolfclub.com
- ★ Machrihanish – www.machgolf.com
- ★ Nairn – www.nairngolfclub.co.uk
- ★ Cruden Bay – https://crudenbaygolfclub.co.uk
- ★ Durness – www.durnessgolfclub.org

Musik und Tanz

Die keltische Musik von heute hat ihre Wurzeln in den westlichen Randgebieten des vormaligen Siedlungsraums der Kelten – in Wales, Irland, dem spanischen Galicien, der Bretagne, in Cornwall, auf der Isle of Man und natürlich in Schottland.

Jedes Land hat seine volksmusikalische Tradition bei Tanzweisen, Liedern und dergleichen, mit Merkmalen, die auch bei der Aufnahme fremder Einflüsse spürbar bleiben. Manchmal beschreitet diese Entwicklung ausgefallene Wege: So brachten irische und schottische Auswanderer ihre Musik nach Nordamerika, wo sie sich mit anderen musikalischen Kulturen mischte. Heute nun kehren alte Melodien und Instrumente über den Atlantik in neuem Gewand zurück – man hört in Jazz, Rock und Pop neben Synthesizern die Klänge des Dudelsacks und besinnt sich auf den alten keltischen Liedschatz, um ihn für die kommenden Generationen zu erhalten. Neugierig geworden? Dann können Sie sich bei der Traditional Music and Song Association (TMSA) of Scotland in Edinburgh über aktuelle Termine für Konzerte, Ceilidhs, Folkclubs und Veranstaltungen in Pubs informieren (www.tmsa.scot).

Pipe Band in Selkirk, im Hintergrund Denkma von Sir Walter Scott

Celtic Connections

Das legendäre Festival Celtic Connections (www.celticconnec tions.com) bringt jeden Januar Licht in den düsteren Glasgower Winter und bietet ideale Gelegenheit, sich mit der ganzen Bandbreite dieser Musik vertraut zu machen: Musiker und Sänger aus aller Welt treten bei der Veranstaltung auf und verknüpfen traditionelle keltische Weisen mit Rock oder Klassik zu neuen

An der Fiddle – der von den Shetlands stammende Chris Stout

Klängen. Das spielt sich mal auf großer Bühne, mal in intimer Atmosphäre ab – etwa in kleinen Kneipen bei *ceilidhs* (sprich: »kei-li«), wo musiziert, getanzt und erzählt wird.

Das erfolgreiche Festival hat keltische Musik enorm populär gemacht, weshalb man sie in größeren Städten Schottlands täglich auf irgendeiner Bühne erleben kann. Am Clyde geben sich im Pub-Oldie Scotia Bar (S. 81) und dem reanimierten Clutha Vaults (beide Stockwell Street) Dichter und Sänger das Mikrofon in die Hand. Rock 'n' Roll satt gibt es im King Tut's (S. 93) und Barrowland Ballroom (Gallowgate; https://barrowland.co.uk), Jazz im Avantgarde (Merchant City, www.avantgardeglasgow.co.uk). Edinburghs beste Celtic-Sessions steigen im Sandy Bell's und im Royal Oak (beide S. 63).

Top-Musiker
* Aly Bain und Phil Cunningham: Violin- und Akkordeon-Virtuosen von den Shetlands und aus Edinburgh. Im Sommer regelmäßig auf Tournee.
* Capercaillie: Die Band mischt traditionelle mit modernen gälischen Klängen. Einzigartig ist die Stimme von Sängerin Karen Matheson.
* Julie Fowlis: Eine der besten Gälisch-Sängerinnen des Landes. Tritt auch bei Celtic Connections auf.
* Dougie McLean: Sänger, Liedermacher und Komponist aus Perthshire. Sein Heimweh-Lied »Caledonia« ist einer der meistgesungenen schottischen Folk-Songs.
* Eddi Reader: Die Sängerin interpretiert Songs nach Texten von Robert Burns für ein breiteres Publikum.
* Chris Stout: Supergeiger und Frontmann der Band Fiddler's Bid von den Shetlands.
* Runrig: Schottische Folk-Rock-Band, die ihre Abschiedstour 2018 auch in deutsche Städte führte.
* Shooglenifty: Die Folkrock-Band ist der innovative Star der keltischen Musik und mischt gekonnt Musikstile.
* Talisk: Dynamisch-mitreißende Folkinterpretationen.

Schottland literarisch

In der schottischen Literatur sind der gälische Volksmund und die Tradition des Geschichtenerzählens lebendig – wodurch selbst so unterschiedliche Autor:innen wie Robert Burns und J. K. Rowling (»Harry Potter«) verbunden sind.

Populäre Poesie

Robert »Rabbie« Burns (1759–1796) gilt als Schottlands Nationaldichter. In seinen Liedern und Balladen griff der Bauernsohn – sein kurzes Leben lang Flasche und Frauen zugeneigt – häufig schottische Sagenstoffe auf, teils mit derbem Humor (»Tam o' Shanter«, 1790), und verfasste neben idyllischer Naturlyrik auch bewegende Liebesgedichte. Manche seiner Verse wie »Auld Lang Syne« – auf Deutsch unter »Nehmt Abschied, Brüder …« bekannt – wurden zu Volksliedern, die heute noch oft erklingen.

Geschichte wird populär

Während Burns früh in Armut starb, war dem aus Edinburgh stammenden und wohl bekanntesten Schriftsteller Schottlands, Sir Walter Scott (1771–1832), zunächst mehr Lebensglück beschieden, konnte er sich von seinen Honoraren doch ein schlossartiges Anwesen leisten! Scott machte das Genre des historischen Romans europaweit populär und entlehnte wie Burns viele seiner Themen der schottischen Volksdichtung.

Helden und Historie

Scott war ein Meister der Schilderung persönlicher Schicksale vor der Kulisse geschichtlicher Ereignisse, erstmals 1814 in dem Roman »Waverley«, dem bald weitere erfolgreiche »Waverley Novels« folgten. Viele seiner Romane und Erzählungen, darunter weltbekannte Titel wie »Ivanhoe« (1819), spielen in Schottland und beschwören die Romantik der Highlands und Moore. Sein Leben verlief ähnlich romanhaft wie seine Werke. Zuletzt schrieb er sich um Leib und Leben, um einen riesigen Schuldenberg ehrenhaft zu tilgen.

Posthum inspirierten seine Werke viele Opern und Filme. Letztlich muss Schottland ihm sogar

Historische Illustration zu »Peter Pan«, der im Nimmerland lebt und nicht erwachsen wird.

Outlander

Als Diana Gabaldon 1991 ihr erstes Buch »Outlander« (dt. »Feuer und Stein«) veröffentlichte, erweckte sie die Vergangenheit zu neuem Leben: Die Krankenschwester Claire wird in einem schottischen Steinkreis ins Jahr 1743 zurückversetzt und verliebt sich dort in den Highlander Jamie. Zusammen geraten sie beide in den Sog des Jakobiten-Aufstands von 1745/46 … Die Serien-Verfilmung der Saga in Schottland bringt seither Besucherinnen und Besucher zu den faszinierenden Drehorten – eine lohnende Spurensuche. VisitScotland führt die Outlander-Fans zu den spannendsten Schauplätzen: www.visitscotland.com/de-de/things-to-do/attractions/tv-film/outlander/.

dankbar sein für die Highlandmystik und den daraus resultierenden Tourismus an den geschilderten Schauplätzen.

Abenteuer!

Schottische Schriftsteller bewiesen auch viel Fantasie und Sinn für Abenteuer. Eine der vertrautesten Figuren aus der Feder eines schottischen Autors ist sicherlich »Peter Pan«, den James Matthew Barrie (1880–1937) 1904 in die ewige Jugend schickte. Unsterblich wurde auch »Die Schatzinsel« (1883) des in Edinburgh geborenen Robert Louis Stevenson (1850–1894). Ein Welterfolg wurde sein Roman »Dr Jekyll and Mr Hyde«, der sich einer gespaltenen Persönlichkeit widmet – worin sich auch in gewisser Weise Edinburghs Seele spiegelt.

Und schließlich stammt aus Schottland auch der erste Spionagebestseller des 20. Jh.s, John Buchans (1875–1940) »Die neununddreißig Stufen« (1915). Im Jahr 1935 wurde er kongenial verfilmt von Alfred Hitchcock.

Von Detektiven und Zauberern

Als Meister der Spannung zeigte sich Arthur Conan Doyle (1859 bis 1930), der mit »Sherlock Holmes« die berühmteste Detektivfigur aller Zeiten schuf. Als Vorbild diente ihm ein Professor für Gerichtsmedizin in seiner Heimatstadt Edinburgh.

Ian Rankin, Schöpfer von Inspector Rebus und Ermittler Malcolm Fox

Ein Eigenbrötler wie Holmes ist auch Detective Inspector John Rebus, den sein Autor Ian Rankin (geb. 1960) seit 1987 in der schottischen Hauptstadt auf Verbrecherjagd schickt: Er ist eher der Typ des verlotterten Genies, der es aber stets schafft, mit unorthodoxen Methoden seine Fälle zu lösen – auch als Rentner.

Literarische Kneipentour

Eine abendliche Tour durch Lieblingslokale schottischer Schriftsteller beginnt am Beehive Inn (Grassmarket) in Edinburgh und führt durch Hinterhöfe und Gässchen der Altstadt. Geleitet wird sie von den fiktiven Figuren Clart und McBrain, die unterwegs neben interessanten Ausführungen z. B. auch eine leidenschaftliche Diskussion über den Zusammenhang von Alkoholgenuss und Kreativität anstoßen. Gänsehaut ist garantiert an den Orten, die R. L. Stevenson zu seinem Klassiker »Dr Jekyll and Mr Hyde« inspirierten, und hoffentlich kein Naserümpfen nötig über laszive Verse von Robert Burns (www.edinburghliterary pubtour.co.uk). Eine ähnliche Tour gibt es übrigens auch in Glasgow.

Weltweit werden die »Harry-Potter«-Romane von J. K. Rowling gelesen.

Ab 2010 schickte Rankin einen zweiten Ermittler samt Team durch Edinburgh: Malcolm Fox ermittelt z. B. in »Ein reines Gewissen« gegen seine eigenen Kollegen.

Der jüngste literarische Star aus Schottland ist der Zauberlehrling »Harry Potter« – die Idee zu dieser Figur soll seiner aus Südengland stammenden, aber in Schottland lebenden Schöpferin Joanne K. Rowling (geb. 1965) in einem Café in Edinburgh gekommen sein, in dem sie angeblich saß, weil sie kein Geld hatte, ihre Wohnung zu heizen! Die insgesamt sieben Bände wurden in mehr als 80 Sprachen übersetzt und verkauften sich bis heute weltweit über 500 Millionen Mal. Ihr Erfolg spielte sicher eine ausschlaggebende Rolle dabei, dass ihr Wohnort Edinburgh 2004 zur ersten UNESCO City of Literature ernannt wurde.

Edinburgh feiert

Das berühmte Edinburgh International Festival und das Edinburgh Festival Fringe locken mit Anspruch und ausgefallenem Programm im August Besucher aus der ganzen Welt an.

Drei Wochen lang im August steht die Royal Mile Kopf und wird zur grandiosen Theaterbühne. Während der Festivalsaison treten überall Künstlerinnen und Künstler auf und unterhalten das Publikum.

Musikalisch verbunden
Vor der St Giles' Cathedral gibt ein Dudelsackpfeifer Folk-Rock-Versionen alter schottischer Tänze zum Besten und wird dabei mit afrikanischen Rhythmen von einem Musiker aus Gambia unterstützt. Die beiden haben sich eben erst kennengelernt, doch als Zuhörer würde man schwören, dass sie schon jahrelang zusammenspielen. Ein Stück die Straße hinunter speit ein Zylinder tragender Feuerschlucker leuchtende Salven in die Luft, an der nächsten Ecke mimt eine Frau den Blechmann aus dem »Zauberer von Oz« – ein regelrechter Karneval, der sich hier in mittelalterlichem Ambiente entfaltet, aber so ist

> **Festivals – Kontakte**
> - Allgemeine Infos: www.edin burghfestivalcity.com
> - Edinburgh International Festival: www.eif.co.uk
> - The Fringe: www.edfringe.com
> - Royal Edinburgh Military Tattoo: www.edintattoo.co.uk
> - Edinburgh International Film Festival: www.edfilmfest.org.uk
> - Scottish Storytelling Centre: 43-45 High Street, Edinburgh EH1 1SR; www.scottishstory tellingcentre.com/

Edinburgh nun, im August, zur Festivalzeit. Dieses außergewöhnliche Kulturfestival ist das größte der Welt und bringt regelmäßig im August mehr als 2 Millionen Besucher in die Halbmillionen-Stadt, die förmlich in Kultur baden, sei es bei klassischer Musik oder Jazz, bei Oper, Theater oder Kleinkunst und Performance in Zimmertheatern, wobei die Prominenz sich die Klinke in die Hand gibt.

Begonnen hat alles als kulturelles Friedensfest nach dem Zweiten Weltkrieg, dann wuchs schnell der Ableger »Fringe« empor, der heute das weitaus größere Fest ist mit über 50 000 Acts an 25 Tagen! Im gleichen Zeitraum finden noch weitere Festivals statt: das Royal Edinburgh Military Tattoo (Militärkapellen; Abb.), das Literaturfestival und andere.

Sprungbrett Fringe

Im Gegensatz zum ernsteren Edinburgh International (EIF) geht es beim Fringe bunt und chaotisch zu, weshalb ihm meistens die Schlagzeilen gehören. So wird dort jährlich ein begehrter Comedy Award vergeben, der beste Witz wird gekürt.

Auf dem Fringe starteten seinerzeit Berühmtheiten wie Monty Python oder Emma Thompson und Stephen Fry ihre Karrieren. Letzten Endes sind es jedoch die kleinen Events, die auf dem Fringe Festival das Salz in der Suppe bilden: An den unterschiedlichsten Orten erlebt man hier extravagante Künstler, in der Argyle Cellar Bar wie in den Voodoo Rooms. Publikumsrenner sind andererseits die großen Aufführungen im Pleasance, dem Gilded Balloon und den Assembly Rooms – reservieren Sie beizeiten: Die Shows sind begehrt und schnell ausgebucht.

Hört, hört!

Wie sehr Schotten Kommunikation durchs Geschichtenerzählen im Blut liegt, erfahren Sie im Scottish Storytelling Centre (John Knox House, Royal Mile).

Wer gut Englisch spricht, sollte das International Storytelling Festival (www.sisf.org.uk) in der letzten Oktoberwoche besuchen, wo auch aktuelle globale Themen wie Umwelt und Flüchtlingsschicksale thematisiert werden.

Unabhängiges Schottland?

Die Geschichte der Schotten ist geprägt vom wechselnden Verhältnis zum Nachbarn England. 1707 endete vorerst die Selbstständigkeit. Doch die Idee einer eigenen Nation ist weiter aktuell.

Die schottische Fahne ist blau und trägt ein weißes Andreaskreuz.

Das bisweilen blutige Drama der beiden Völker auf der Britischen Insel hat eine Ouvertüre, die schon länger Norden und Süden der Insel trennte. Als die Römer einst in Britannien vordrangen und eine geeignete Infrastruktur importierten, stießen sie im Norden auf heftigen Widerstand.

Die keltischen Volksstämme setzten den Römern so zu, dass die Weltmacht kapitulierte und eine Grenzbefestigung, den Hadrianswall, errichtete. Mit Augenzwinkern könnte man Schottland also als widerspenstiges »Gallisches Dorf« am Ende der Welt bezeichnen (in Anlehnung an die »Asterix«-Serie).

Ein gutes Jahrtausend später kochten die Kämpfe zwischen den militärisch weit entwickelten Engländern und den teilweise in einer Clan-Gesellschaft lebenden Schotten auf ständiger Flamme. Zugleich wurden diese aus dem Norden von den Wikingern bedrängt. Das Schlachtenglück wechselte, doch blieben die leicht bewaffneten Schotten immer dann siegreich, wenn sie die Engländer in schottischem Morast zum Kampf zwangen. Die Niederlagen der viel besser ausgerüsteten Engländer wogen umso schwerer, als sie 1297 in Stirling Bridge und 1314 in Bannockburn (S. 136) zahlenmäßig weit überlegen waren.

»Braveheart« als Sieger bei Stirling Bridge

Helden der Unabhängigkeit

Die derart heroische Verteidigung der Unabhängigkeit bereitete der Legendenbildung einen so nahrhaften Boden, dass die Geschichte von »Braveheart« William Wallace bis heute eine Grundlage für Filme und Lieder bildet. Dabei ist über Wallace eigentlich kaum mehr als das bekannt, was der blinde Bänkelsänger Blind Harry 200 Jahre nach Wallace' Tod in einem Versepos erdichtete. Das famose Talent der Schotten zum Storytelling hat sich übrigens bis heute wunderbar erhalten. Wallace' kurzlebiges Schlachtenglück – nach Stirling Bridge wurde er wegen seiner Guerilla-Taktik zum Guardian of Scotland (»Hüter Schottlands«) hochstilisiert – hätte eigentlich in ein Paar Verszeilen gepasst. Weil er aber in seinem Versteck auf Dumbarton Castle verraten wurde, mit Schimpf nach London verbracht und dort 1305 aufs Schändlichste öffentlich gemartert und hingerichtet wurde, versprüht sein Leben unsterblichen Heldenglanz.

Problematische Zweisamkeit

Sein glücklicherer Zeitgenosse und Kampfgefährte Robert Bruce wurde indes zum verbrieften Unabhängigkeitshelden. Er krönte sich 1306 in Scone bei Perth als Robert I. zum schottischen König. Im Moor von Bannockburn schlug er 1314 die Engländer König Eduards vernichtend und schickte dann eine Unabhängigkeitspetition an den Papst, welcher London zu einem Vertrag überreden sollte. Am 3. Mai 1328 erklärte London mit feierlichen Worten Robert Bruce zum Freund und seine Schotten zu einer freien Nation – mit dem Zusatz: »Auf ewig!«.

Friede, Eintracht und Union
In den nächsten Jahrhunderten verquickte sich das englische Leben mal friedlich, mal kriegerisch mit dem der in den Borders lebenden Schotten. Grenzburgen und -abteien wurden vielfach zerstört, doch auf der royalen Ebene ergaben sich Verwandt- und Seilschaften. So sehr, dass nach dem Tod der kinderlosen englischen Monarchin Elizabeth I. 1603 plötzlich der Schotte Jakob Thronfolger wurde. Der war nicht nur Sohn von Maria Stuart, sondern auch Ururenkel eines englischen Königs. Aus England und Schottland wurde eine Personalunion. 1707 entstand sogar die Realunion Großbritannien.

Schottische Parlamentarier ließen sich durch Bestechung dazu bewegen, die Unabhängigkeit aufzugeben. Schottland war bankrott, ab jetzt blühte es in der Union auf und Edinburgh wurde in nur hundert Jahren Aufklärung zu einem führenden geistigen und wissenschaftlichen Zentrum Europas, wie es etwa Voltaire anerkannte.

Der Schriftsteller Walter Scott, der sich mit romantischen Schilderungen um die Highlands europaweit einen Namen machte (S. 22), sorgte 1822 beim ersten Besuch eines englischen Königs nach fast 200 Jahren für eine perfekte Inszenierung. Der Hannoveraner Georg IV. wurde in Edinburgh gut empfangen und ließ sich von Scott mit einem Kilt beschenken und bekleiden, und mit den immer noch unterschwelligen Animositäten war damit auch die Ächtung des Tartan vom Tisch: Glanzleistung eines Romanciers in Sachen Völkerverständigung.

Unabhängigkeit wird wieder sexy
Dennoch blieb für viele Schotten die Aufgabe der Unabhängigkeit eine Schande. Im 20. Jahrhundert war es speziell der für die sozial fühlenden Schotten verhasste Liberalismus Margaret Thatchers (Premiermin. 1979–1990), welcher der sezessionistischen Scottish National Party (SNP) Aufschwung gab. Als Tony Blair für die britische Labour Party 1997 Premierminister wurde, gestand dieser Walisern, Nordiren und Schotten Abstimmungen für mehr Selbstverwaltung zu. Die Schotten votierten für die sogenannte Devolution und erhielten ein neues Parlament, das sich heute am unteren Ende der Royal Mile in Edinburgh befindet. Am 12. Mai 1999 erklärte die betagte SNP-Abgeordnete Winnie Ewing zur ersten Sitzung: »Das schottische Parlament, das sich am 25. März 1707 vertagte, ist hiermit wieder eröffnet.«

Seither hat meist die Scottish National Party (SNP) Schottland als eine Art föderale Region regiert. Indes ging 2014 das von London genehmigte Referendum mit 55,3 zu 44,7 Prozent verloren, weil die ältere Generation dagegen votierte.

Das von Enric Miralles entworfene Parlament in Edinburgh greift die Struktur der Stadt und der umgebenden Landschaft auf.

In seiner Panik hatte Westminster weitergehende Zugeständnisse versprochen.

Für und wider den Brexit
Im Jahr 2016 wurden die Karten durch das Brexit-Votum jedoch neu gemischt: Im Gegensatz zu England und Wales votierten 62 Prozent der Schotten gegen den EU-Austritt.

Das führte allerdings nicht dazu, dass sich die Mehrheitsverhältnisse Richtung Unabhängigkeit verschoben hätten. Die schottische Gesellschaft ist in dieser Frage weiterhin ziemlich genau in der Mitte gespalten.

Liedgut für eine Nation
Eine Hymne haben die Schotten schon. Der Folkpopsong »Flower of Scotland« wird bei Großereignissen inbrünstig intoniert. Nicht die Distel wird als Nationalblume besungen, sondern die jungen Kämpfer, die in Bannockburn die Truppen des englischen Königs Eduard »heimschickten, damit er noch einmal nachdenke«. Bei der Brexit-Abstimmung im Londoner Unterhaus legten die sangesfreudigen Schotten noch eins drauf. Die 59 schottischen Abgeordneten begannen spontan zu summen und zu singen: die Europa-Hymne.

»Lebenswasser« Malt Whisky

Während der langen Lagerung im Holzfass verdunstet ein Teil des Whiskys. Die Schotten nennen diesen Schwund *angels' share* (Anteil für die Engel) – und ob man nun an Engel glaubt oder nicht: Ein edler Single Malt ist ein himmlisches Vergnügen.

Der Begriff »Whisky« ist eine Anglisierung des gälischen *uisge beatha*, was soviel wie »Lebenswasser« bedeutet. In alter Zeit galt das Getränk denn auch ernstlich als Heilmittel. Heutige Mediziner sehen das nüchterner.

Noch gar nicht so lange ist Whisky ein schottisches Nationalgetränk: Im 17. und 18. Jh. hielt man sich lieber an Claret, einen aus Bordeaux importierten Roséwein. In Riesenfässern geliefert, wurde er auch in großen Portionen konsumiert. Es waren letztlich die hohen Steuern auf Wein, die den Whisky attraktiv machten – zunächst als illegale Alternative: Viele berühmte Destillerien entstanden aus ehemaligen Schwarzbrennereien.

Der feine Malt
Prinzipiell unterscheidet man drei Arten: »Blended«, »Grain« und »Single Malt«. Der Erste ist eine

Eine große Schatzkiste für Whiskyliebhaber: Royal Mile Whiskies in Edinburgh

Fünf Top-Destillen
★ The Macallan, Craigellachie
★ Glenmorangie, Tain
★ Talisker, Carbost
★ Highland Park, Orkney
★ Laphroaig, Islay

Mitarbeiter der Destille Edradour im Lagerhaus

Verkostungen

Bei einer Verkostung finden Sie heraus, wonach der Whisky für Sie schmeckt, wenn Sie auf folgende Aspekte achten:

Farbe – reicht von blassem Gold bis dunklem Bernstein
Struktur – enthüllt sich nach sachtem Bewegen des Glases
Nase – beim Einatmen erschnuppern Sie die Aromen
Gaumen – die Nuancen schmeckt man am besten ganz vorne im Mund
Finish – im Abgang konzentriert sich nochmals gut der Charakter des Whiskys

Mischung *(blend)* von Grain Whisky (aus Getreidedestillat) und Malt Whisky (aus Malzmaische). Entstammt ein Malt einer einzigen Brennerei, spricht man von einem Single Malt, einer Spezialität mit individueller – mal sanfter, mal markanter – Prägung.

Als Zutat von Cocktails ist Single Malt zu schade, birgt er doch, wie gute Weine, sehr feine Geschmacksnuancen; sie sind vom verwendeten Quellwasser und Gerstenmalz sowie dem Torf, über dessen Feuer Inselwhisky getrocknet wird, abhängig.

Zentrum der Whiskyherstellung mit rund 60 namhaften Destillerien ist der Speyside District im Nordosten (S. 138), gefolgt von der Region Islay (sprich: »eila«) im Westen. Gute Islay-Whiskys haben intensive Torfnoten und sind trotz rauchiger Anmutung geschmeidig am Gaumen. Ideal für eine ausgiebige Verkostung ist das Scotch Whisky Experience (S. 56) an der Royal Mile in Edinburgh. Auf jeden Fall den Autoschlüssel zu Hause lassen! Und dann heben Sie genüsslich das Glas mit dem goldenen Elixier gen Himmel, zum Wohle der Engel ...

Förmlich zu explodieren scheint die Stadt im August, wenn Edinburgh International Festival, Fringe und Royal Military Tattoo die Menschen begeistern.

Edinburgh

Die schottische Zunge rollt »Edinbarra«. Zwei Altstädte hat die Kapitale – begehbar mit Sportschuhen und auch mit High Heels.

Seite 34–63

Erste Orientierung

Die engen Höfe, die steilen, gewundenen Gassen und hoch aufragenden Häuser der Altstadt rufen die Erinnerung an das dicht besiedelte Edinburgh des Mittelalters wach. Die New Town zeigt sich dagegen mit luftigen Plätzen, großzügigen Boulevards, eleganten Häuserzeilen und gepflegten Gärten.

Edinburgh erstreckt sich zwischen den Vulkanresten von Castle Rock, Arthur's Seat und Calton Hill. Trotz dieser Hügel lässt sich Edinburgh, das historisch sehr gut erhalten ist, am besten zu Fuß erkunden: Überall bieten sich atemberaubende Blicke. Im Sommer zeigen sich in der steinernen Stadt viele grüne Tupfen, von den großen, offenen Princes Street Gardens zu den umschlossenen Gärten der New Town oder in den kleinen versteckten Ecken der Altstadt.

Die Architektur der 1970er-Jahre hat im Zentrum von Edinburgh kaum Einzug gehalten, mit Ausnahme der Princes Street. Für einen unverstellten Blick spazieren Sie auf den Vulkanhügel Calton Hill, wo sich das in der Burg gipfelnde Panorama zum Sonnenuntergang unvergesslich einprägt.

In Edinburgh mit seinen vielen Cafés und Pubs, Restaurants und dem lebendigen Nachtleben rund um Grassmarket und Cowgate ist immer etwas los. Tagsüber locken die hervorragenden Museen und unterhaltsame Stadtführungen mit jeweils vielfältigen Angeboten.

Zur Festivalzeit (S. 202) im Sommer verdoppelt sich die Bevölkerungszahl in dieser feierfreudigen Stadt.

TOP 10
- ❷ ★★ New Town
- ❸ ★★ Edinburgh Castle
- ❾ ★★ Scottish Parliament

Nicht verpassen!
- ⓫ National Museum of Scotland

Nach Lust und Laune!
- ⓬ Scotch Whisky Experience
- ⓭ Grassmarket
- ⓮ St Giles' Cathedral
- ⓯ Underground Edinburgh
- ⓰ Museum of Childhood
- ⓱ Our Dynamic Earth
- ⓲ Palace of Holyroodhouse
- ⓳ Royal Yacht *Britannia*

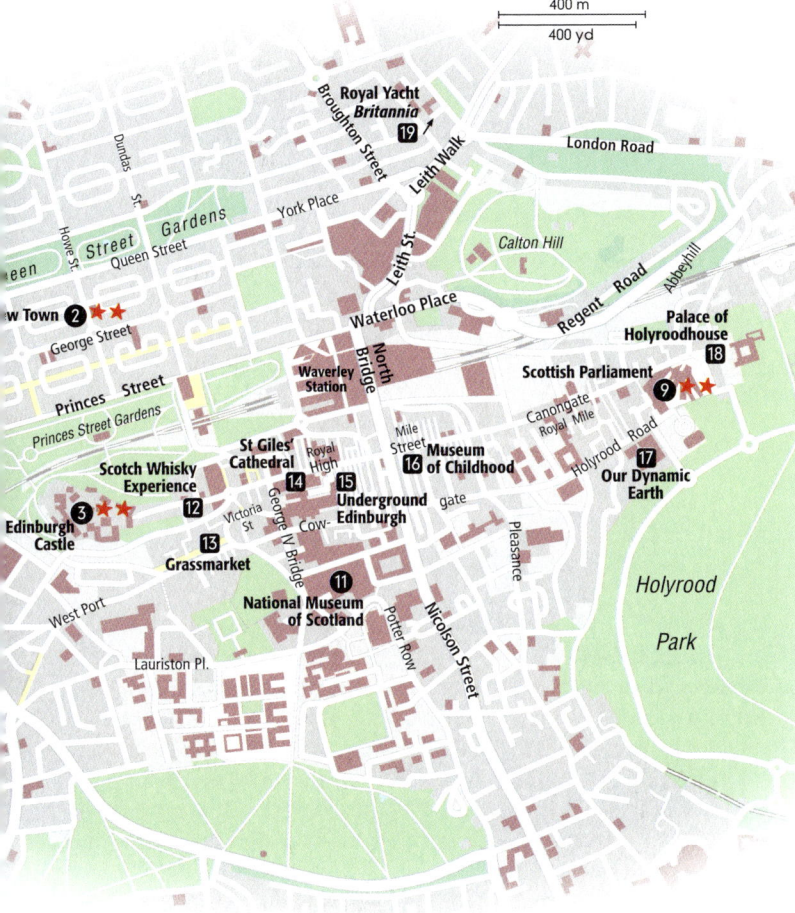

Mein Tag über den Dächern von Edinburgh

Es geht heute hoch hinaus. Auf diese Weise gewinnen Sie einen schönen Überblick über die enge Old Town und die mondäne New Town. Auf Ihrem Spaziergang über Hügel und Dächer kommen Sie auch den Geschmäckern dieser Stadt auf die Spur. Und ganz unten tauchen Sie in die Magie der bildschönen Hauptstadt Schottlands ein.

9.30 Uhr: My castle! My view!

Beginnen Sie den Tag in Edinburgh mit einem Spaziergang auf den mächtigen Burgfelsen in der Old Town und schlüpfen Sie direkt ins markante ❸ ★★ Castle (S. 47) – am besten nach Onlinebuchung vorab.

Ihr Adlerblick fliegt von hier oben nach Norden über die Princes Street Gardens und die New Town bis zum Firth of Forth und hinüber nach Fife – was für ein magischer Ausblick! Nach Osten gleitet der Blick über die absinkende Royal Mile zum nächsten Vulkanfelsen, dem Arthur's Seat.

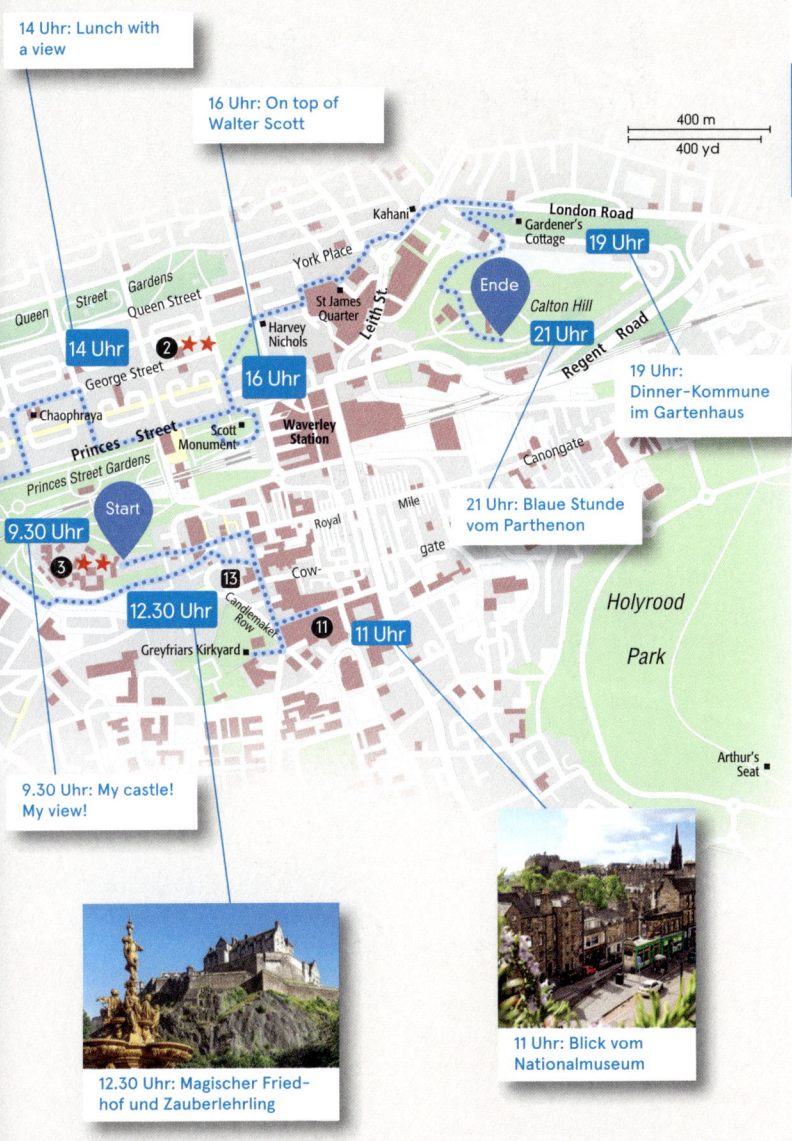

9.30 Uhr

Das 800 Jahre alte Castle hat als Königspalast, Garnison und Schlachtfeld gedient.

Schottische Kronjuwelen und das Geburtszimmer von Maria Stuarts Sohn Jakob (S. 48) im Schloss von Edinburgh sorgen für einen königlichen Start in den Tag.

11 Uhr: Panoramablick vom Nationalmuseum

Einen recht ungewöhnlichen und etwas versteckten Aussichtspunkt bietet das ⓫ National Museum of Scotland (S. 53).

Hoch oben vom Dach, von der siebten Ebene, schweift der Blick über die umliegenden Gebäude, während drinnen das Balcony Café in der großartigen Grand Gallery einen fantastischen Ausblick auf die luftig-geschwungene viktorianische Architektur bietet – ideal für eine Tasse Kaffee und ein erstes Scone.

Schauen Sie sich definitiv einige der Highlights der umfassenden Sammlung an, darunter die Millennium-Uhr, die immer zur vollen Stunde ein skurriles Figurenspiel in Gang setzt.

12.30 Uhr: Magischer Friedhof und Zauberlehrling

Machen Sie unbedingt einen Abstecher über den magischen Friedhof (Kirkyard) von Greyfriars. Grabsteine mit Namen aus der »Harry-Potter«-Saga sowie das Denkmal für den treuen Hund Bobby sind immer gern umlagert.

12.30 Uhr

11 Uhr

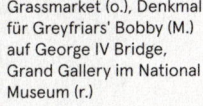
12.30 Uhr

Grassmarket (o.), Denkmal für Greyfriars' Bobby (M.) auf George IV Bridge, Grand Gallery im National Museum (r.)

Von der George IV Bridge kuscheln Sie sich in die steile Victoria Street. Sieht sie nicht aus wie die Vorlage der verzauberten Winkelgasse aus dem berühmten Roman und Film »Harry Potter«? Kitschfreie Lädchen erfreuen auf dem Weg, instagramtauglich ist der Fassadenblick empor vom ⓭ Grassmarket (S. 56). Hier hingen früher Verbrecher am Galgen.

Von hier gehen Sie um den Burgfelsen herum hinüber in die New Town. Die Burg schwebt förmlich über den Princes Street Gardens (Abb. S. 39 links; mit Ross-Brunnen)!

14 Uhr: Lunch with a view

Im thailändischen Chaophrayha in 33 Castle Street in der ❷ ★★ New Town (S. 44) nehmen Sie im vierten Stock in einem gläsernen Dachaufbau Platz. Welch ein überragender Ausblick: Bei einem würzigen Lunch genießen Sie den Blick aufs ❸ ★★ Castle.

Ein filigraner Turm krönt das Scott Monument, das den Dichter Sir Walter Scott ehrt.

16 Uhr: On top of Walter Scott

Diesmal müssen Sie sich den *view* erarbeiten. 288 Stufen sind es bis zur höchsten Plattform des Scott Monument (o.) am Rand der Princes Street Gardens mit Blick auf Old und New Town. Oben wird's sehr eng. Scotts Romanfiguren schmücken den gewaltigsten Schrein, der je für einen Autor gebaut wurde.

Auch die schicke ❷ ★★ New Town (S. 44) nebenan hat ihren Aussichtsbalkon – nobel und loungig. Im Edelkaufhaus Harvey Nichols (S. 62) lassen Sie den Nachmittag mit einem sanften Cocktail ausklingen. Der Blick aus dem vierten Stock legt Ihnen die elegante New Town rund um den St Andrew Square zu Füßen. Vielleicht gehen Sie danach noch ein wenig shoppen im modernen Einkaufszentrum St James Quarter – viele Marken sind hier vertreten.

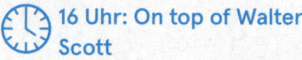

Abendstimmung senkt sich über die Stadt, die vom Calton Hill aus besonders schön zu betrachten ist.

19 Uhr: Dinner-Kommune im Gartenhaus

Dieses unvergessliche Dinner bitte vorab buchen! Im Gardener's Cottage sitzen und reden Sie miteinander an langen Tischen und genießen das exquisite Menü (40 £). Keine Völlerei, sondern Verkosten von Hausgarten und schottischer Flur, schlicht kreativ.

Günstiger und noch etwas exotischer ist am Beginn des Leith Walk das schicke indische Restaurant Kahani.

21 Uhr: Blaue Stunde vom Parthenon

Das Finale zur blauen Stunde liegt direkt ums Eck: Steigen Sie auf den vulkanischen Calton Hill. Bestückt mit einem baulichen Panoptikum – darunter ein unfertiges Parthenon, deshalb »Athen des Nordens« genannt –, ist dies der opulenteste Hügel in der City. Stadt und Castle erglühen vor Ihren Augen in der aufkommenden Nacht.

Chaophraya
✉ 33 Castle Street ☎ 0131 634 00 23
🌐 www.chaophraya.co.uk/edinburgh

Gardener's Cottage
✉ 1 Royal Terrace Gardens ☎ 0131 558 12 21
🌐 www.thegardenerscottage.co

Kahani
✉ 10–12 Antigua Street (Leith Walk)
☎ 0131 558 19 47
🌐 www.kahanirestaurant.co.uk

❷ ★★ New Town

Warum?	So ein edles, homogenes Stadtbild finden Sie sonst nirgends
Was?	Auf den Calton Hill für den Blick aufs Ganze
Wie lange?	Mindestens einen halben Tag
Wann?	Nachmittags bis zur blauen Stunde
Was noch?	Schnäppchenjagd nach Edeldesign bei Harvey Nichols
Resümee	Die Gründerjahre im 18. Jh. müssen eine dynamische Zeit gewesen sein

Edinburgh wie aus einem edlen Guss! Wenn Sie über die im georgianischen Stil geplanten Boulevards stromern, ist es trotz des Autoverkehrs möglich, sich in die klassizistischen Gründerjahre vor 250 Jahren zurückzuversetzen. Die Boutiquen und Läden passen traumhaft ins Ensemble der New Town, das die überbevölkerte Old Town entlasten sollte.

Das neue Stadtviertel Edinburghs entstand auf Wunsch der wohlhabenden Kaufleute, die der Altstadt, in der Arm und Reich auf engstem Raum zusammenlebten, entfliehen wollten. Der junge Architekt James Craig gewann 1767 mit dem Plan von drei parallel liegenden, jeweils in einem Platz endenden Straßen den Wettbewerb zur Gestaltung der New Town. Die breite George Street zieht sich zentral durch das Viertel. Von der Princes Street blickt man auf die Altstadt und das Schloss und von der Queen Street genießt man die Aussicht auf den Forth und auf Fife. Dazwischen verlaufen die weniger mondänen Rose Street und Thistle Street parallel zur Hauptachse George Street. Dieser Komplex wird als First New Town bezeichnet.

Heute umfasst die New Town ein Gebiet, das sich westlich bis zur Haymarket Station erstreckt und die Häuserzeilen vom dörflichen Dean Village sowie die ruhigen Straßen unterhalb der Queen Street Gardens umfasst. Punktiert wird die Städtebauperle durch homogene

Monochrome Fassade in der Scotland Street in New Town

Vom Calton Hill verfolgt der Blick das städtische Treiben auf der Princes Street.

runde Wohnplätze. Brennpunkt des geschäftigen Treibens und edlen Shoppings ist der östliche St Andrew Square.

Charlotte Square und Umgebung

In der klassizistischen Eleganz der westlichen New Town wird gewohnt und repräsentiert. Die feine Nordseite des Charlotte Square gilt als Meisterstück des schottischen Baumeisters Robert Adam (1728–1792). Weiter nördlich schuf Alexander Nasmyth (1758–1840) das Brunnenhaus St Bernhard's Well am Flüsschen Water of Leith mit der Figur der griechischen Göttin Hygeia. Der Bauingenieur Thomas Telford (1757–1834) entwarf die hohe, fast grazile Dean Bridge, unterhalb derer Sie aus der Stadt ins Dean Village spazieren. Einen guten Eindruck vom Leben in der

Florales all-over: Schlafraum in einem Haus am Charlotte Square

damaligen Zeit vermittelt Ihnen das Georgian House (Charlotte Sq. 7), in dem das Leben der gebildeten Bürger während der Zeit der schottischen Aufklärung perfekt erhalten zu sein scheint. Die hellen, großzügigen Räume und der Blick auf den Platz kontrastieren mit der Enge der Old Town. Für einen Vergleich besuchen Sie das gleichfalls privilegierte, jedoch klaustrophobischere Gladstone's Land, ein typisches Hochhaus des 17. Jh. am oberen Ende der Royal Mile. Zurück auf dem Charlotte Square mit seinem Albert Memorial finden Sie die offizielle Residenz des Ersten Ministers der schottischen Regierung im Bute House (Nr. 6). 2024 zog hier John Swinney von der Schottischen Nationalpartei ein.

Unterhalb des Charlotte Square liegt auf der anderen Seite der Queen Street der Moray Place, eines der auffallendsten Wohnensembles der New Town. Gebäude mit von klassizistischen Pilastern geschmückten Fassaden umschließen einen Privatgarten in der Mitte des Platzes – fast kommen Sie sich wie ein Eindringling vor. R. L. Stevenson, Autor der »Schatzinsel«, wohnte in der Heriot Row Nr. 17 mit Blick auf die Queen Street Gardens – heute ein tolles B & B! Am unteren Ende der India Street bilden zwei Straßenbögen den Royal Circus. Entworfen wurde er von William Playfair (1789 bis 1857), einem Ingenieur, Stadtplaner und Mathematiker.

9 Dean Park Street

KLEINE PAUSE

Lassen Sie sich über Kerr Street und die Flussbrücke nach Stockbridge treiben, hier in die **Kaffeerösterei Mr Eion.**

✢ 204 A–C, 3,4 🚌 41

Georgian House
✢ 204 A3 ✉ 7 Charlotte Square
☎ 0131 225 21 60

⊕ www.nts.org.uk/visit/places/georgian-house
🕐 März–Okt. tgl. 10–17 Uhr
🎫 12,50 £

EDINBURGH

❸ ★★ Edinburgh Castle

Warum?	Die erste grandiose Sicht reicht von der zerklüfteten Felsnase über Stadt und Förde bis in die Berge
Was?	Queen Mary Stuart was here! Gebar 1566 hier oben Sohn Jacob, König über drei Länder
Wie lange?	Eine gute Stunde
Wann?	Gleich nach der Öffnung um 9.30 Uhr
Was noch?	Die normannische St Margaret's Chapel (um 1130) ist Edinburghs ältestes intaktes Gebäude
Resümee	Angesichts der Burg und der Krone wird schnell klar, welche mächtige Rolle Herrscher hier spielten

Die berühmte Burg auf dem Vulkanfelsen ist wahrlich die Krönung Edinburghs, weshalb sich jährlich zwei Millionen Besucher hier tummeln. Die 800 Jahre alte Festung, die ein paar Mal den Besitzer wechselte, war Königsort und Garnison. Die schottischen Kronjuwelen und die magische Aussicht bis zum Firth of Forth machen den Besuch zu einem echten Vergnügen. Für das Musikfest des Royal Edinburgh Military Tattoo im August und für schottische Mystik gibt das Castle den fulminanten Hintergrund.

Ganz entrückt ist die Position der Festung über der Hauptstadt.

Symbole der Macht

Nachdem Sie das Tor passiert haben, steigen Sie über das Kopfsteinpflaster weiter zum Crown Square hoch; danach geht es abwärts. Der Eingang zum Kronsaal mit den historischen schottischen Throninsignien – den ältesten Kronjuwelen in Europa – befindet sich in einer Ecke des Platzes (evtl. mit Wartezeit).

Nach einem Streifzug durch die schottische Geschichte anhand einer Reihe von Bildern stellt der Kronsaal den Höhepunkt dar. Die für König Jakob V. angefertigte Krone mit der eingearbeiteten Goldkrone von Robert the Bruce ist reich geschmückt. Das goldene Zepter ist mit religiösen Motiven dekoriert. Es wurde ursprünglich im 15. Jh. von Papst Alexander VI. an Jakob IV. übergeben, während das Schwert ein Geschenk von Papst Julius II. ist.

Die schottischen Kronjuwelen waren in den letzten Jahrzehnten auch wieder häufiger im Einsatz. Bei den Eröffnungsfeierlichkeiten für ein frisch gewähltes schottisches Parlament sowie 2023 bei einer offiziellen schottischen Zeremonie aus Anlass der Thronbesteigung von Charles III. verließen die Kronjuwelen die Burg.

Lange Jahre befand sich im Castle auch der sogenannte Stone of Destiny. Der schottische Krönungsstein ist aber seit dem Jahr 2024 im neuen Perth Museum ausgestellt (S. 138).

Royal Apartments

Zu den Royal Apartments gehört die Kammer, in der Maria Stuart 1566 den späteren König Jakob VI., als Jakob I. König von England, zur Welt brachte. Die Räume mit Holzvertäfelungen und Kaminen erstrahlen im ursprünglichen Glanz des 16. Jahrhunderts. Allerdings befand sich Jakob nur ein Jahr in der Obhut seiner Mutter. Dann wurde Maria Stuart zugunsten des Babys entthront. Jakob selbst kam als britischer König nur noch ein einziges Mal zurück nach Schottland.

Die Glasfenster in St Margaret's Chapel (12. Jh.) zeigen die hl. Margarete von Schottland.

Die Great Hall in Edinburgh Castle wird noch für Empfänge genutzt.

Erinnerungen und Ehrungen – rund um Crown Square

Die Great Hall, der Bankettsaal an der Südseite des Platzes mit einem Deckengewölbe aus massivem Holz, war einst Sitz des Parlaments. Das Scottish National War Memorial an der Nordseite erinnert an die schottischen Opfer der beiden Weltkriege. Dahinter hat man Zugang zur kleinen St Margaret's Chapel (12. Jh.), die marodierenden Soldaten über 800 Jahre trotzte. Daneben steht die Belagerungskanone Mons Meg aus dem 15. Jh., die mit gewaltigen Steinkugeln bis zu 4 km weit schießen konnte. 1513 wurde sie in der Schlacht bei Flodden als Muckle Murderer bekannt. Steigen Sie vom Crown Square auch zu den in den massiven Fels gehauenen Vaults (Kasematten) mit der Ausstellung »Prisons of War« hinab. Sie wurden als Lagerräume, aber auch als Bäckerei und Gefängniszellen benutzt.

KLEINE PAUSE

Nach der Besichtigung setzen Sie sich am besten mit einem Coffee-to-go auf die Wiese der **Princes Street Gardens.**

✠ 204 B2
✉ am oberen Ende der Royal Mile
☎ 0131 2 25 98 46
⊕ www.edinburghcastle.scot

🕐 April–Sept. tgl. 9.30–18, Okt.–März 9.30–17 Uhr; besser vorab reservieren
🚌 9, 23, 27 Victoria Street ✦ Erw. 19,50 £/Kinder 11,40 £ (Online-Preise)

Wahrzeichen über der Stadt

Der Legende nach bauten bereits die Pikten im 5. Jh. eine erste Festung auf dem Vulkanfelsen. Die ältesten Teile der heutigen Anlage stammen aus dem 12. Jh. Edinburgh Castle gehört zu den größten Touristenmagneten des Landes und ist der beherrschende Punkt in der Silhouette der Hauptstadt.

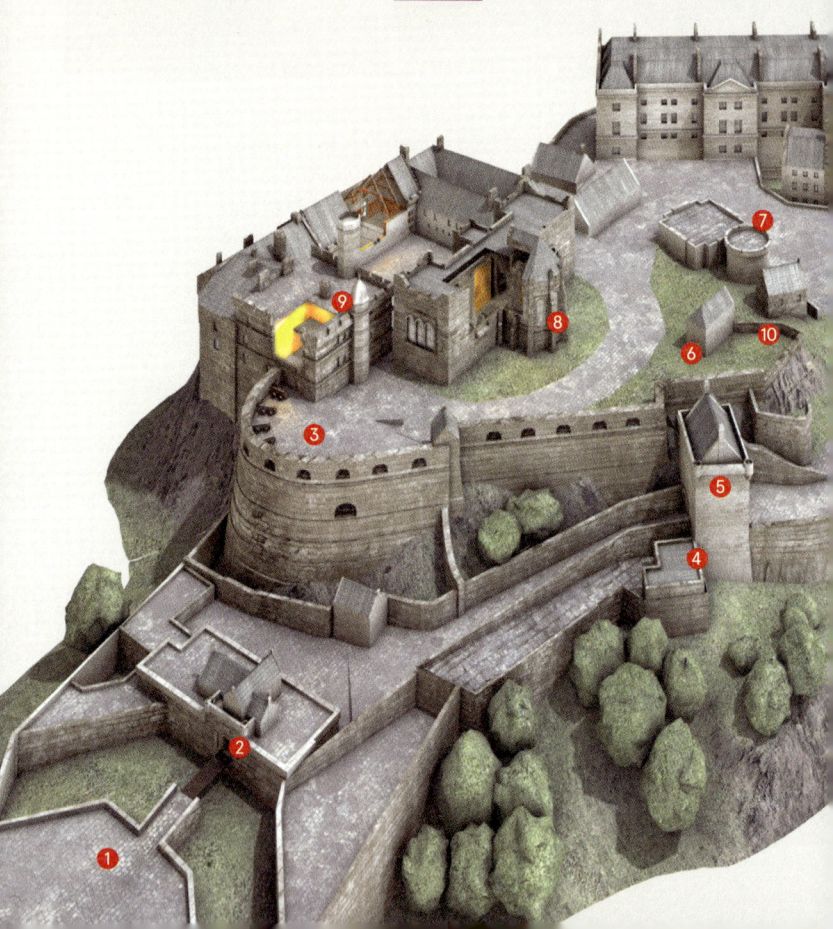

❶ Esplanade: Mehr als 200 000 Besucher kommen jedes Jahr im August zum Musikfestival Edinburgh Military Tattoo, das bereits seit 2010 den von Queen Elizabeth II. verliehenen Titel »Royal Edinburgh Military Tattoo« trägt.
❷ Gatehouse: Am Haupteingang erinnern zwei Bronzestatuen an Schottlands Nationalhelden: Robert the Bruce (links) und William Wallace (rechts).
❸ Half Moon Battery: Um den mittelalterlichen David's Tower, der 1573 einer Belagerung zum Opfer fiel, ließ James Douglas, der 4. Earl of Morton, bis 1588 die Halbmondbastion errichten. Ihre 18-Pfünder-Kanonen wurden 1810 während der Napoleonischen Kriege gegossen.
❹ und ❺ Portcullis Gate im Argyle Tower: Ein Wappenschild der Royal Coat of Arms of Scotland und eine schottische Krone zieren das Fallgitter-Tor, an dem heute die Führungen starten.
❻ St Margaret's Chapel: Die 1250 heiliggesprochene Margarete war die zweite Frau von König Malcolm III. Ca. 40 Jahre nach ihrem Tod, um 1130, baute ihr Sohn David I. die kleine Kapelle – das älteste erhaltene Gebäude der Stadt.
❼ Wasserturm: Wasserreservoir.
❽ Scottish National War Memorial: Denkmal für die Gefallenen der beiden Weltkriege.
❾ Royal Palace: Königspalast mit dem Kronsaal.
❿ Mons Meg: Fast 100 Jahre war die 1449 in Mons gegossene Bombarde im militärischen Einsatz. 1558 feuerte sie Salutschüsse zu Ehren der Hochzeit von Maria Stuart.
⓫ National War Museum: Im ehemaligen Hospital.
⓬ Redcoat Café: Ideal zum Ausspannen und Energietanken.
⓭ One O'Clock Gun: Auf der Mills Mount Battery wird unter der Woche um 13 Uhr die Ein-Uhr-Kanone abgefeuert – Traditionspflege aus der Zeit, als Segelschiffe im Firth of Forth ihre Chronometer danach einstellten.

EDINBURGH CASTLE

❾ ★★ Scottish Parliament

Warum?	Atemberaubende Architektur für spannende Debatten
Was?	Eine einstündige Gratisführung machen, damit man Architektur und Politiksystem besser versteht
Wie lange?	Mindestens eine Stunde
Wann?	Wenn getagt wird, dürfen Sie von der Galerie aus zuhören
Was noch?	Direkt danach zum Holyrood-Palast nebenan, in jeder Hinsicht ein krasser Kontrast
Was nehme ich mit?	Den offiziellen Tartan des Parlaments, denn der Shop bietet die einzige Möglichkeit, ihn zu kaufen
Resümee	Auch einem Parlament steht eine Kinderkrippe gut!

Die Erschaffung eines Bauwerks, das Moderne und einen markanten architektonischen Stil in einer so alten Stadt wie Edinburgh vereint, musste zu Kontroversen führen. Nachdem aber das Schottische Parlament 2004 eingeweiht worden war, verstummten die Kritiker. Die Kosten sind in Vergessenheit geraten, und die Skepsis weicht dem Stolz darauf, dass der Sitz der schottischen Demokratie so innovativ und erfrischend anders ist.

Schon das Äußere zieht Betrachter in seinen Bann.

Das von dem katalanischen Architekten Enric Miralles (1955–2000) entworfene Gebäude aus Beton, Glas, Stahl und Granit, Eichen- und Platanenholz ist funktionell und faszinierend zugleich. Die Stahldächer erinnern an schaukelnde Schiffe, die Erker an Wohn- und Wehrtürme.

ℹ︎
✢ 205 E3
✉ Canongate, am Ende der Royal Mile
☎ 0131 348 50 00
🌐 www.parliament.scot

🕐 Mo/Fr 10–17, Di–Do 10–18.30 Uhr (in den Parlamentsferien Mo–Fr 10–17 Uhr) 🍴 Café (£)
✈ Eintritt und Führung frei

⓫ National Museum of Scotland

Warum?	Zählt wie die Burg zwei Millionen Besucher jährlich
Was?	Ein Spieluhrturm zeigt stündlich das Gute und Böse des 20. Jahrhunderts an
Wie lange?	1-3 Stunden
Wann?	Lohnt auch bei Sonnenschein
Was noch?	Ein toller Blick von der Dachterrasse auf Ebene 7 über die Stadt
Was nehme ich mit?	Replikat einer Schachfigur aus dem Set der Lewis Chessmen – oder keltischen Schmuck

Das National Museum of Scotland teilt sich auf zwei Gebäudebereiche auf: Die Geschichte des Landes von der Vorzeit bis in die Gegenwart wird in dem modernen Gebäudeflügel facettenreich präsentiert. Der runde Eingangsbereich soll dabei an einen piktischen Wehrturm erinnern.

Tausende Schätze sind im National Museum zu entdecken.

Im viktorianischen Altteil sind die zahlreichen Kunstschätze des Nationalmuseums zu sehen. Über 10 000 Exponate der schottischen Nation sowie unzählige Alltagsgegenstände sind hier ausgestellt.

Abstraktes mit Amuletten

Starten Sie auf Ebene 0 bei den abstrakten Bronzefiguren von Sir Eduardo Paolozzi (1924–2005), die Ringe, Ketten und Amulette aus der grauen Vorzeit tragen. In der Abteilung Dead and Sometimes Buried (Tot und manchmal begraben) findet sich ein Skelett in einem rekonstruierten Wikingergrab.

Auf Ebene 1 stoßen Sie auf eines der bedeutendsten Objekte des Museums – den Monymusk-Schrein. Es ist ein winziges Kästchen aus dem 8. Jh., das einst hochverehrte Reliquien des hl. Kolumban barg. Vor der Schlacht von

Bannockburn 1314 (S. 28) brachte man den Schrein zu Robert the Bruce. Auf derselben Ebene finden sich die wohl in Norwegen im gotischen Stil aus Elfenbein geschnitzten Schachfiguren von Lewis, die im 19. Jh. entdeckt wurden, sowie die Guillotine Maiden, die ab dem 16. Jh. für öffentliche Hinrichtungen auf dem Grassmarket verwendet wurde.

Reise in Schottlands Vergangenheit

Ebene 2 nimmt Sie mit in die Jahre 900 bis 1707. Am Eingang von Ebene 3 werden Sie von königlichen Truppen ins Vereinigte Königreich geleitet. Die höheren Etagen widmen sich prosaischeren Dingen und erzählen aus der Zeit, als Schottland zu den Pionieren der Industrialisierung gehörte. Die viktorianische Dampflokomotive *Ellesmere* ist Kernstück der Eisenbahn-Ausstellung. Auch die Whisky-Brennerei ist thematisiert. Für das 20. und 21. Jahrhundert werden die Auswanderung, die Demokratisierung der Gesellschaft und letztlich auch die Frage nach dem Status von Schottland im Vereinigten Königreich behandelt.

Kunstschätze der Welt

Im viktorianischen Gebäudeteil kommt dann die weitgefächerte Kunstsammlung des Museums zum Tragen. Design, Wandteppiche, Jugendstil-Möbel bis hin zu Kunst aus dem Pazifikraum ermöglichen eine kleine Weltreise. Herzstück ist die großartige Grand Gallery.

Der Sandsteinbau erlaubt schöne Durchblicke.

KLEINE PAUSE

Das **Café** in der Grand Gallery im viktorianischen Altbau ist für einen Kaffee oder ein leichtes Mittagessen bestens geeignet. Dabei können Sie die großartige Architektur genießen.

- 205 D2
- Chambers Street
- ☎ 0300 123 67 89 ⊕ www.nms.ac.uk
- tgl. 10–17 Uhr
- Café in der Grand Gallery
- 35 National Museum of Scotland
- frei; ggf. Eintritt für Sonderausstellungen

Magischer Moment

Elegante Teatime in der Old Town

Den kleinen Finger unwillkürlich abgespreizt, nippen Sie am nach Blumenwiese mundenden Tässchen Tee. Den Anblick und Geschmack der mit 20 Snacks bestückten Gebäck-Etagere vor Ihnen genießend, kosten Sie britische Eleganz voll aus. Im prachtvollen Teesalon der Signet Library wird üppig aufgetragen. Schlemmereien füllen Magen und Augen, entschlacken aber vom Hype der Royal Mile.

The Colonnades at the Signet Library, Parliament Square, Tel. 0131 226 10 64, www.thesignet library.co.uk/colonnades, Mi–So 11–16.30 Uhr, 65 £

Nach Lust und Laune!

12 Scotch Whisky Experience

Diese Stätte unterhalb des Castle ist wunderbar dazu geeignet, die Geheimnisse des Nationalgetränks zu lüften. Die unterschiedlichen Führungen geben je nach Wunsch einen mehr oder weniger intensiven Einblick in die Welt des Whiskys, auch mit Audioguides. Am Ende der Touren gibt es dann natürlich Kostproben. Edinburgh hat mittlerweile übrigens wieder zwei produzierende Destillen!

Beliebte Adresse in der Stadt

† 204 C2 ✉ 354 Castlehill, The Royal Mile ☎ 0131 220 04 41 ⊕ www.scotchwhiskyexperience.co.uk ⏱ tgl. 10–18 Uhr ♦ 23–92 £

13 Grassmarket

Der Grassmarket dient seit über 500 Jahren als Versammlungsort und Marktplatz. Bis 1697 fanden hier auch öffentliche Hinrichtungen statt. Im 19. Jh. ereigneten sich in der Gegend die berüchtigten West-Port-Morde. Die Kanalarbeiter Burke und Hare gruben zunächst Leichen aus, gingen dann zu 16 Morden über, um sich am dringenden Bedarf des Anatomen Robert Knox zu bereichern. Hare fungierte nach der Aufdeckung als Kronzeuge gegen Burke, der gehängt und dann selbst einer anatomischen Sektion unterzogen wurde. Heute herrscht ein reges Nachtleben in und vor etlichen Kneipen. Tagsüber locken ausgefallene Geschäfte wie Mr Wood's Fossils und Armstrong's, ein wunderbarer Secondhand-Laden. Oder aber Sie setzen sich einfach in eines der vielen Straßencafés und lassen die Atmosphäre auf sich wirken.

† 204 C2 ✉ Grassmarket

14 St Giles' Cathedral

St Giles' von 1120 stand in Edinburghs Vergangenheit im Zentrum. Die Turmkrone stammt aus dem 15. Jh. Die Mutterkirche der presbyterianischen Church of Scotland ist für ihre herrlichen Glasfenster berühmt. Die Thistle Chapel ist dem höchsten schottischen Ritterorden geweiht. Entdecken Sie im Gewölbe die Dudelsack spielenden Engel? 2022 wurde in St Giles' der Leichnam von Queen Elizabeth auf ihrem Weg nach London aufgebahrt.

† 204 C2 ✉ Royal Mile ☎ 0131 226 06 77 ⊕ www.stgilescathedral.org.uk ⏱ April-Okt. Mo-Fr 10–18, Sa 9–17, So 13–17, Nov.-März Mo-Sa 9–17, So 13–17 Uhr ♦ frei (Spende erbeten)

15 Underground Edinburgh

Unter den Straßen von Edinburgh verbirgt sich ein überraschendes Gewirr historischer Gassen, wurden doch die neuen Gebäude stets auf dem Fundament der Vorgängerbauten errichtet. Dabei am beeindruckendsten ist das ehemals dicht besiedelte Gassensystem unter dem Rathaus, das heute als Real Mary King's Close besichtigt werden kann. Im 18. Jh. baute man einfach über die Gasse – eine gespenstische Geschichte. Es werden zahlreiche Stadtführungen zu verschiedensten Themen im Rahmen von Historie und Grusel angeboten – beachten Sie die Aushänge am Mercat Cross bei der St Giles' Cathedral.

✣ 204 C3 ✉ 2 Warriston's Close ⊕ www.realmarykingsclose.com ⏰ tgl. 9–ca. 21 Uhr ✦ Erw. 25 £, Kinder 19 £; vorab buchen!

16 Museum of Childhood

Ein echtes Highlight für Kids und deren Eltern wartet in diesem Haus in der Royal Mile. Versammelt sind Zinnsoldaten, Barbie-Puppen und ein nach Epochen geordnetes Sammelsurium von Spielgefährten, die Kinder früher hatten – nicht zuletzt deshalb ist ein Besuch des Museums auch ein hübscher Zeitvertreib für Erwachsene, die auf diese Weise, durch ihre eigenen Geschichten eben, das Spielzeug für ihre Sprösslinge zum Leben erwecken können.

✣ 205 D3 ✉ 42 High Street ☎ 0131 529 41 42 ⊕ www.edinburgh museums.org.uk ⏰ tgl. 10–17 Uhr ✦ frei

17 Our Dynamic Earth

Unter einer zeltartigen Kuppel nahe der Royal Mile kann sich Groß und Klein interaktiv über die Geografie und Geologie der Erde informieren. Lösen Sie durch heftiges Füßestampfen ein Erdbeben aus, reisen Sie mit einer Zeitmaschine, bestaunen Sie einen riesigen Eisblock oder erkunden Sie den tropischen Regenwald im Modell – mit Planetarium.

✣ 205 E3 ✉ 112 Holyrood Road ☎ 0131 550 78 00 ⊕ www.dynamic earth.co.uk ⏰ tgl. 10–16 Uhr (letzter Einlass) 🚌 35 ✦ 19,50 £, Kinder 12 £

18 Palace of Holyroodhouse

Hinter einem güldenen Gitter erhebt sich am Ende der Royal Mile der Palace, die offizielle königliche Residenz in Schottland. Der Palace war 1498 für Jakob IV. erbaut und um 1670 umfassend erneuert worden. Ein Rundgang schließt den Besuch der Gemächer Maria Stuarts ein. Holyroodhouse wird vom weitläufigen Royal Park umgeben, der sich bis zum Gipfel des Arthur's Seat erstreckt. Neben Spaziergängen und kleinen Wanderungen bieten sich Fahrradtouren zum Duddingston Loch an, wo Sie im ältesten Pub Edinburghs, dem Sheep Heid Inn, einkehren können.

Holyrood Palace: Königlich bis in die Details, auch der Brunnen trägt eine Krone.

☩ 205 E3 ✉ Canongate ☎ 0131 556 51 00 ⊕ www.rct.uk/visit/palace-of-holyroodhouse ☎ April–Okt. Do bis Mo 9.30–16.30 (letzter Einlass), Juli–Sept. tgl.; Nov.–März 9.30–15.15 Uhr 🚌 35 ✦ ab 20 £, Kinder ab 10 £

19 Royal Yacht Britannia

Die königliche Yacht *Britannia* im Port of Leith zieht nicht nur Monarchisten an. Sie vermittelt einen interessanten Eindruck vom Privatleben der königlichen Familie in der zweiten Hälfte des 20. Jh.s, die auf dem Schiff häufig ihre Ferien verbrachte. Der heutige König Charles und seine erste Frau Diana verlebten hier ihre Flitterwochen. Sie können einen Blick ins Büro von Queen Elizabeth II werfen oder durch die Lounge schlendern, in der es zwanglos zuging, anders als in den Privatkabinen und dem Speisesalon, in dem Politiker, Diplomaten und führende Persönlichkeiten bewirtet wurden. Auch die Mannschaftsquartiere können besichtigt werden. Im Tearoom wird royaler Afternoon Tea serviert.

Wenige Meter weiter befindet sich die neue Port of Leith Distillery.

☩ 205 nördl. E5 ✉ Ocean Terminal, Leith ☎ 0131 555 55 66 ⊕ www.royalyachtbritannia.co.uk ◷ Jan.–März und Nov.–Dez. tgl. 10–15, April bis Okt. 10–16 Uhr (letzter Einlass) 🍴 Tearoom an Bord (£) 🚋 Tram von Princes Street/St Andrew Square ✦ Erw. 19,50 £, Kinder 9,25 £; auch Audiotouren

Wohin zum ... Übernachten?

Preise pro Nacht im Standard-Doppelzimmer, inklusive Frühstück:
£ unter 100 £
££ 100–200 £
£££ über 200 £

Angel's Share Hotel ££–£££
Dem ehemaligen Postamt zwischen dem Charlotte Square und dem Westende der Princes Street hat man den Charme eines cool designten Cityhotels verpasst. Riesige Porträts berühmter Schotten – etwa Mime Robert Carlyle aus »Trainspotting« – schauen Ihnen gerahmt beim Schlafen zu. Gefrühstückt wird in der Bar. Top-Standort an der Nahtstelle zwischen Altstadt, Neustadt und Dean Village.
✢ 204 B3 ✉ 7–11 Hope Street ☎ 0131 247 70 00 ⊕ www.angelssharehotel.com

Balmoral £££
Die Uhr in diesem imposanten neoklassizistischen Gebäude geht drei Minuten vor (außer zu Silvester), damit niemand den Zug vom Bahnhof Waverley verpasst. Das Balmoral ist hochpreisig, zentral gelegen und bietet Schwimmbad, Fitnessraum und Wellnesscenter. Einige der luxuriösen Zimmer blicken auf die Stadt. Der Nachmittagstee im Palmenhof ist ein Muss; das Restaurant Number One serviert sternengekrönte Küche.
✢ 204 C3 ✉ 1 Princes Street ☎ 0131 556 24 14 ⊕ www.roccofortehotels.com/de/hotels-and-resorts/the-balmoral-hotel

Castle Park Guest House ££–£££
Im südwestlichen Stadtteil Fountainbridge, unweit des Theaterviertels und des Union Canal, wurde das viktorianische Reihenhaus in ein attraktives Guest House umgewandelt. Ian und David sind sehr freundliche Gastgeber. Im Umfeld befinden sich weitere Pensionen.
✢ 204 B1 ✉ 75 Gilmore Place ☎ 0131 229 12 15 ⊕ www.castleparkguesthouse.co.uk ❘❚ Sommer: 2 Nächte mind.

Grassmarket Hotel ££–£££
Ideal für kurze Wege ins Stadtvergnügen. Wer mitten in der ausgelassenen Atmosphäre der Altstadt von Edinburgh wohnen möchte, neben Pubs und populären Restaurants, ist am Grassmarket unterhalb der Burg richtig. Die Zimmer sind funktional und minimalistisch-modern ausgestattet.
✢ 204 C2 ✉ 94–96 Grassmarket ☎ 0131 220 22 99 ⊕ www.thegrassmarkethotel.co.uk

Ibis Edinburgh Centre Royal Mile – Hunter Square ££–£££
Nur wenige Schritte von der Royal Mile entfernt bietet das solide Hotel der bekannten Kette 99 Räume mit Bad.
✢ 205 D3 ✉ 6 Hunter Square ☎ 0131 240 70 00 ⊕ www.all.accor.com

The Inn on the Mile ££–£££
Die zentrale Lage in der Old Town, der tempelartige Eingang und die lebhafte Bar mit Live Acts lässt schräges Zimmerdesign vermuten. Auch der opulente Treppenaufgang mit den Luxustapeten von Glasgows Timorous Beasties ist nicht gerade dezent. Die Zimmer sind jedoch so hell und modern, dass man hier toll entspannt vom Trubel.
✢ 205 D3 ✉ 82 High Street/Royal Mile ☎ 0131 556 99 40 ⊕ www.theinnonthemile.co.uk

Nira Caledonia £££
Coole New-Town-Eleganz im georgianischen Townhouse. Die Handvoll Zimmer sind höchst unterschiedlich. Boutique so gar nicht von der Stange, mit Hipstertouch im Hipster-City-Dorf Stockbridge. Der Spagat zwischen alter und neuer Edinburgh-Extravaganz gelingt. Tolles Essen.
✢ 204 B4 ✉ 6–10 Gloucester Pl/Stockbridge ☎ 0131 225 27 20 ⊕ www.niracaledonia.com

Sheraton Grand Hotel & Spa £££
Die Aufmerksamkeit fürs Detail geht in dem modernen Hotel im Theaterviertel so weit, dass es sich ein eigenes Karomuster zugelegt hat. Blicke aufs Castle gewähren die schönsten Zimmer und das Terrace Restaurant.
✢ 204 B2 ✉ 1 Festival Sq ☎ 0131 229 91 31 ⊕ www.marriott.com

Stay Central ££–£££
Wer gern in einem fast 400 Jahre alten Zunftgebäude mitten in der Altstadt übernachtet, die Zimmer dazu kontrastierend modern mag und sich in der urigen Hotelbar unters lokale Publikum mischt, liegt hier richtig.
✝ 205 D2 ✉ 139 Cowgate ☎ 0131 622 68 01
⊕ www.centralhoteledinburgh.co.uk

Stevenson House ££–£££
In dem Haus hat der Schriftsteller Robert Louis Stevenson (1850–1894) ab seinem sechsten Lebensjahr gewohnt, heute nächtigen Gäste hier stilvoll. Eines der beiden Doppelzimmer im georgianischen Townhouse hat ein altehrwürdiges Himmelbett, das Frühstück ist zeitgemäß mit Sauerteigbrot und Müsli – die Dame des Hauses ist Deutsche. Eine Top-Adresse.
✝ 204 B4 ✉ 17 Heriot Row ☎ 0131 556 18 96
⊕ www.stevenson-house.com

Straven Guest House £–££
Das kleine gemütliche Guesthouse liegt in Portobello am Stadtstrand von Edinburgh. Zur Seeluft kommen ein leckeres Frühstück und nette, nicht zu plüschige Zimmer hinzu. Der Bus zur Princes Street im Zentrum fährt gut 20 Min.
✝ östl. 205 F2 ✉ 3 Brunstane Road North
☎ 0131 669 55 80 ⊕ www.stravenguesthouse.com

Wohin zum ... Essen und Trinken?

Preise für ein Hauptgericht, ohne Getränke:
£ unter 20 £
££ 20–40 £
£££ über 40 £

RESTAURANTS

David Bann £
Schottische Küche mal fleischlos, sogar mit Angeboten für Veganer? Das geht, selbst auf hohem Niveau. Das Ambiente ist recht dezent und die Speisekarte wechselt regelmäßig. Alles sehr lecker, auch das mit Seetang gebraute Bier »Kelpie Ale«.
✝ 205 D3 ✉ 56–58 St Mary's Street
☎ 0131 556 58 88 ⊕ www.davidbann.com
● tgl. mittags und abends

Le Bistrot ££
Im französischen Generalkonsulat auf der Royal Mile neben der St Giles' Cathedral ist das schicke Bistro ein perfekter Ort für entspannten Lunch und stilvolles Dinner. Auch die Desserts sind unbedingt einen Versuch wert. Ein Hauch von Frankreich in der Old Town von Edinburgh.
✝ 204 C2 ✉ West Parliament Square
☎ 0131 225 40 21 ⊕ www.lebistrot.co.uk
● Mo–Sa 9–21, So 10–21 Uhr

Dusit £–££
Thailändische Küche in einer ruhigen Seitengasse der New Town, die für ihre gastronomische Exzellenz bekannt ist. Wer etwas exotischere Küche probieren möchte – vielleicht auch bei einem günstigeren Mittagsmenü –, ist hier genau richtig.
✝ 204 C3 ✉ 49a Thistle Street
☎ 0131 220 68 46 ⊕ www.dusit.co.uk
● tgl. mittags und abends

Hendersons £–££
Jahrzehntelang war Janet Henderson eine Vorreiterin der vegetarischen Küche in Edinburgh. Nun hat ihr Enkel Barrie das Ruder übernommen und setzt an neuer Location die Familientradition im relaxten Bistro-Format vor. So können Gäste unter anderem zwischen saisonal zubereiteten Ravioli und Risotto wählen.
✝ 204 B1 ✉ 7–13 Barclay Place (Leven Street) ☎ 0131 202 16 35 ⊕ www.hendersonsrestaurant.com ● tgl. 12–22 Uhr

Kalpna £–££
Das alteingesessene vegetarisch-vegane indische Restaurant gehört zu den besten im Land. Frisch gemahlene Gewürze geben den Speisen ihre besondere Note.
✝ 205 D2 ✉ 2–3 St Patrick's Square
☎ 0131 667 98 90 ⊕ www.kalpnarestaurant.com ● tgl. mittags und abends

The Kitchin £££
Die Speisekarten in Tom Kitchins Restaurant werden von der Jahreszeit bestimmt. Die Philosophie des ausgezeichneten Kochs lautet: »von der Natur auf den Teller«. Unter Verwendung schottischer Produkte und mit einer modernen Geschmacksnote kreiert er Gerichte wie Ayrshire-Schweinelende mit Auberginenkompott.
✛ 205 bei F5 ✉ 78 Commercial Quay, Leith ☎ 0131 555 17 55 ● www.thekitchin.com ◐ Di–Sa mittags und abends

Restaurant Martin Wishart £££
Der Küchenchef gehört zu den Großen des Metiers. Die Auswahl in dem hellen, intimen Restaurant am Leith ist klein – mittags für jeden Gang zwei Angebote, abends wenig mehr –, aber vielfältig: Das Spektrum reicht von der klassischen französischen Küche bis hin zu schottisch angehauchten Innovationen.
✛ 205 bei F5 ✉ 54 The Shore, Leith ☎ 0131 553 35 57 ● www.martin-wishart.co.uk ◐ Mi–Sa mittags und abends

The Ship on the Shore ££
Am alten Hafen von Leith ist das rustikale Restaurant mit seiner stilvollen Holzeinrichtung und der hervorragenden Lage die Top-Adresse für Fisch und Meeresfrüchte. Muscheln, Austern und Arbroath-Smokies (eine Räucherfisch-Delikatesse aus dem Nordosten) stehen immer auf der Speisekarte.
✛ 205 nördl. E1 ✉ 24–26 Shore (Leith) ☎ 0131 555 04 09 ● www.theshipontheshore.co.uk ◐ tgl. 12–22 Uhr

Urban Angel ££
Die Natursteinplatten auf dem Boden signalisieren: Down to earth. Fisch, Wild und Mozzarella sind schottisch, oft biologisch und fair gehandelt. Zum Lunch ist das hier ein Magnet für New Townies.
✛ 204 C4 ✉ 121 Hanover Street ● www.urban-angel.co.uk ◐ tgl. mittags

Wedgwood ££
Gehobenes Speisen in dezentem Ambiente im unteren Bereich der Royal Mile. Die saisonale Karte bietet schottische Qualitätsprodukte, darunter Wild, Fisch und Austern. Sehr ansprechend ist auch die Käse-Platte.
✛ 205 D3 ✉ 267 Canongate ☎ 0131 558 87 37 ● www.wedgwoodtherestaurant.co.uk ◐ mittags und abends

TEAROOM

Clarinda's Tearoom £
Klassische Tearooms sind in Edinburgh selten geworden. Clarinda's am unteren Ende der Royal Mile hält die Fahne weiter hoch. Zum Tee werden leckere Scones serviert.
✛ 205 E3 ✉ 69 Canongate ☎ 0131 557 18 88 ◐ Di–So 9–16.30 Uhr

PUBS/BARS

The Bow Bar £
Dieser Pub ist die beste Wahl, um einen Whisky zu genießen: Es stehen rund 300 Single Malts zur Auswahl. Die Holzvertäfelung und alte Brauereispiegel bestimmen das Interieur.
✛ 204 C2 ✉ 80 The West Bow, Victoria Street ☎ 0131 226 76 67 ◐ 12–23.30 Uhr, So 12.30–23 Uhr

Café Royal ££
Im belebten Pub mit viktorianisch-barockem Stil fällt der Tresen auf. Es ist ein stilvolles, teures Restaurant mit angeschlossener Austern-Bar, an der es auch Fisch, Kaviar, Hummer und Champagner gibt.
✛ 204 C3 ✉ 19 West Register Street ☎ 0131 556 18 84 ● www.cafe-royal.com ◐ So–Do 11.30–23, Fr/Sa 11.30–1 Uhr

Wohin zum … Einkaufen?

ÖFFNUNGSZEITEN

Geschäfte öffnen 9–18, einige bis 20 Uhr. Viele haben, bes. im Sommer, auch sonntags geöffnet. Die meisten Läden finden sich in der New Town sowie an der Royal Mile und rund um den Grassmarket in der Altstadt.

KAUFHÄUSER

Das Shopping-Flaggschiff Edinburghs, das 1838 gegründete Kaufhaus Jenners an der Princes Street, ist derzeit im Umbau. Das Nobelkaufhaus Harvey Nichols (www.harveynichols.com) findet sich am St Andrew Square. Ein Stückchen weiter ist das St James Quarter (https://stjamesquarter.com) zwischen Waterloo Place und Picardy Place Edinburghs modernstes Einkaufszentrum, das viel Kaufkraft von der Princes Street abgezogen hat.

TYPISCH SCHOTTISCH

An der Royal Mile gibt es eine Vielzahl von Geschenkboutiquen. Two Skies (5 High Street) verkauft keltischen Schmuck, Geoffrey (57–61 High Street) traditionelle Kilts. Wer Schottenkaros mag, sollte zu Walker Slater (16–20, 44–46 Victoria Street, www.walkerslater.com) sowie zu Kiltane (330 Lawnmarket, www.kiltane.com) gehen.

LEBENSMITTEL

Valvona and Crolla (19 Elm Row; www.valvonacrolla.co.uk) am oberen Ende des Leith-Wegs verkauft Öle, Oliven, Brot und Pasta. In der Victoria Street bietet Iain Mellis Cheesemonger (Nr. 30; www.mellischeese.net) leckeren Käse und passende Delikatessen an.
Whisky gibt es u. a. bei Scotch Whisky Experience (S. 56), Royal Mile Whiskies (379 High Street, gegenüber von St Giles; www.royalmilewhiskies.com) oder bei William Cadenhead (172 Canongate; www.cadenhead.scot).
The Fudge House (197 Canongate, https://fudgehouse.co.uk) ist Spezialist für die karamellartige Süßigkeit.

BÜCHER

Edinburgh wurde 2004 zur ersten Literatur-Hauptstadt der UNESCO ernannt. Mithin sollten Sie mal in Buchläden schauen. Lohnend sind der Blackwell Bookshop (53 bis

Kilt ist Kult – bei Geoffrey schon seit vielen Jahren.

62 South Bridge) und der wunderbar atmosphärische und top-bestückte Laden der Buchhandelskette Waterstones (128 Princes Street). Antiquarische Bücher findet man entlang des Westport vom Grassmarket aus. Empfehlenswert: Edinburgh Books (145–147 Westport).

SCHRULLIGES UND UNGEWÖHNLICHES

Auch Individualisten kommen auf ihre Kosten. Bei Mr Wood's Fossils (5 Cowgatehead; Tel. 0131 220 13 44) bekommen Sie versteinerten Dinosaurierkot. Ein paar Schritte weiter, bei Armstrong and Son (81–83 Grassmarket; Tel. 0131 220 55 57), finden sich die coolsten Secondhand-Klamotten der Stadt. In der Victoria Street funkelt Schmuck bei Clarkson's (87 West Bow; Tel. 0131 225 81 41). Und auf der Westport finden Sie in der Godiva Boutique (Nr. 9; Tel. 0131 221 92 12) lokale Designer und Vintage. Trödelläden gibt es in der Cockburn Street und in der Rose Street zwischen George und Princes Street.

Wohin zum ... Ausgehen?

THEATER UND KONZERTE

Das Royal Lyceum (Grindlay Street; https://lyceum.org.uk) ist ein glitzernd-eleganter alter Theatertempel mit eigenem anspruchsvollem Repertoire von Sept. bis Mai, das Traverse Theatre (10 Cambridge Street; www.traverse.co.uk) ist als Experimentierbühne bekannt.
Musicals und Tanztheater bietet das mit 3000 Sitzen gigantische Playhouse (18–22 Greenside Place; www.playhousetheatre.com).
Das halb so große, fast barocke King's Theatre (2 Lewen Street) spielt nur ausgesuchte Qualität. Im prachtvollen und gefeierten Festival Theatre (13/29 Nicholson Street; beide: www.capitaltheatres.com) traten schon Judy Garland und John Cleese auf. Die spektakuläre Usher Hall gilt als eine der besten Musikhallen weltweit (www.usherhall.co.uk), sie hat sogar eine Orgel. Ein intimeres, mehr kammermusikalisches Ambiente pflegt die Queen's Hall (85–89 Clerk Street; www.thequeenshall.net).

KINO

Gute Kinos mit mehr als Mainstream sind das Odeon (118 Lothian Road, Tel. 0333 014 45 01) und das Cameo (38 Home Street; Tel. 0871 902 57 47) im West End.
Das erstklassige Programmkino Filmhouse (88 Lothian Road) öffnet nach längerer Schließung wieder (bitte vorab über den aktuellen Stand informieren).

GUTE PUBS (AUSWAHL)

Ausgangspunkt einer Kneipentour ist das Ensign Ewart (521 Lawnmarket; Tel. 0131 225 74 40) am westlichen Ende der Royal Mile. Weiter geht's zum Jolly Judge (493 Lawnmarket/7 James Court; Tel. 0131 225 26 69). Deacon Brodie's (435 Lawnmarket; Tel. 0131 225 65 31) an der Ecke George IV Bridge, die Café Royal Circle Bar (19 West Register Street; Tel. 0131 556 18 84) oder die altmodisch eingerichtete Bow Bar (S. 61) mit ihrem enormen Whiskysortiment lohnen einen Abstecher. Das World's End (4 High Street; Tel. 0131 556 36 28) ist für seine Snacks berühmt. Sandy Bell's (25 Forrest Road; www.sandybells.co.uk) hat die beste Livestimmung. Das Royal Oak (1 Infirmary Street; www.royal-oak-folk.com) ist bekannt für gute Malts und Folk-Jamming bis 2 Uhr nachts. Im Bannerman's (212 Cowgate; Tel. 0131 556 32 54) finden Rock-, Soul- und Jazzveranstaltungen statt.
In der New Town hat sich Mathers Bar (1 Queensferry Street; Tel. 0131 225 35 49) ihr viktorianisches Ambiente bewahrt. Die Oxford Bar (8 Young Street; www.oxfordbar.co.uk) ist die Stammkneipe von Inspektor Rebus (S. 24).

NACHTLEBEN

Das trendigere Publikum ist in der Gegend um die George Street anzutreffen.

Luftige Street Art in Glasgow, geschaffen vom Graffitikünstler Bobby McNamara alias Rogue One in der Mitchell Street

Glasgow

Hier schlägt Schottlands leidenschaftliches Herz: Architektur, Religion, Fußball. Und Glasgows knackiger Humor ist oft spürbar.

Seite 64–93

Erste Orientierung

Glasgow hat sich immer wieder neu erfunden, was nicht zuletzt in der Auszeichnung als britische »Architektur- und Designstadt« mündete. An die einst mächtige Werftindustrie am Clyde River erinnern heute postmoderne Kulturbauten. In der Merchant City zeugen stattliche Gebäude der viktorianischen Zeit vom einstigen Reichtum.

Heute tobt das Leben in den trendigen Bars, Straßencafés und Restaurants, in denen sich die modebewusste Jugend nach dem Shopping trifft. Wenn Ihnen der Flohmarkt näherliegt als Shopping, dann werden Sie mit Vergnügen im Barras Market im East End herumstöbern. Im West End mit seinen Parks und Museen rund um die Universität geht es da schon vornehmer zu. Doch wo Sie auch in dieser rau-herzlichen Stadt unterwegs sind: Sie werden nie allein sein.

Der Nahverkehr in Glasgow ist gut ausgebaut. Neben den Bussen verkehrt ein nur 10 km langes ringförmiges U-Bahn-Netz unter Glasgow aus 15 Stationen, um die sich kulinarisch und kulturell viel abspielt.

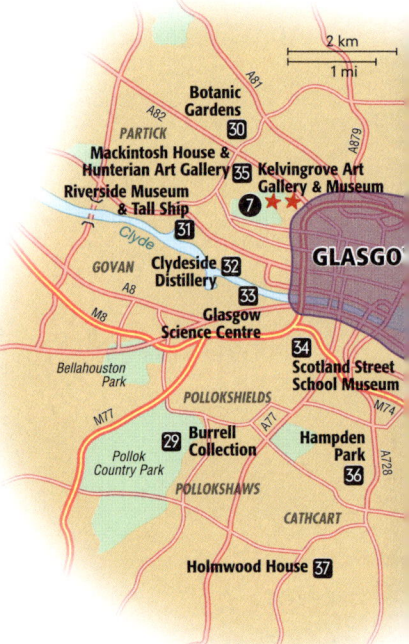

TOP 10
- **7** ★★ Kelvingrove Art Gallery & Museum
- **10** ★★ Merchant City

Nach Lust und Laune!
- **20** People's Palace/Glasgow Green
- **21** The Barras
- **22** St Mungo Museum of Religious Life and Art
- **29** Burrell Collection
- **30** Botanic Gardens
- **31** Riverside Museum & Tall Ship
- **32** Clydeside Distillery
- **33** Glasgow Science Centre
- **34** Scotland Street School Museum
- **35** Mackintosh House, Hunterian Art Gallery
- **36** Hampden Park
- **37** Holmwood House

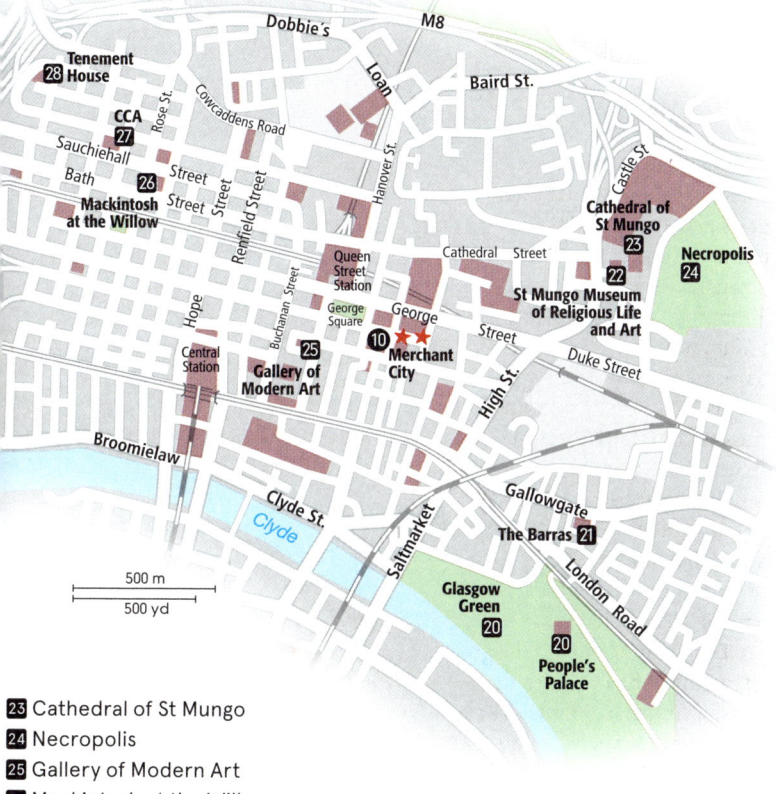

- **23** Cathedral of St Mungo
- **24** Necropolis
- **25** Gallery of Modern Art
- **26** Mackintosh at the Willow
- **27** CCA
- **28** **Tenement House**

ERSTE ORIENTIERUNG

Mein Tag mit Charles Rennie Mackintosh und anderen Bauherren

Harmonieren Jugendstil, Klassizismus und Postmoderne? Lassen Sie sich vom Architekturmix der postindustriellen Handelsmetropole verführen. Glasgow Style am Clyde entpuppt sich als buntes Fassadentheater.

8.30 Uhr: Das erste Panorama hat Drama

In Glasgows Adern fließt hemdsärmeliges Unternehmerblut, es hat nichts von Edinburghs divenhaftem Charme.

Verschaffen Sie sich einen ersten Überblick: Zwischen zwei der rund 3500 Grabmäler stehend, blicken Sie vom Hügelfriedhof **24** Necropolis (S. 82) gen Westen, die Sonne wärmend im Rücken.

Um Sie herum können Sie die Ruhetempel ehemaliger Industriebarone erkennen, zudem sehen Sie die Kathedrale. Zu Ihren Füßen fällt die Stadt sanft ab zum River Clyde, wo Glasgow Schiffe für die Eroberung der Welt baute.

9.30 Uhr: Prickelnde Merchant City

Jetzt folgen Sie den Geistern dorthin, wo diese zu Lebzeiten in Über-

8.30 Uhr

Obelisk und Pavillon – in den Grabmälern der Necropolis verdeutlicht sich der Wohlstand der viktorianischen Zeit.

seehandel machten. In der nahen ❿ ★★ Merchant City (S. 77) sind Galerien, Boutiquen und Restaurants in die wuchtigen Geschäftshäuser eingezogen. Bummeln Sie im Straßenrechteck und genießen Sie in der Markthalle des Merchant Square einen feinen Cappuccino.

10.30 Uhr: Herrschaftliches Rathaus

Doch nun heißt es, sich recht zügig zum grandiosen Rathaus, den Glasgow City Chambers (S. 78/79), am George Square zu begeben, denn die täglichen und kostenlosen Führungen um 10.30 Uhr sind unbedingt lohnenswert. Sie ermöglichen, einen genauen Blick in eines der prachtvollsten Rathäuser des Landes zu werfen und einiges über William Young zu erfahren, der den Bau entwarf.

11.30 Uhr: Moderne Kunst im griechischen Tempel

Vom Rathaus sind es nur wenige Schritte bis zum griechischen Tempelbau der 25 Gallery of Modern Art (S. 82). Im Kontrast zu den markanten Fassaden Glasgows funkelt der von Niki de Saint Phalle verspiegelte Eingangsgiebel. Rundum warten viele Cafés und Geschäfte sowie die lebendige Fußgängerzone Buchanan Street. Bleiben Sie einfach mal stehen und lauschen Sie der lebendigen Straßenmusik von Glasgow.

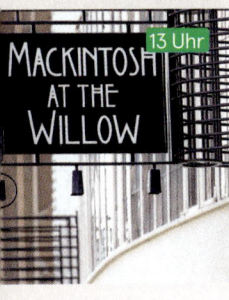

Eingang zur Gallery of Modern Art (o.), Fassade von Mackintosh at the Willow, Detail der City Chambers (r.)

13 Uhr: Mackintosh pur

Nun wird es höchste Zeit für Schottlands großen Jugendstilmeister Charles Rennie Mackintosh. 2018 eröffnete in 217 Sauchiehall Street die »Wiederaufstehung« des schönsten Tearooms von Glasgow. 26 Mackintosh at the Willow (S. 83) ist ein grandioses Gesamtkunstwerk. Mackintosh und seine Frau hatten als kompromisslose Perfektionisten sogar die Möbel und das Geschirr entworfen. In diesem charmanten Ambiente ist eine Lunchpause absolut perfekt. Wenn Tee oder Kaffee Sie aber noch nicht lockt, schauen Sie sich erst die Ausstellung an und reservieren für 14 Uhr einen Platz im Salon de Luxe für einen extravaganten Afternoon Tea (Do–So, 43 £).

15.30 Uhr: Kunstpalast im Park

Der Nachmittag führt ins West End von Glasgow, zum entspannenden Kelvingrove Park, der bei schönem Wetter immer voller Studierender

15.30 Uhr

20 Uhr

Die »Hängenden Köpfe« der schottischen Künstlerin Sophie Cave setzen pastellige Akzente in der Kelvingrove Art Gallery.

und Familien mit Kindern ist. Bestimmt finden Sie auch eine Bank, wo Sie mit aller Muße die neogotische Universität über den Wipfeln des schönen Parks betrachten können.

Danach sollten Sie zumindest mal in die großartige Halle der mächtigen ❼ ★★ Kelvingrove Art Gallery & Museum (S. 74) hineinschauen (der Eintritt ist frei). Wie auch im Rathaus haben Sie den Eindruck, in einem Palast zu sein. Das kommunale Museum präsentiert in seinen Galerien unter anderem ein herrliches Panoptikum unterschiedlichster Kunstrichtungen und künstlerischer Ausdrucksformen. Wenn noch Zeit bleibt, spazieren Sie hinauf zur Uni und entdecken den verschwiegenen »gotischen« Kreuzgang im Innenhof.

Völlig neu gestaltet ist das Ufer des Clyde. Wo einst Werftarbeiter das Bild bestimmten, strömen heute Besucher in Museen und zu Veranstaltungen.

18 Uhr: Indische Tapas oder Finnieston-Szene

So viel Park und Kunst machen hungrig. Gleich gegenüber vom Museum ist das heimelige Mother India's Café ein heißer Tipp. Hier duftet es nach Kurkuma und gemahlenen Nelken. Schnuppern Sie ausgiebig, während Sie auf die exzellenten Tapas warten.

Alternativ führt die Argyle Street nach Finnieston, wo sich ein kleines Szeneviertel entwickelt hat. Vegan, koreanisch, Surf 'n' Turf

(The Gannet, S. 90) – Sie haben das Vergnügen der Wahl.

Dass Sie im Trubel die Leute kaum verstehen, liegt am derben Slang. Das Herz liegt hier auf der Zunge – auch das ist Glasgow Style.

20 Uhr: Ein Abend am Flussufer

Entspannter Ausklang beim Flanieren am illuminierten Clyde-Ufer. Ein riesiger Kran erinnert an die Werftindustrie, die hier einst vielen Arbeit gab, das gleich ins Auge fallende SEC Armadillo (Bildmitte), ein Konzerttheater von Stararchitekt Norman Foster, schräg gegenüber dem 33 Glasgow Science Centre (S. 86) an den Bug eines Schiffes – oder an ein Säugetier? Der Gebäudenamen bedeutet jedenfalls treffend »Gürteltier«.

Mother India's Café
✉ 1355 Argyle Street
🌐 www.motherindia.co.uk/restaurant/mother-indias-cafe/

❼ ★★ Kelvingrove Art Gallery & Museum

Warum?	Weil das Museum neben Schottlands Kunst auch den Rest der Welt kurios erklärt
Was?	Durch das Atrium in den East Wing zu C.R. Mackintosh
Wie lange?	30 Minuten für das Atrium, 3 Stunden für alles
Wann?	Jederzeit (zu den Öffnungszeiten ...)
Was noch?	Täglich um 13 Uhr wird die Orgel gespielt (U-Musik), Sonntag um 15 Uhr erklingt Klassik
Resümee	Mit einer leichten Decke für die Parkwiesen lassen sich Blick und Prachtbau noch länger genießen

Das vielseitige Museum zieht nicht nur wegen des freien Eintritts die Besucher an. Hier ist alles unter einem Dach vereint: von Exponaten zur Naturgeschichte über technische Dinge bis zu Mumien und Funden aus Afrika. Und aus alledem ragen europäische Meisterwerke heraus.

Im Sandsteingebäude zeigt sich eine der größten städtischen Kunstsammlungen Europas.

Außer Orgelkonzerten (s. Kleine Pause) werden Führungen durch das Haus angeboten.

Der Museumsbau, eine von Türmen gekrönte, steingewordene Fantasie, ist ein überschwänglicher Ausdruck spätviktorianischer Zuversicht. Der Besuch lohnt sich schon allein, um einen Blick in die riesige Haupthalle mit dem hohen Deckengewölbe und den Galerien, dem schwarzweißen Marmorboden und der großen Orgel zu werfen.

Die Mücke im Bernstein und »Jurassic Park«
Man kann sich hier stundenlang aufhalten, doch bieten sich für den Besucher mit wenig Zeit ganz besonders die folgen-

den Highlights an: In der Waffensammlung etwa fällt der Blick auf ein Streitross mit Reiter. Diese im Stil des 16. Jh.s vergoldete und geschmückte Rüstung, ein Paar von Mann und Pferd, soll die einzige ihrer Art sein, die erhalten ist. Sie wurde wohl 1557 in der Schlacht von Saint-Quentin (Frankreich) getragen. Einen Kontrast dazu bildet der Raumanzug der Imperialen Sturmtruppe aus den »Star-Wars«-Filmen.

Eine besonders beliebte Attraktion ist die naturgeschichtliche Abteilung mit Dinosauriern und Fossilien. Hier findet sich in einem hell ausgeleuchteten Glaskasten mit Vergrößerungsglas ein Bernstein mit eingeschlossener Mücke. Über die Infotafeln erfahren wir, wie der Schriftsteller Michael Crichton zur Idee von »Jurassic Park« kam: In seinem Bestseller lässt er eine Mücke Dinosaurierblut saugen, bevor sie in Baumharz eingeschlossen wird; Jahrmillionen später gewinnen Forscher aus ebendiesem Blut die DNA der Saurier – es heißt, »eine solche Technik liegt derzeit noch jenseits des Möglichen«.

Ein interessantes Ausstellungsstück ist das Skelett des Baron of Buchlyvie: Es gab einst Streit um das Pferd und ein Gericht ordnete an, es zu versteigern. Dabei wurden schließlich 9500 £ für das Pferd gezahlt – Anfang des 20. Jh.s eine Rekordsumme. Zwei Jahre später brach sich das Tier das Bein und erhielt den Gnadenschuss.

Vom flüchtigen Licht und der Natur im Werk

Im East Wing ist die Kunstsammlung von Glasgow untergebracht. Sie umfasst nicht nur Werke flämischer, italienischer, holländischer und britischer Meister von der Frührenaissance über den Impressionismus bis zu den Präraffaeliten wie

Kelvingrove Art Gallery & Museum bringt verschiedenste Objekte zusammen.

Der Eintritt ist frei, doch sind Spenden (am Ausgang) willkommen.

Edward Burne-Jones, sondern auch von Klassikern der Moderne wie Camille Pissarro und Vincent van Gogh mit ausdrucksstarken Werken.

Im Rhythmus der Geometrie
Charles Rennie Mackintosh (S. 71) und seine Zeitgenossen, darunter die Glasgow Boys (z. B. George Henry), zeichnen in ihren Arbeiten für den Glasgow Style im britischen Arts and Craft Movement zwischen 1870 und 1920 verantwortlich. Der schottische Jugendstil erwuchs aus Kernelementen keltischer und japanischer Kunst – und ist einzigartig.

KLEINE PAUSE
Um 13 Uhr bedienen Musikstudierende die Register der **Orgel** für eine halbe Stunde – genau richtig für ein Päuschen.

- ✢ 206 B4
- ✉ Kelvingrove
- ☎ 0141 276 95 99
- 🌐 www.glasgowlife.org.uk/museums#venues

- 🍴 Museumscafé (£)
- 🕐 Mo–Do, Sa 10–17, Fr und So 11–17 Uhr 🚌 Kelvinhall, regelmäßige Verbindung vom Stadtzentrum
- 🚇 Subway: Partick ✦ frei

⓾ ★★ Merchant City

Warum?	Staunen, wie urbane Eleganz ohne Posh-Faktor geht
Was?	Die überwältigend eitle Teller's Bar & Brasserie im Corinthian Club zum Nachmittags-Tee aufsuchen
Wie lange?	Mindestens eine Stunde schlendern – mit einer Einkehr
Wann?	Tagsüber zum Sightseeing, später wegen der Bars und Restaurants die City aufsuchen
Was noch?	Samstags (ab 11 Uhr) und sonntags (ab 12 Uhr) zur kleinen Weekend Craft & Design Fair in die Markthalle Merchant Square fürs Design-Shopping (auch Tweed)
Resümee	Ein Tagesrucksack sollte fürs Überraschungs-Shopping immer dabei sein

Wo einst Handelshäuser der Tabak-, Zucker- und Baumwollbarone mit ihrer Geschäftigkeit beherrschend waren, trifft man sich heute in trendigen Bars, Restaurants und Clubs zum Essen, Trinken und Plaudern. Schlendern Sie durch die Straßen und genießen Sie das Ambiente.

Indigene als Motiv des Murals in der Merchant City

Mit dem Act of Union 1707 erhielt Schottland erstmals die Erlaubnis zum Handel in den Kolonien. Die Glasgower Kaufleute häuften in der Folge mit der Einfuhr von Tabak, Zucker und Baumwolle riesige Vermögen an und profitierten dabei auch vom Sklavenhandel. Daheim bauten sie Lagerhäuser, Docks und luxuriöse Wohnsitze. Im 19. Jh. war Glasgow die bedeutendste Stadt nach London im Britischen Empire. Danach erlebte es – wie das Empire selbst – wechselhafte Zeiten.

Das Herz von Glasgow
Die Merchant City erstreckt sich von der alten High Street gitternetzartig

Bei Sportevents, aber auch bei Demonstrationen – wie beim Weltklimagipfel 2021 – steht der George Square oft im Fokus.

nach Westen. Als bester Ausgangspunkt für einen Spaziergang gilt der George Square im Herzen Glasgows. Der modernisierte Bahnhof Queen Street Station reicht mittlerweile direkt an den zentralen Platz.

Die Glasgow City Chambers, ein prachtvoller Bau mit kostbarem Carraramarmor im Treppenhaus, beherrschen den Platz. Selbst Königin Viktoria zeigte sich beeindruckt, als sie das Gebäude 1888 eröffnete. Hier wird der Glanz des imperialen Reichtums mehr als deutlich. Das opulente Rathaus wirkt eher wie ein Palast. Filmregisseuren dienten seine eindrucksvolle italienische Renaissance-Fassade, die hohen Decken und opulenten Treppen als Schauplatz für Gerichtshöfe, Botschaften, Paläste und sogar den Kreml. Rechts der City Chambers, zwischen Cochrane und Ingram Street, befindet sich das Italian Centre, eine Mischung aus Straßencafés, Nobel-Geschäften, Weinstuben und Bistros.

Starker Zugang zur Merchant City

An der Ecke zum nächsten Block, Ingram Street Nr. 158, steht die elegante Hutcheson's Hall. Sie wurde 1802 an der Stelle eines Hospizes aus dem 17. Jh. errichtet. Die Halle mit der eindrucksvollen Treppe und den Porträts bedeutender Bürger Glasgows wird oft für Veranstaltungen genutzt.

Um den George Square gruppieren sich Statuen in Erinnerung an berühmte Schotten.

The Corinthian

Die viktorianische Inneneinrichtung des Corinthian zählt zu den schönsten in Glasgow. Das ehemalige Bankgebäude aus dem Jahr 1842 wurde 1929 umgebaut. Dabei wurde viel vom Gebäudeschmuck hinter Wänden und Decken verborgen. Heute trifft man sich hier im Restaurant oder im trendigen Nachtclub, der im griechisch-antiken Stil dekoriert ist.

Trades House

Die Glassford Street wird von der grünen Kuppel und der klassizistischen Fassade des Trades House beherrscht. Es wurde von 1791 bis 1794 von Robert Adam und dessen Brüdern James und William erbaut und befindet sich bis heute im Besitz der Glasgow Trades Guild, deren Mitglieder vor allem aus dem Bereich des Handwerks kommen. Die Inneneinrichtung stammt großteils aus viktorianischer Zeit. Originalwappen der Gilden sind auf Wänden, Möbeln und in Glasmalereien zu entdecken.

Recht nobles Ambiente: Corinthian Club

KLEINE PAUSE

Wenn das Wetter es zulässt, sollten Sie es den Angestellten rundum gleichtun und sich auf der Wiese des George Square niederlassen. Durch die Verkehrsberuhigung gibt es mittlerweile sogar einen ersten Biergarten.

✠ 207 E2
✉ westlich der High Street 🚉 Queen Street

Glasgow City Chambers
✠ 207 E2
✉ 80 George Square
⊕ www.glasgow.gov.uk/article/1066/City-Chambers-Tour
☎ 0141 287 40 18
🕐 Besichtigungen Mo–Fr 10.30 und 14.30 Uhr ✦ frei

The Corinthian
✠ 207 E2
✉ 191 Ingram Street
☎ 0141 552 11 01
⊕ www.thecorinthianclub.co.uk/
✦ frei (außer Nachtclub)

Trades House
✠ 207 E2
✉ 85 Glassford Street
☎ 0141 553 16 05
⊕ www.tradeshouse.org.uk ✦ frei (tel. Anmldg.)

Nach Lust und Laune!

20 People's Palace/ Glasgow Green

Das 1178 als Grünanlage eingerichtete Glasgow Green ist der älteste öffentliche Park in Großbritannien und war über die Jahrhunderte hinweg Schauplatz politischer Versammlungen und Demonstrationen. Der People's Palace im Zentrum beherbergt ein sehenswertes Museum zur Sozialgeschichte der Stadt. (Das Museum und der angeschlossene Wintergarten sind wegen Renovierung bis 2027 geschlossen.) Am Ostrand des weitflächigen Grüns steht die ehemalige Teppichfabrik Templeton. Kurios: Sie ist Venedigs Dogenpalast nachempfunden, wieder ein Beweis, wie sehr Glasgow damals auch kulturell auf die Welt hin orientiert war. Heute befindet sich hier die angesagte deutsch-schottische West-Brauerei mit einem schönen Biergarten.

✛ 207 F1 ✉ People's Palace
⊕ www.glasgowlife.org.uk/museums
🚌 18, 263 ✦ frei

21 The Barras

Diese Kombination aus Markt und Flohmarkt erstreckt sich über etliche Straßen, Freiflächen und Durchgänge sowie diverse Gebäude, Zelte und Hallen. Von Antiquitäten über Musikinstrumente und Raubkopien bis zu Wahrsagern und Kopien von Designerkleidung finden Sie hier schlichtweg alles; selbst Schlangenbeschwörer sollen schon aufgetreten sein. Verpassen Sie nicht den ältesten Pub der Stadt, Saracen's Head, bei der weltberühmten Musikhalle Barrowland in der Gallowgate – seit 1755 fließt hier Bier in durstige Kehlen.

✛ 207 F2 ✉ Gallowgate und London Road zw. Ross Street und Bain Street ☎ 0141 552 46 021 ⊕ www.theglasgowbarras.com, https://barrowland.co.uk ❶ Sa/So 9.30–16.30 Uhr 🍴 Cafés, Imbissstände (£) 🚌 2, 60, 18, 263 ✦ frei

22 St Mungo Museum of Religious Life and Art

Das moderne Gebäude zeigt eine vielseitige Auswahl sakraler Kunstgegenstände. Der Eingang befindet sich oberhalb eines Zen-Kiesgartens. In der Galerie im 1. Stock sind u. a. eine von amerikanischen Ureinwohnern gewebte Decke und Kirchenfenster aus Europa zu sehen. Ein Höhepunkt ist Salvador Dalís seltsam verzerrtes Kreuzigungsbild »Christus des hl. Johannes vom Kreuz«. Religiöse Zeremonien werden in der zweiten Etage beleuchtet, während im Dachgeschoss die Religionsgeschichte Glasgows anhand einer fesselnden Sammlung nacherzählt wird.

✛ 207 F3 ✉ 2 Castle Street ☎ 0141 276 16 25 ⊕ www.glasgowlife.org.uk/museums/st-mungo-museum-of-religious-life-and-art ❶ Mo–Do 10–17, Fr/So 11–17 Uhr 🚌 19, 38, 57; Cathedral Square ✦ frei

Pint mit Plauderei

Die Atmosphäre in der zeitlosen Scotia Bar ist so dicht wie der Schaum auf Ihrem Pint Guinness. In Glasgows ältestem Pub von 1792 entwickelt sich schnell ein entspanntes Gespräch. Untermalt vom Gefiddel eines Duos, beziehen die Glaswegians Sie wie einen Freund in grundehrliche, gescheite und vorlaute Ansichten über Gott und die Welt ein. Zaubern Ihnen flugs ein weiteres Pint herbei … damit das Gespräch nicht austrocknet.
112 Stockwell Street, Tel. 0141 552 86 81, www.belhaven.co.uk/pubs/lanarkshire/scotia-bar, tgl. ab 12, So ab 12.30 Uhr

Die Kathedrale ist nach dem hl. Mungo benannt.

23 Cathedral of St Mungo

Die altehrwürdige Glasgower Kathedrale soll über dem Grab des Gründers von Glasgow, des hl. Mungo, nahe dem Standort seiner einstigen Kirche aus dem 7. Jh. erbaut worden sein. Sie ist die einzige Kathedrale des schottischen Festlands (Baubeginn 1136), die die Reformation überdauert hat. Bemerkenswert sind u. a. der Lettner aus dem 15. Jh. und die Unterkirche mit Fächergewölbe.

✝ 207 F3 ✉ Castle Street ⊕ www.glasgowcathedral.org.uk ❶ April bis Sept. Mo-Sa 9.30-17.30, So 13-17.30, Okt.-März Mo-Sa 10-16, So 13-16 Uhr 🍴 Celentano's gegenüber ist ein erstklassiges Restaurant (££)
🚌 19, 38, 57; Cathedral Square ✦ frei

24 Necropolis

Erfolgreiche Händler und Architekten Glasgows wollten auch im Tod noch ihre Bedeutung durch ein Grabmal dokumentiert wissen. Daher strahlt die »Totenstadt« immer noch die bauliche Pracht eines viktorianischen Gartenfriedhofs aus – der Hügel ist sehr einladend für einen Spaziergang mit vielen Aussichten von der Cathedral aus. Den buchstäblichen Höhepunkt besetzt das Monument des strengen Reformators John Knox (1513–1572).

✝ bei 207 F3 ✉ Cathedral Square
❶ tgl. 7 Uhr bis Sonnenuntergang
🚌 19, 38, 57; Cathedral Square

25 Gallery of Modern Art

Die GoMA zeigt in ihren Ausstellungen Werke der Moderne – von Ian Hamilton Finlay wie u. a. von Maud Sulter – hinter einer Fassade, die an die eines griechischen Tempels erinnert. Ein Spiegelmosaik der französisch-schweizerischen Künstlerin Niki de Saint Phalle auf dem Giebeldreieck stimmt auf die vier Galerien im Innern ein. Schauen Sie sich die Skulptur von Queen Elizabeth II (1926–2022) aus Pappmaché an, die mit Lockenwicklern und im Morgenmantel eher wie die Bewohnerin einer Sozialwohnung wirkt. Zeitgenössische Malerei ist im Untergeschoss zu sehen, darunter Arbeiten des schottischen Künstlers Peter Howson und Land-Art-Werke des Briten Andy Goldsworthy.

✢ 207 E2 ✉ Royal Exchange Square, Queen Street ☎ 0141 287 30 50 ⊕ www.glasgowlife.org.uk/museums/venues ❶ Mo-Do, Sa 10–17, Fr, So 11–17 Uhr 🍴 Café (£) 🚌 1, 1a; Ingram Street ✦ frei

26 Mackintosh at the Willow

It's tea time! Vor einigen Jahren wurde der berühmteste Teesalon von Jugendstilarchitekt Charles Rennie Mackintosh, mit Designs seiner Frau Margaret Macdonald, liebevoll restauriert wieder eröffnet. Es gibt keinen besseren Ort, um sich ins Glasgow des frühen 20. Jh.s zurückzuversetzen.

Ein besonderes Augenmerk verdienen die Stühle in Fliederfarben und Silber mit ihren hohen Rückenlehnen im märchenhaften Salon de Luxe – wie wäre es hier mit einem

Mackintosh-Charme im Salon de Luxe

Afternoon Tea? Die angeschlossene Ausstellung führt in die Jugendstilwelt des großen Meisters.

✢ 207 D3 ✉ 215–217 Sauchiehall Street (S. 91) ☎ 0141 204 19 03 ⊕ www.mackintoshatthewillow.com ❶ tgl. 9–18 Uhr (Ausstellung 9–16.30 Uhr) 🚌 Bus 3, 4 Dalhousie Street (Sauchiehall Street) Ⓜ Subway: Cowcaddens ✦ Ausstellung 6,50 £; Café (£-££) frei

27 CCA

Das Centre for Contemporary Arts (CCA) ist Dreh- und Angelpunkt für aktuelle zeitgenössische Kunst aus verschiedensten Bereichen: Performances, Filme, Lesungen sind darunter. Damit können Sie sich einerseits kritisch auseinandersetzen – und sich davon andererseits inspirieren lassen. Das moderne Centre steckt ironischerweise in einem typischen Klassizismus-Bau von Alexander »Greek« Thomson (1817–1875), einem weiteren wichtigen Architekten Glasgows. Natürlich gibt's ein Café, wo Sie das Gesehene intensiv diskutieren können.

Um die Ecke befindet sich Mackintoshs Glasgow School of Art. Zwei Großbrände haben weite Teile der aktiven Kunsthochschule zerstört, doch der Wiederaufbau hat begonnen.

✢ 207 D3 ✉ 350 Sauchiehall Street ☎ 0141 352 49 00 ⊕ www.cca-glasgow.com ❶ Di-Sa 10–24 Uhr 🚌 3, 4; Garnet

NACH LUST UND LAUNE!

Die Botanischen Gärten mit ihren Gewächshäusern sind ein beliebtes Ziel in Hillhead.

28 Tenement House

Das Bürgertum wohnte bis in die 1950er-Jahre in Glasgow meist zur Miete in ansehnlichen Reihenhäusern. In diesem Haus hatte von 1911 bis 1965 die alleinstehende Sekretärin Agnes Toward mit ihrer Mutter eine Wohnung. Bei ihrem Auszug war seit dem Bau 1865 kaum etwas verändert worden – ein Fundstück für den National Trust, dem eine liebevolle, aber auch ungeschminkte Darstellung der Wohnverhältnisse der langsam wachsenden Mittelschicht gelang. Das Interieur gibt auch Zeugnis vom Leben alleinstehender Frauen bis zur Zeit des industriellen Niedergangs der Stadt.

✚ 207 D4 ✉ 145 Buccleuch Street
☎ 0141 333 01 83 ⊕ www.nts.org.uk
🕐 tgl. 10–17 Uhr 🚇 Subway: Cowcaddens ✦ 8,50 £

29 Burrell Collection

Besucht man eine der größten privaten Kunstsammlungen weltweit, kann man sich kaum vorstellen, wie eine Person all diese ca. 8500 Kunstwerke erwerben konnte. Der Großreeder Sir William Burrell (1861–1958) begann als 16-Jähriger zu sammeln und wusste später eine kunstsinnige Frau an seiner Seite. Die beiden übergaben 1944 ihre Sammlung an die Stadt Glasgow. Für die kongeniale Ausstellung zu Sammlertätigkeit und typischem Glasgower Reichtum baute Barry Gasson 1971 bis 1983 eine Villa, die auch durch gedämpftes Licht einen passenden Raum für Skulpturen und Werke bot. Das Haus umfasst Kunst der Welt vom Orient bis zum Okzident, vom Mittelalter bis in die Neuzeit, 2022 wurde das fantastische Museum im Pollok Country

Park nach mehrjährigem Umbau wieder eröffnet. Ein kurzer Spaziergang vorbei an Hochlandrindern führt zum eleganten Pollok House, einem weiteren Juwel des National Trust. Im Park wurde auch für »Outlander« (S. 23) gedreht.

✛ 206 südl. A1 ✉ Pollok Country Park ☎ 0141 287 25 50 ⊕ www.burrellcollection.com ❶ Mo-Do, Sa 10-17, Fr/So 11-17 Uhr 🚌 Verbindung von der Innenstadt s. Website (»Plan your visit«/»Getting here«) 🚇 Pollokshaws West oder Shawlands ⚑ frei

30 Botanic Gardens

Seit 1842 gibt es diese Oase der Ruhe im West End von Glasgow. Bei schlechtem Wetter bietet sich ein Besuch des riesigen Kibble Palace im Zentrum der Gartenanlage an; das 1873 erbaute und heute denkmalgeschützte Gebäude wurde 2006 komplett renoviert. Durch eine eigenwillige Stahl-Glas-Konstruktion vor dem rauen schottischen Klima geschützt, gedeihen in dem eleganten Gewächshaus tropische Farne, Begonien und Orchideen.

✛ 206 B5 ✉ 730 Great Western Road ⊕ https://glasgowbotanicgardens.com/ ❶ tgl. 7 Uhr bis Einbruch der Dämmerung; Kibble Palace: Sommer tgl. 10-18, Winter bis 16 Uhr 🍴 Café im Kibble Palace (£) 🚌 6, 8, 90; Botanic Gardens 🚇 Subway: Hillhead ⚑ frei

Kibble Palace in den Botanischen Gärten

31 Riverside Museum & Tall Ship

Markenzeichen des direkt am Clydeufer gelegenen Riverside Museums ist das Zinkdach mit seiner kühnen Zickzack-Form. Die Architektin Zaha Hadid erdachte mit ihrem Team das wohl spektakulärste moderne Gebäude Glasgows. Es ist gefüllt mit allem, was Räder oder einen Kiel hat. Der Nachbau eines kompletten Glasgower Straßenzugs aus den 1930er-Jahren mit U-Bahn-Station ist ein Highlight. Ein weiteres liegt direkt vor dem Museum am Ufer des Clyde: Der 1896 erbaute Dreimaster SV Glenlee, ehemals ein Frachtsegler, ist das letzte noch seetüchtige Segelschiff, das am Clyde auf Kiel gelegt wurde. Beim Rundgang erfährt man Interessantes über das Leben der Matrosen.

✛ 206 A3 ✉ 100 Pointhouse Road ☎ 0141 287 27 20 ⊕ www.glasgowlife.org.uk/museums/venues; https://thetallship.com ❶ Mo-Do, Sa 10-17, Fr u. So 11-17 Uhr 🍴 Café (£) 🚌 100 🚇 Subway: Partick ⚑ frei

32 Clydeside Distillery

Im Jahr 2017 eröffnete die erste moderne Whisky-Destille an einer alten Hafenschleuse unweit des Riverside Museum die Tore. Nun gibt es bereits mit »Stobcross« den ersten Single Malt – mit Wasser aus dem Loch Katrine in den Trossachs.

> ✞ 206 A3 ✉ 100 Stobcross Road
> ☎ 0141 212 14 01 ⊕ www.theclydeside.com ❶ tgl. 10–17 Uhr 🚌 100 (Riverside Museum) Ⓡ Subway: Partick
> 💰 Führungen ab 15 £

33 Glasgow Science Centre

Glänzend erhebt sich die Silhouette der mit Titanblech verkleideten Muschel am Südufer des Clyde. Exponate und Themen sind meist interaktiv angelegt. Im Virtual-Reality-Theater lässt sich die Komplexität des menschlichen Körpers erfahren, in einem anderen Bereich einiges zum Thema Wahrnehmung. Ein IMAX-Kino und ein Planetarium gehören zum Centre. Höhepunkt aber ist die grandiose Aussicht vom Glasgow Tower (127 m), der weltweit höchsten rotierenden Struktur. Nebenan ist zeitweise der Schaufelraddampfer »Waverley« vertäut.

> ✞ 206 A2 ✉ 50 Pacific Quay
> ☎ 0141 420 50 00 ⊕ www.glasgowsciencecentre.org ❶ tgl. 10–17 Uhr; aktuelle Öffnungszeiten des Tower über die Website 🍴 Café (£) 🚌 23, 26
> Ⓡ Subway: Partick 💰 Erw. 14,75 £, Kinder 11,50 £; Tower 9,50 £

34 Scotland Street School Museum

Die 1904 nach Entwürfen von Charles Rennie Mackintosh erbaute Schule ist für Kinder und Erwachsene gleichermaßen interessant. In dem Gebäude, das bis 1979 als Lehranstalt diente, finden sich rekonstruierte Klassenräume aus der viktorianischen und eduardianischen Zeit, dem Zweiten Weltkrieg und den 1960er-Jahren. Das ganze Haus wird derzeit als Touristenattraktion komplett umgebaut.

> ✞ 206 C1 ✉ 225 Scotland Street
> ☎ 0141 287 05 00 ⊕ aktuelle Infos auf: www.glasgowlife.org.uk/museums/venues ❶ siehe Website 🍴 Museumscafé (£) Ⓡ Subway: Shields Road
> 💰 frei

35 Mackintosh House & Hunterian Art Gallery

Ausgerechnet zum 150. Geburtstag Mackintoshs 2018 vernichtete ein Feuer sein Hauptwerk, die Glasgow School of Art. Aus seinen Art-déco-Bauten ragt nun das 1963 abgerissene und 1981 plangetreu als Annex zur Hunterian Art Gallery wieder aufgebaute West-End-Wohnhaus heraus. Von 1906 bis 1914 bewohnten Charles Rennie Mackintosh und seine Frau Margaret Macdonald Mackintosh jene immer noch modernen und lichten Räume, eingerichtet im geradlinigen Glasgow Style: Jugendstil mit keltischen und japanischen Einflüssen. Charles Rennie hielt sich selbst übrigens für talentiert, das Genie sei aber seine Frau. Zusammen mit deren Schwester Frances und ihrem Ehemann James Herbert MacNair gelten sie als die stilbildenden »Glasgow Four«. Das Haus bildet die Essenz ihres Schaffens ab. In der Hunterian Art Gallery, in die das Haus eingebettet ist und die zur Universität gehört (Eintritt frei), spannt sich ein künstlerischer Bogen zu Zeitgenossen wie Alasdair Gray. Auch das zentrale Unigebäude gegenüber ist mit eigenem Museum sehenswert.

✢ 206 B4 ✉ Hillhead Street
⊕ www.gla.ac.uk/hunterian/visit/ourvenues/themackintoshhouse
🕐 Di–So 10–17 Uhr 🚌 4, 4A University Avenue ✦ 10 £, Kinder 6 £

36 Hampden Park

Dem Fußball ist Glasgow mit Leib und Seele ergeben, wobei die Rivalität zwischen dem katholischen Celtic-Club und den protestantischen Rangers die Stadt in zwei Lager teilt. Im Nationalstadion vom Hampden Park, einem der ältesten und berühmtesten des Landes, sind die Glasgower aber friedlich vereint, wenn sie ihre »Tartan Army«, die schottische Nationalmannschaft, mit Sprechchören und Gesängen anfeuern. Es gibt Führungen durch das Stadion, dessen faszinierende Geschichte (sowie die des schottischen Fußballs) man im hauseigenen Museum bestaunen kann.

✢ 207 südl. D1 ✉ Hampden Park, Glasgow G42 9BA ☎ 0141 620 40 00
⊕ www.hampdenpark.co.uk; www.scottishfootballmuseum.org.uk
🕐 tgl. (Zeitfenster buchen via Website) 🚌 5, 6, 7, 7A, 34, 90, 31 🚉 Mount Florida, King's Park ✦ Kombiticket Museum & Stadiontour 16 £, nur Museum 9 £

37 Holmwood House

Alexander »Greek« Thomson (1817 bis 1875) war in Glasgow ein bedeutender Architekt. Auf seinen neoklassizistischen Kirchen und Reihenhaussiedlungen (Terraces) finden sich ägyptische und orientalische Details. In Holmwood House (1858) im südlichen Stadtteil Cathcart ließ ihm Papierfabrikant James Couper freie Hand in der Gestaltung. Die asymmetrische Traumvilla, deren Fenstern Säulen vorgestellt sind, ist für architektonisch Interessierte ein wichtiges Ziel.

Lichte Laterne im Holmwood House

✢ 207 südl. D1 ✉ 61–63 Netherlee Road, Cathcart ☎ 0141 571 01 84
⊕ www.nts.org.uk 🕐 April–Okt. Do–So 10–17 Uhr 🚌 44, 66, 374
🚉 Cathcart ✦ 8,50 £

Wohin zum ... Übernachten?

Preise pro Nacht im Standard-Doppelzimmer, inklusive Frühstück:
£   unter 100 £
££   100–200 £
£££   über 200 £

The Abode £££
Das Hotel, einst ein Regierungsgebäude, wurde mit unkonventionellen Möbeln, schönen Badezimmern und den neuesten technischen Spielereien herausgeputzt. Das Essen sorgt für weitere Pluspunkte. Edel und hochpreisig.
✣ 207 D3 ✉ 129 Bath Street ☎ 0141 221 67 89 ⊕ www.abodeglasgow.co.uk

Albion Hotel ££
Im Glasgower West End liegt das kleine Hotel wenige Schritte nördlich der Great Western Road am Ufer des Kelvin. Von der ruhigen Nebenstraße sind es auch nur wenige Meter bis zur U-Bahn-Station Kelvinbridge, sodass Lage und Verkehrsanbindung perfekt sind. Die Zimmer sind ansprechend und nebenan werden zudem einige Apartments angeboten.
✣ 206 C5 ✉ 405–407 North Woodside Road ☎ 0141 339 86 20 ⊕ https://albion-hotel.net

Campanile ££
Recht preiswerte Option nahe dem SEC Armadillo am Clyde. Die oberen Zimmer bieten eine schöne Aussicht und sind entsprechend begehrt. Steile Treppen. Von Vorteil: Hier kann man umsonst parken.
✣ 206 B2 ✉ 10 Tunnel Street ☎ 0141 287 77 00 ⊕ https://glasgow.campanile.com

Citizen M ££
Die megacoole Hotelkette hat auch ein Haus in Glasgow. Dazu passen ideal der Stil »Form follows function« (die Form folgt der Funktion) und der Online-Check-in. Dazu liegt es noch in derselben Straße wie Mackintoshs School of Art, also recht zentral. Tolle Duschen in den Zimmern!
✣ 207 D3 ✉ 60 Renfrew Street ☎ 0141 404 94 85 ⊕ www.citizenm.com

Crowne Plaza ££–£££
Das an der markanten Glasfassade erkennbare Crowne Plaza gehört zu den höchsten Gebäuden in Schottland. Es wurde auf den alten Queen's Docks neben dem Scottish Exhibition Centre erbaut und bietet einen schönen Blick über den Clyde. In beiden Restaurants erinnert ein Wandgemälde an die Clyde-Werften. Das Hotel beherbergt den Wellness-/Freizeitclub Waterside. Einen Panoramablick über Fluss und Stadt hat man von vielen der großzügigen Zimmer aus.
✣ 206 B2 ✉ Congress Road ☎ 0141 306 99 88 ⊕ www.ihg.com

Georgian House Hotel ££
Die Einrichtung dieses kleinen Hotels ist schlicht, das Preis-Leistungs-Verhältnis gut. Es liegt in einer ruhigen, von Bäumen gesäumten Straße mit Reihenhäusern nahe dem Botanischen Garten (S. 85). Elf liebevoll eingerichtete Zimmer stehen zur Verfügung; auch ein Self Catering Studio Apartment. Frühstück wird im ersten Stock serviert.

Luxus mit frei stehender Badewanne: das Zimmer »Château de la Roulerie« im Hotel du Vin

✞ 206 A5 ✉ 29 Buckingham Terrace, Great Western Road, Kelvinside ☎ 0141 339 00 08
⊕ www.thegeorgianhousehotel.com

Hotel du Vin £££
Zweifellos gehört das Du Vin zu den imposantesten Spitzenhotels in Schottland. Drei herrliche viktorianische Stadthäuser hat man zu einem Komplex verbunden und mit schlichten, wohlüberlegten Details versehen. Die 49 Zimmer sind individuell eingerichtet und bieten Extras wie Bademäntel, Flatscreen-TV, tiefe Badewannen, Bücher und Bademäntel. Sie sind wie die Suiten nach Weinsorten benannt. Auch das Restaurant des Hauses ist exzellent.
✞ 206 bei A5 ✉ 1 Devonshire Gardens
☎ 0141 378 03 85 ⊕ www.hotelduvin.co.uk

Kelvingrove Hotel ££
Etwas westlich vom Zentrum und unweit vom Kelvingrove Museum gelegen, ist dieses ordentliche, privat geführte Hotel Teil einer viktorianischen Häuserreihe. Von den 22 Zimmern sind fünf für Familien geeignet. Der Service ist freundlich, die Rezeption rund um die Uhr besetzt. Das Frühstück wird in einem hellen Speisesaal serviert.
✞ 206 A3 ✉ 944 Sauchiehall Street
☎ 0141 339 50 11 ⊕ www.kelvingrove-hotel.co.uk

Malmaison ££–£££
Der Ableger des Namensvetters in Edinburgh gehört zu einer kleinen Kette von Designhotels. Alle 72 Zimmer sind stilvoll eingerichtet und bieten Extras wie schnelles WLAN und Flatscreen-TV. Die Küche hat einen sehr guten Ruf: Die Brasserie im Keller strahlt Clubatmosphäre aus. Wenn Sie nach dem Essen das schlechte Gewissen plagt, können Sie im Fitnessraum Sport treiben.
✞ 207 D3 ✉ 278 West George Street
☎ 0141 572 10 00 ⊕ www.malmaison.com/locations/glasgow/

Millennium Hotel Glasgow ££
Zentraler als in diesem stattlichen Hotel am George Square wohnen Sie nirgendwo sonst in Glasgow. Die prachtvolle viktorianische Fassade steht gänzlich im Widerspruch zum zeitgemäßen Interieur. Es warten 117 gut ausgestattete Zimmer, eine Brasserie mit feiner, zeitgemäßer schottischer Küche und eine separate Weinbar auf die Gäste.
✞ 207 E3 ✉ George Square
☎ 0141 332 67 11
⊕ www.millenniumhotels.com

Motel One ££
Modernes Haus der deutschen Hotelkette in zentraler Lage an der Central Station. Solide Zimmer, nette Bar, aber nur ein kleiner Frühstücksraum.
✞ 207 D2 ✉ 78–82 Oswald Street
☎ 0141 468 04 50 ⊕ www.motel-one.com

Novotel Glasgow Centre ££
Dieses moderne Innenstadthotel in Richtung West End gehört zu der bekannten Kette. Sie treffen hier sowohl Geschäftsreisende als auch Urlauber. Die Zimmer haben eine fröhliche Atmosphäre und sind gut ausgestattet. Zum Angebot gehören eine Brasserie sowie ein Fitnessstudio mit Sauna. Parken ist eingeschränkt möglich.
✞ 207 D3 ✉ 181 Pitt Street
☎ 0141 619 90 01
⊕ www.novotel.com

Radisson Blu Glasgow ££–£££
In diesem komfortablen, gegenüber dem Hauptbahnhof gelegenen Hotel erwartet Sie ein großes Atrium mit viel Glas und Holz. Die 250 Zimmer sind durchweg klimatisiert und mit schnellem Internetzugang ausgestattet. Ein Sportstudio, Schwimmbad und Sauna runden das Angebot ab.
✞ 207 D2 ✉ 301 Argyle Street
☎ 0141 204 33 33 ⊕ www.radissonblu.co.uk

Glasgow Youth Hostel £
Im schicken Viertel Park Circus oberhalb des Kelvingrove Parks ist die Jugendherberge eine stimmungsvolle Adresse, die nicht nur Mehrbettzimmer, sondern auch Doppelzimmer mit Bad/WC anbietet – das Viertel gehört ansonsten zu den teuren Wohngegenden von Glasgow.
✞ 206 C4 ✉ 7/8 Park Terrace
☎ Tel. 0141 332 30 04
⊕ www.hostellingscotland.org.uk

Wohin zum ... Essen und Trinken?

Preise für ein Hauptgericht, ohne Getränke:
£ unter 20 £
££ 20–40 £
£££ über 40 £

RESTAURANTS

Café Gandolfi ££
Das alteingesessene Café Gandolfi im Herzen der Merchant City wird wegen seiner lebendigen, unkomplizierten Atmosphäre geschätzt. Die Glasmalereien und die Inneneinrichtung aus Holz stehen im Kontrast zur fantasievollen, modernen Küche.
✠ 207 F2 ✉ 64 Albion Street
☎ 0141 552 68 13 ⊕ www.cafegandolfi.com
● So/Mo Lunch, Di–Sa auch Abendessen

Gamba ££
Preisgekröntes Kellerrestaurant mit stilvollem Ambiente. Bester schottischer Fisch wird unkompliziert zubereitet. Erstklassige Weinkarte.
✠ 207 D3 ✉ 225a West George Street
☎ 0141 572 08 99 ⊕ www.gamba.co.uk
● Mi–Sa mittags u. abends

The Gannet ££–£££
Wenn Sie sich ein exzellentes und umfassendes Tasting-Menü (95 £) mit jeweils einem passenden Schluck Wein gönnen mögen, sind Sie auf der Food-Meile in Finnieston genau richtig. Schottische Produkte aus Surf and Turf at its best sind hier zu haben. Nicht so groß, daher besser vorab reservieren. Mittags werden exquisite Drei-Gänge-Menüs serviert (44 £).
✠ 206 B3 ✉ 1155 Argyle Street ☎ 0141 204 20 81 ⊕ www.thegannetgla.com ● Do–So Lunch und Abendessen, So nur Lunch, Mi nur abends

Sarti £–££
Das Sarti, Teil einer kleinen Kette von Familienrestaurants, serviert authentische toskanische Küche. Hier gibt es für jeden etwas,

Die schottische Küche ist kreativ; Lamm ist ein wichtiger Bestandteil.

vom kleinen Snack bis zur Drei-Gänge-Schlemmerei. Auch Vegetarier und Veganer können hier glücklich werden.
✠ 207 D3 ✉ 121 Bath Street ☎ 0141 204 04 40 ⊕ www.sarti.co.uk ● Do–So durchgehend

Two Fat Ladies at the Buttery ££
Das beliebte Restaurant ist das älteste der Stadt und wurde im Jahr 1870 eröffnet. Hier wird schottische Küche auf eine moderne Art und Weise zelebriert. Gemütliches Ambiente mit Eichenpaneelen. Lassen Sie unbedingt Platz für eines der köstlichen Desserts wie die schottische Whiskytorte mit Rumsorbet.
✠ 206 C3 ✉ 652 Argyle Street
☎ 0141 221 81 88 ⊕ https://twofatladies restaurant.com ● Di–So durchgehend

Ubiquitous Chip ££
Auch nach mehr als 50 Jahren ist im Chip mit dem überdachten Innenhof immer noch viel Betrieb. Auf innovative Weise bietet man schottische Klassiker wie Bio-Lachs, das Fleisch frei laufender Perthshire-Schweine oder Haggis vom Reh, aber auch vegane Gerichte.

✢ 206 bei A5 ✉ 12 Ashton Lane ☎ 0141 334 50 07 🌐 www.ubiquitouschip.co.uk ❶ tgl. durchgehend

CAFÉS/TEESTUBEN

The Hidden Lane Tearoom £
Im Hidden-Lane-Hinterhof an der Argyle Street versteckt sich der sympathische Tearoom neben zahlreichen Kunstgewerbeläden. Zum klassischen Afternoon Tea werden leckere Scones gereicht. Es gibt auch Frühstück und kleine Mittagsgerichte.
✢ 206 B3 ✉ 1103 Argyle Street ☎ 0141 237 43 91 🌐 www.hiddenlanetearom.com ❶ tgl. 10–16.30 Uhr

Mackintosh at the Willow £–££
Die mit viel Liebe zum Detail renovierten Willow Tea Rooms von Jugendstilmeister Charles Rennie Mackintosh sind das perfekte Setting für einen Tee mit Scones oder auch eine Suppe. Highlight ist der Afternoon Tea im Salon de Luxe (vorher reservieren) – vorher oder danach bietet sich ein Besuch der Ausstellung nebenan an (S. 83).
✢ 207 D3 ✉ 215–217 Sauchiehall Street ☎ 0141 204 19 03 🌐 www.mackintoshthewillow.com ❶ tgl. 9–18 Uhr

Tibo £
Ein »Café«, wie man es in Glasgow liebt: mit deftigem Frühstück, opulentem Brunch oder Gerichten zum Mittagessen. Hier kehrt man auch zu Kaffee und Kuchen ein oder einer Kleinigkeit am Abend, dann gerne zu einem Wein. Schickes Ambiente und günstige Preise heben es von der Konkurrenz ab.
✢ außerhalb 207, östlich F2 ✉ 443 Duke Street ☎ 0141 550 20 50 🌐 https://tibobistro.co.uk ❶ Do–Sa durchgehend, So–Mi bis 17 Uhr

Wild Olive Tree £
In der 200 Jahre alten St George's Tron Church mitten in der Fußgängerzone Buchanan Street ist ein ungewöhnliches Café entstanden, das wie eine Oase inmitten des Einkaufstrubels wirkt. Nachhaltigkeit wird großgeschrieben, die selbst gebackenen Scones sind ein Gedicht.
✢ 207 E3 ✉ 163 Buchanan Street ☎ kein Tel. 🌐 www.thewildolivetree.co.uk ❶ Mo–Sa 10.30–16.30 Uhr

PUBS

Babbity Bowster £–££
Merchant City pur. Hier kommt eine Autoren-Klientel zusammen. Die Ale Bar hat einen seriösen Charme, ein Biergarten ist angeschlossen. Bar Meals gibt es hier und das »Schottische Restaurant« treppauf am Wochenende. Eine Institution! Am Wochenende lauschen die Gäste auch Folkbands und Poesie.
✢ 207 E2 ✉ 16–18 Blackfriars Street ☎ 0141 552 50 55 🌐 https://babbitybostr.com ❶ Mo–Sa 10.30–16.30 Uh

BrewDog £
In der Merchant City gelegene coole Kneipe gegenüber vom Rab Ha's (s. unten). Das BrewDog ist eine aufstrebende Kette mit eigener Craft-Bier-Brauerei nördlich von Aberdeen. Eine weitere Filiale liegt in der Argyle Street gegenüber der Kelvingrove Art Gallery.
✢ 207 E2 ✉ 99 Hutcheson Street ☎ 0141 552 63 63 🌐 www.brewdog.com ❶ tgl. durchgehend

The Islay Inn £
Lebendiger Musik-Pub im West End zwischen Finnieston und Kelvingrove. Hier kommt viel Folkmusik auf die Bühne und es gibt regelmäßig einen speziellen Whisky im Angebot – klassischer geht es kaum.
✢ 206 B3 ✉ 1256 Argyle Street ☎ 0141 334 77 74 🌐 www.islayinnglasgow.com ❶ tgl. 11–24 Uhr

Rab Ha's £–££
Im Herzen der Merchant City liegt das renovierte viktorianische Hotel mit Bar und Craft-Bieren. An der Bar gibt es Haggis mit Steckrüben und Kartoffelbrei oder Wildpilz-Risotto mit Rucola zu essen. Das Restaurant bietet eine umfassende Speisekarte.
✢ 207 E2 ✉ 83 Hutcheson Street ☎ 0141 370 88 18 🌐 www.rabhas.co.uk ❶ tgl. durchgehend

Wohin zum ... Einkaufen?

Die meisten Geschäfte sind von 9/9.30 bis 17.30/18 Uhr geöffnet, viele auch bis 19 oder 20 Uhr. Manche Geschäfte öffnen sonntags, dann vor allem nachmittags.
Argyle Street, Buchanan Street und Sauchiehall Street bilden das »Golden Z«, zweifellos *die* schottische Einkaufsmeile mit dem nach London besten Angebot Großbritanniens.

Shop till you drop – in Glasgows Buchanan Street ist das problemlos möglich ...

PASSAGEN & EINKAUFSZENTREN

Die Buchanan Galleries (220 Buchanan Street) sind eine erstklassige Einkaufspassage, auch Mode von John Lewis etwa ist hier vertreten. Das St Enoch Centre (55 St Enoch Square) wird derzeit durch einen Neubau ersetzt.
Anspruchsvoller ist das Angebot im Princes Square (38–42 Buchanan Street; https://princessquare.co.uk) etwa mit Mode von Kurt Geiger oder Kate Spade. Das genaue Gegenteil dieser Glanzwelt bietet der berühmte Flohmarkt im Barras (S. 80).

KLEIDUNG

Die teuren Boutiquen des Italian Centre in der Ingram Street führen Designerware. Cruise (180–87 Ingram Street, Tel. 0141 332 57 97; www.cruisefashion.com) bietet Markenkleidung für sie und ihn. Designermode zu erschwinglichen Preisen finden Sie bei TK Maxx (179 Sauchiehall Street, Tel. 0141 331 04 11). Slater Menswear (165 Howard Street, Tel. 0141 552 71 71) hat mehr als 17 000 Anzüge auf Lager – auch Kiltverleih. Slanj of Scotland (30 St Enoch Square, Tel. 03333 20 19 77) verkauft und verleiht Kilts – auch aus Leder – und T-Shirts.

BÜCHER

Das fünfstöckige Waterstones (153–157 Sauchiehall Street; www.waterstones.com) hat ein Internetcafé und Leseinseln zum Blättern und Schmökern.
Voltaire & Rousseau (12–14 Otago Lane, Tel. 0141 339 18 11) und Caledonia Books (483 Great Western Road, Tel. 0141 334 96 63) verkaufen Antiquarisches.

ESSEN UND TRINKEN

Whisky finden Sie in The Whisky Shop (Buchanan Galleries, www.whiskyshop.com) mitten in der Fußgängerzone. Leckeren schottischen Käse mit dazu passender Feinkost verkauft George Mewes (106 Byres Road, Tel. 0141 334 59 00) im Szeneviertel Hillhead. Ein gut sortierter Bioladen ist Roots, Fruits & Flowers an gleich zwei Standorten (451–457 Great Western Road sowie 1137 Argyle Street, Tel. 0141 334 35 30). Leckeres Vollkornbrot und Süßwaren, die z. T. auch bio sind, sowie starken Kaffee bietet die kleine Cottonrake Bakery an (497 Great Western Road, kein Tel.).

SCHMUCK

Die viktorianische Argyle Arcade (zwischen Argyle und Buchanan Street) besteht quasi nur aus Schmuckläden.

KUNST & KUNSTHANDWERK

Im Glasgow Print Studio (103 Trongate; www.gpsart.co.uk, Galerie: Di–Sa 10–17.30 Uhr) wird Kunst gemacht, diskutiert und in Workshops vermittelt; top in Schottland für Printmaking und insgesamt für schottische Kunst auf Papier. Modernes Kunsthandwerk und Design bietet die Scottish Design Exchange (Buchanan Galleries). In der Hidden Lane (1103 Argyle Street, www.thehiddenlaneglasgow.com) in Finnieston finden Sie in einem Hinterhof ein Potpourri aus Galerie, Ateliers, Fotokunst und Schmuck – und dazu einen tollen Tearoom (S. 91).

Wohin zum ... Ausgehen?

Wer wissen will, was wo passiert, sollte sich die Zeitschrift »The List« am Kiosk besorgen oder z. B. auf www.whatsonglasgow.co.uk sowie www.visitglasgow.com/whats-on nachschauen.

KINO

Das Odeon Quay (Springfield Quay, Paisley Road, Tel. 0333 014 45 01) zeigt in seinen zwölf Kinos aktuelle Filme, das Glasgow Film Theatre (12 Rose Street, Tel. 0141 332 65 35) in einem Art-déco-Gebäude Independent- und Arthaus-Filme.

THEATER UND MUSIK

Viele schöne alte Theater in Glasgow wurden geschlossen oder abgerissen. Das Citizens (119 Gorbals Street, Tel. 0141 429 00 22; www.citz.co.uk) ist die beste Bühne Westschottlands, sie zeigt gute Shows. Außerdem werden hier Theater und Schreiben unterrichtet. Das Tron (63 Trongate, www.tron.co.uk) übernimmt Produktionen kleiner Bühnen, bietet aber auch eigene Shows, Livemusik und Komödien. Im Theatre Royal (282 Hope Street, www.glasgowtheatreroyal.org.uk) werden Opern, Ballett- und anspruchsvolle Theaterstücke aufgeführt, während im King's Theatre (297 Bath Street, www.atgtickets.com) eher Musicals und Comedy auf dem Programm stehen.
Die Royal Concert Hall (2 Sauchiehall Street, Tel. 0141 353 80 00; www.glasgowlife.org.uk) ist Sitz des Royal Scottish National Orchestra, aber auch Rock- und Popstars treten in ihr auf; im Januar finden hier die Celtic Connections statt. Im St Andrew's in the Square (1 St Andrew's Square, www.standrewsinthesquare.com) werden Konzerte und Ceilidhs veranstaltet.

PUBS UND CLUBS

Die Kneipenszene ist lebendig: Studierendentreffs im West End, Trendbars in der Merchant City und traditionelle Arbeiterlokale im East End. Versäumen Sie nicht das alteingesessene The Saracen Head (209 Gallowgate). Die Scotia Bar (112 Stockwell Street, S. 81) und das Babbity Bowster (S. 91) in der Merchant City sind für Liebhaber von Folk und Celtic Music erste Wahl, das Islay Inn (S. 91) ist ebenfalls empfehlenswert. Glasgow trägt seit 2008 den Titel der UNESCO City of Music und verfügt über Großbritanniens lebendigste Rock- und Popszene. Im King Tut's Wah Wah Hut (272a St Vincent Street) treten Bands auf, hin und wieder lassen sich Stars und Sternchen blicken. Tanzen wird in Glasgow großgeschrieben – Hip-Hop und House, aber es gibt auch eine lebendige Indie-, Rock- und Ceilidh-Tanzszene. Getanzt wird im Arta (62 Albion Street): fabelhaft überkandideltes Design, unten wird live und aufgelegt abgerockt, oben serviert man Tapas und Cocktails unter riesigen Kerzen. Nice 'n' Sleazy (421 Sauchiehall Street) ist loungy. Das Flying Duck (142 Renfield Street) rockt im Shabby Chic, dazu gibt's vegane Burger!

Ein Balletttänzer des Scottish Ballet bereitet sich auf seinen Auftritt vor.

Abbotsford House: Walter Scott hatte sich ein Farmhaus umbauen lassen – entstanden ist ein Dichterschlösschen.

Der Süden Schottlands

In den anglophilen Lowlands begegnen Ihnen die schottischen Poeten Burns und Scott auf Schritt und Tritt.

Seite 94–117

Erste Orientierung

Der Süden ist der lieblichste und am wenigsten besuchte Teil Schottlands – Schlösser, Türme und verfallene Abteien sind in wogende Hügel und ins idyllische Tiefland eingebettet. Mit Reizen geizen auch die Felsbuchten, Sandstrände und Inseln im Westen und Osten nicht.

Vom 12. bis ins 17. Jh. waren die Borders aufgrund von Schlachten und Scharmützeln eine sehr unsichere Grenzregion zu England. Steintürme *(Peel Towers)* boten Schutz und dienten als Signalposten. Einige sind verfallen und haben dadurch einen besonderen Reiz, andere wie der Aikwood Tower in Ettrick bei Selkirk sind seit Jahrhunderten in Privatbesitz.

Restaurierte Ruinen werden von Historic Environment Scotland der Öffentlichkeit zugänglich gemacht. Die großen Grenzabteien (S. 112), heute malerische Ruinen, zeugen von Macht und Reichtum der Kirche vor der Reformation. Auch König Robert the Bruce hatte hier seine Heimat. Mit guerillaartigen Angriffen kämpfte er in den Unabhängigkeitskriegen von 1306 bis zur englischen Niederlage in Bannockburn (S. 136; bei Stirling) im Jahr 1314 gegen die Engländer.

Im Süden Schottlands hat auch die Industrie ihre Spuren hinterlassen. In Kilmarnock standen die Fabriken einst dicht an dicht. Um 1825 erfand hier der Gemischtwarenhändler Johnnie Walker das Blending, den Verschnitt von Whiskysorten. In New Lanark konnte ein kompletter Industriekomplex erhalten werden, in Wanlockhead zwischen Dumfries und New Lanark gibt es ein hervorragendes Bergbaumuseum mitsamt ehemaligem Bergwerksschacht.

Im Landesinneren kann man dem Naturerleben nachgehen, denn die Galloway Hills mit ihrer wilden Landschaft und die ausgedehnten Waldgebiete sind ein Paradies für Wanderer und Mountainbiker.

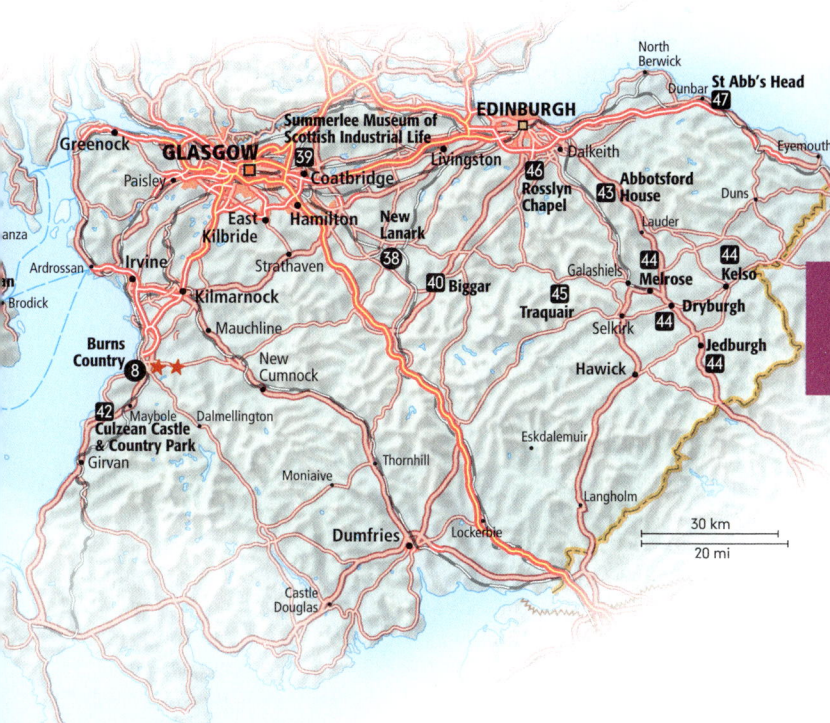

TOP 10
⑧ ★★ Burns Country

Nicht verpassen!
㊳ New Lanark

Nach Lust und Laune!
㊴ Summerlee Museum of Scottish Industrial Life
㊵ Biggar

㊶ Arran
㊷ Culzean Castle & Country Park
㊸ Abbotsford House
㊹ Melrose · Kelso · Dryburgh · Jedburgh
㊺ Traquair House
㊻ Rosslyn Chapel
㊼ St Abb's Head

Mein Tag
in den Borders mit Rad und Romantik

Das sanfte Auf und Ab der Border-Landschaft ruft zum Tritt in die Pedale. Ein Ausflug mit dem Mietfahrrad führt Sie zwischen Melrose und Kelso in Walter Scotts Heimat – er ist mit romantischen Etappenstopps gespickt.

10 Uhr: Abteiruine als Prolog

Vor Ihnen liegt ein sportlicher Tag mit ca. 15 bzw. 35 km Radroute (jeweils ein Weg), nie weit entfernt vom mäandernden Tweed River.

Zunächst aber mieten Sie ein geeignetes Fahrrad im Hike & Bike Hub (S. 112) in der Nähe des Bahnhofs von Galashiels. Von dort geht es nach Tweedbank und weiter zur filmreifen 44 Melrose Abbey. Schauen Sie dort genau die eleganten Details an.

11 Uhr: Hingucker im Kilometertakt

Nun folgt die kurzweilige Strecke am Tweed zwischen 44 Melrose und 44 Dryburgh (S. 112). Über Priorswalk und Dean Road verlassen Sie das propere Melrose gen Osten. Bald nähert sich der Tweed linker Hand und ein kurioses Brückentrio lockt zum ersten Stopp. Verweilen Sie auf der Steinbogenbrücke von 1780, mit Blick auf die moderne Straßenbrücke und das elegante Ex-Eisenbahnviadukt Leaderfoot

12 Uhr: Abteinaher Lunch

15.30 Uhr: Lustwandeln im Schlosspark

11 Uhr: Hingucker im Kilometertakt

10 Uhr: Abteiruine als Prolog

14 Uhr: Highlandstimmung in den Borders

17.30 Uhr: Pub-Dinner

von 1865. Jenseits des Tweeds erklimmen Sie dann den Hügel zum besten Blick auf die liebliche Landschaft. Scott's View heißt die Kuppe, von der der Romancier Walter Scott sinnierend auf Tweed und wogendes Grün blickte. Und es wird noch ansehnlicher.

Wenn Sie bergab rollen, verführt ein Schild zum Rendezvous mit »Braveheart« William Wallace: 21 Meter Maskulinität im Sandsteinlook auf einer Klippe. Wenige Pedaltritte weiter wartet vor dem Überqueren einer filigranen Hängebrücke das feminine Gegenstück.

10 Uhr

In der Kirche der Melrose Abbey soll das Herz von Robert the Bruce bestattet worden sein.

Der griechische Pavillon »Temple of the Muses« wurde zu Ehren des Tweed-Poeten James Thomson errichtet: Der Schotte schrieb vor 300 Jahren die Worte zur Hymne »Rule Britannia« … als die Schotten noch überzeugte Briten waren.

12 Uhr: Abteinaher Lunch

Nach spannenden 7 km stellen Sie die Räder an der nächsten romantischen Ruine ab. In der prächtigen 44 Dryburgh Abbey wurde Walter Scott 1832 bestattet, fast 700 Jahre nach ihrem Bau. Nach dem temperamentvollen Vormittag geben Sie für die Lunchpause der Main Street Trading Company den Zuschlag (£, www.mainstreetbooks.co.uk/cafe): Dies ist eine Buchhandlung im nahen St Boswells mit Feinkostladen und exquisitem Café, das von 12 bis 15 Uhr Lunch serviert.

14 Uhr: Highlandstimmung in den Borders

Jetzt müssen Sie sich entscheiden: Entweder Sie radeln auf dem Hinweg zurück zum Radverleiher oder Sie hängen eine Etappe dran, wenn Sie ohnehin in Kelso übernachten. Dazu nehmen Sie die Landstraße 6404, bevor es zum Smailholm Tower durch Felderwirtschaft sanft bergauf geht. Nach 9 km ragt er schroff auf, der 500 Jahre alte Befestigungsturm. Doch erneut gibt's Romantikpunkte: Walter Scott stro-

11 Uhr

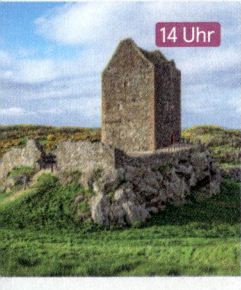
14 Uhr

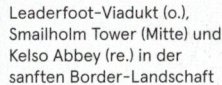
17.30 Uhr

Leaderfoot-Viadukt (o.), Smailholm Tower (Mitte) und Kelso Abbey (re.) in der sanften Border-Landschaft

merte hier auf Kindesbeinen herum und wird in einer Ausstellung bedacht; aus der vierten Etage betrachtet, offenbart die Gegend eher Highlandcharakter als liebliche Border-Stimmung.

15.30 Uhr: Lustwandeln im Schlosspark

Gegen den Turm wirkt die Anlage von Floors Castle, 9 km sanft bergab nach Kelso, wie aus einer anderen Zeit. Gegen Ende der Grenzkriege entstand hier das Anwesen des Duke of Roxburghe. Bis 17 Uhr dürfen Sie Schloss und Park besichtigen (www.floorscastle.com).

17.30 Uhr: Pub-Dinner

Das angrenzende Städtchen Kelso kann den Abschluss bilden. Rund um das ehem. Rathaus ist der einstige Reichtum weiter gut zu erkennen. Für ein herzhaftes Abendessen schlüpfen Sie ins Pubrestaurant The Cobbles (S. 115, www.cobbleskelso.co.uk) – genau richtig nach dem Tag im Sattel!

MEIN TAG

❽ ★★ Burns Country

Warum?	Liebesgedichten, sogar an den Haggis, auf der Spur – schön, sie in Burns' Heimat zu lesen
Was?	Ein Pint im Globe Inn in Dumfries, am Dichterschrein im Pub
Wie lange?	Ein halber Tag
Wann?	Zu jeder Tageszeit
Was noch?	Im Pub Cavens Arms in Dumfries mal Haggis probieren
Resümee	Ein Heftchen mit Burns-Gedichten verstärkt noch die literarische Atmosphäre

Der schottische Nationaldichter Robert Burns (1759 bis 1796) wurde in einer »alten Lehmhütte« in der Nähe des Doon geboren. Das Burns-Cottage wurde in seinen Urzustand zurückversetzt, in ihm befindet sich unter anderem das Originalmanuskript des Lieds »Auld Lang Syne« – im Deutschen bekannt als »Nehmt Abschied, Brüder«.

Im Südwesten Schottlands prägen Häuschen das Bild, die mit ihrem Reetdach, dicken Mauern und winzigen Fenstern vor dem grimmigen Winter Schutz boten. Die Cottages würde Burns wohl noch wiedererkennen, doch aus der sumpfigen Heidelandschaft ist fruchtbares Ackerland geworden.

Eine verhexte Kirche

Beginnen Sie Ihren Rundgang in Alloway im Robert Burns Birthplace Museum. Das Haus bringt Ihnen Burns und seine weltberühmte Trunkenbold-Ballade »Tam o' Shanter« anhand von Filmen und modern gestalteten Exponaten näher. 1791 wurde sie veröffentlicht.

Im unmittelbaren Umkreis liegen der Burns Garden mit dem Pavillon des Burns Monument, von dem Sie einen schönen Blick auf die beiden in tollen Versen besungenen Landmarken Brig o' Doon – eine trotz ihres Alters immer noch elegante Steinbogenbrücke über das Flüsschen Doon – und die bei Burns verhexte Kirchenruine Auld Kirk haben. Im reetgedeckten Burns Cottage verbrachte Robert die ersten sieben Jahre seines Lebens.

Nachdem Sie aufschlussreiche Filme über Burns' Leben und seine berühmte Verserzählung »Tam o' Shanter« gesehen haben, gelangen Sie auf Tams Spuren zur Alloway's Auld Haunted Kirk und der alten Brig o' Doon. Burns' Eltern sind auf dem alten Friedhof begraben, er selbst nahm häufig den Weg über die Brücke zum Carrick-Ufer.

In Burns' Erzählung »Tam o'Shanter« spielt die Brig o' Doon in Alloway eine Rolle.

Burns wuchs mit den Märchen und Legenden auf, die ihm seine Mutter Agnes Broun erzählte. Sie stammte aus dem 23 km südlich von Ayr an der A 77 gelegenen Dorf Kirkoswald. Hier ging Robert zur Schule und begegnete den Personen, die er später für seine Werke aufgriff. Nach Douglas Graham vom Shanter-Hof ist die Figur des Tam gestaltet. »Schuster Jan, sein alter, durstiger Kumpan« – der Dorfschuster John Davidson –, ist ganz in der Nähe begraben. Sein Häuschen und seine Werkstatt gegenüber vom Kirchhof sind mitsamt Handwerkszeug restauriert.

Im Globe Inn in Dumfries war Robert Burns Stammgast.

Viel Satire und eine Skulptur

In Mauchline lernte Burns seine künftige Ehefrau Jean Armour kennen. Er bedachte den Kirchenvorstand mit satirischen Versen. Das vom Ehepaar bewohnte Cottage in der Castle Street ist heute das Burns House Museum. Im etwas renovierungsbedürftigen Pub Poosie Nansie's traf Robert trinkfreudige Zeitgenossen, die er in Versen verewigte.

Die breite Flussschleife des Nith prägt die Stadt Dumfries. Burns' Skulptur vor der Greyfriars Church blickt hinunter zum Midsteeple, dem früheren Stadthaus. In seinem letzten Wohnhaus, heute Robert Burns House, sind sein Schreibtisch und das Bett ausgestellt.

KLEINE PAUSE

High Street 56, Dumfries

Erfrischen Sie sich im **Pub Globe Inn** (£). Nehmen Sie auf dem angeblich erhaltenen Stuhl von Burns Platz, kostet das einen deklamierten Vers oder eine Lokalrunde.

Robert Burns Birthplace Museum
✢ 209 D3 ✉ Murdoch's Lone, Alloway
☎ 01292 44 37 00
⊕ www.nts.org.uk
🕐 tgl. 10–17 Uhr 🍽 Café und Restaurant im Museum (£)
🚌 vom Busbahnhof Ayr, Sandgate
🚉 Ayr ✦ 12,50 £

Robert Burns House
✢ 210 B2 ✉ Burns Street, Dumfries
☎ 01387 25 52 97 ⊕ www.dgculture.co.uk/venue/robert-burns-house/
🕐 Mo–Sa 10–17, So 14–17 Uhr, Winter kürzer
🍽 Globe Inn in der Nähe (£)
🚉 Dumfries ✦ frei

㊳ New Lanark

Warum?	Kurioses Nebeneinander von uniformer früher Industriearbeit und Natur pur
Was?	Einkaufen im Dorfladen der ehemaligen Arbeiter
Wie lange?	Mit Wasserfällen 3 Stunden
Wann?	Vor 12 Uhr, danach wächst der Andrang
Was noch?	Kleine Wanderung vom Wasserkraft-Kanal zu den ungebändigten Wasserfällen des Clyde
Resümee	Kreativität bewirkte und bewirkt hier entscheidende Wandlungen

Der Kaufmann David Dale errichtete ab 1785 Baumwollfabriken in New Lanark, wo er das durch die Schlucht schießende Wasser des Clyde zum Antrieb der Maschinen nutzte. Die Sandsteingebäude boten einen willkommenen Kontrast zu den üblichen Elendsquartieren der Arbeiterschaft. Und die vertriebenen Highlander fühlten sich in der ländlichen Umgebung der Heimat näher als in Glasgow.

In der Siedlung gingen industrielle Effizienz und Gemeinsinn eine Verbindung ein.

Die Arbeitsstätte immer im Blick

Beim Abstieg vom Parkplatz wird Sie der Anblick der idyllisch am Ufer des Clyde gelegenen Siedlung New Lanark in seinen Bann ziehen. Die Gebäude wurden seit ihrer Fertigstellung Anfang des 19. Jh.s kaum verändert und beeindrucken durch ihre klassische Schlichtheit. Die am Fluss stehenden wuchtigen Gebäude der Baumwollspinnereien, der Kanal, dessen Wasser die Maschinen antrieb, und die Reihen der Arbeiterwohnungen bieten jedoch alles andere als eine dörfliche Szenerie.

New Lanark ist eine der schottischen Stätten des UNESCO-Welterbes.

Anfangs arbeiteten hier etwa 400 Erwachsene sowie 800 Kinder aus den örtlichen Waisenhäusern, einige kaum älter als fünf oder sechs Jahre. Kinderarbeit war damals üblich; in dieser Welt – wie aus einem Roman von Charles Dickens – waren die Kinder in puncto Hygiene, Kleidung, Erziehung und Ernährung immerhin gut versorgt.

Ein soziales Experiment

Das Besucherzentrum von New Lanark ist im Institute for the Formation of Character untergebracht, das der walisische Industrielle und Sozialreformer Robert Owen (1771 bis 1858), der Schwiegersohn von David Dale, um 1816 errichten ließ. Das Institut gehörte zum »wichtigsten Experiment, das jemals irgendwo in der Welt durchgeführt wurde, um [den Menschen] Glück zu bringen«, und war der soziale Mittelpunkt des 2500 Einwohner zählenden New Lanark. Es war mit einer Bibliothek und einem Lesesaal ausgestattet und wurde für Erwachsenenbildung, Konzerte, zum Kegeln und Tanzen, für Hochzeitsfeiern, aber auch als Werkskantine und religiöser Versammlungsort genutzt. Heute beherbergt es das audiovisuelle Annie McLeod Experience: Das junge Mädchen erklärt, wie Robert Owens utopische Ideen und Ziele das Projekt New Lanark hervorbrachten.

Dampfmaschine aus viktorianischer Zeit

Im Shop von New Lanark gibt es natürlich Artikel aus Wolle zu kaufen.

Owen weigerte sich, Kinder unter zehn Jahren zu beschäftigen, sorgte jedoch durch die Einrichtung einer Krippe dafür, dass ihre Mütter arbeiten konnten. Die Kinder wurden bis zum zehnten oder zwölften Lebensjahr einer umfassenden Ausbildung unterzogen. Tanz und Gesang standen bei der Erziehung im Vordergrund, Bestrafungen waren ebenso verboten wie Belohnungen.

Tausende kamen in den folgenden Jahren nach New Lanark, um Owens Experiment zu verfolgen. Seine Konkurrenten straften ihn mit Verachtung und gingen davon aus, dass sein Unternehmen bald zusammenbrechen würde – doch zu ihrer Überraschung florierte es. Denn Owen sollte Recht behalten: Eine unter besseren Bedingungen lebende Arbeiterschaft war zufriedener und arbeitete effizienter – was letztlich dem Unternehmen zugutekam.

Im Krämerladen, dessen Preise dank Owen unterhalb des sonst üblichen relativ hohen Niveaus lagen, können Sie heute Waren für den alltäglichen Bedarf aus den 1920er-Jahren kaufen, etwa Emailgeschirr; und in der angrenzenden Abteilung können Sie sehen, wie unterschiedlich das Angebot vor 100 Jahren war.

Die Spinnerei

In der Fabrik finden sich noch funktionstüchtige Maschinen, die einst in den massiven Gebäuden standen. Im 19. Jh. ersetzten sie die Arbeit von Hunderten von Webern. Nach der Schließung der Baumwollfabrik 1968 verfiel New Lanark rasch. Der ganze Komplex stand bereits kurz vor dem Abriss, als 1973 der New Lanark Conservation Trust gegründet und ein aufwendiges Restaurierungsprogramm aufgelegt wurden.

Die Mietshäuser wurden in moderne Apartments verwandelt, die ehemalige Mill No 1 mauserte sich zu einem Luxushotel (S. 115), und wo früher die Baumwolle gelagert wurde, entstanden Ferienwohnungen.

Wasserfälle

Dachse, Füchse und Rehe sind hier heimisch, auch Otter sieht man im Winter.

Am Südende des Komplexes von New Lanark schützt der schottische Wildlife Trust mit der Falls of Clyde Wildlife Reserve ein tolles Spektakel. Der Clyde schießt durch die Schlucht über eine Reihe von Wasserfällen. Etwa 1,5 km weiter südlich stürzt der Fluss bei Corra Linn 26 m in die Tiefe.

KLEINE PAUSE

Owen's Warehouse bietet Snacks und Häppchen zu vernünftigen Preisen. In der ehemaligen Speisekammer der Spinnerei hält ein **Kiosk** von 10 bis 17 Uhr seine Türen offen.

New Lanark World Heritage Site
✝ 210 B4
✉ Lanark ☎ 01555 66 13 45
⊕ www.newlanark.org
❶ Mai–Sept. tgl. 10–16.30 Uhr, sonst kürzer ¶ Café (£)
✦ Erw. 15 £

Falls of Clyde Wildlife Reserve
✝ 210 B4
✉ Falls of Clyde Visitor Centre, New Lanark ☎ 01555 66 52 62 ⊕ www.swt.org.uk ❶ tgl. bis Einbruch der Dunkelheit; Besucherzentrum tgl. 10–16 Uhr ✦ 3 £ (Spende)

Magischer Moment

Gartenpoesie als Land-Art

Wenn Ihre Finger in Stein gravierte poetische Schriftzüge ertasten, über die moosiges Grün wuchert oder die sich im Teichwasser spiegeln, wenn Ihnen aus dem Dickicht die goldenen Augen des Gottes Apollon nachstellen, haben Sie sich in »Little Sparta«, dem magischen Garten des Poeten und Gärtners Ian Hamilton Finlay, verlaufen. Kunst ersetzt hier Berge, Philosophie streitet mit Wildnis. Und Sie verlieben sich in Land-Art.

Stonypath, Dunsyre, Tel. 01899 81 07 11, www.littlesparta.org.uk, Juni–Sept., Do–So 12–16 Uhr, 9 £

Nach Lust und Laune!

39 Summerlee Museum of Scottish Industrial Life

Dieses Museum geht auf die alte Summerlee-Eisenhütte zurück, die unter einer 6 m dicken Schicht aus Schlacke und Industriemüll freigelegt wurde, und ist der Geschichte der Stahl- und Schwermetallindustrie gewidmet, der einstigen Lebensader der umliegenden Gemeinden. Sie besuchen hier sicherlich das lauteste Museum in Schottland, denn jeden Tag führen Techniker historische Maschinen vor und stellen Teile her, die der Restaurierung anderer Maschinen dienen sollen. In der Ausstellungshalle finden Sie die Rekonstruktionen einer Blechschmiedewerkstatt, einer Messinggießerei und einer Spatenschmiede vor, ferner ein Fotoatelier vom Anfang des 20. Jh.s und die Ausstattung eines Lebensmittelladens. Die Teestube (um 1880) war in den 1980er-Jahren von Coatbridge hierhergebracht worden. Im Mittelpunkt steht jedoch die Eisenhütte, die in ihrem Zustand von 1880 wiederhergestellt wurde. Sie ist in eine Schmelzofen-Konstruktion mit Aussichtsgalerie eingebettet.

✣ 210 A5 ✉ Heritage Way, Coatbridge ☎ 01236 63 84 60 ⊕ https://culturenl.co.uk/museums/visiting-us/summerlee/ ❶ 10–16 Uhr 🍴 Teestube im Museum (£) 🅿 Coatbridge ✦ frei

Bucht am Drumadoon Point im Süden von Arran

40 Biggar

In Biggar, westlich von Peebles an der A 701 gelegen, nahm 1899 die Erfolgsgeschichte von Albion Motors, dem einst größten Lkw-Hersteller in Großbritannien, ihren Anfang. Die Museen in der Stadt befassen sich mit der Geschichte der Region. Im Biggar & Upper Clydesdale Museum ist der einstige Gladstone Court integriert, eine zwischenzeitlich restaurierte Straße aus viktorianischer Zeit mit u. a. Eisenwarenladen, Fotoatelier, Schneiderei, Uhrmacherwerkstatt, Hutgeschäft, Druckerei und Schuhmacher.

Auch das Haus der Greenhill Covenanters, das die religiösen Auseinandersetzungen des 17. Jh.s behandelt, ist im Museum aufgegangen. In jener turbulenten Zeit leisteten die Scottish Presbyterian Covenanters erbitterten Widerstand gegen die Einführung eines Episkopalsystems. Das Biggar Gasworks Museum gewährt Einblick in die Geschichte des Gaswerks, das die Stadt bis 1973 versorgte. Das Biggar Puppet Theatre ist seit 40 Jahren die Heimat der Purves Puppets.

✢ 210 B4
Alle Museen: ⊕ www.biggarmuseum
trust.co.uk

Biggar & Upper Clydesdale Museum
✉ Biggar ☎ 01899 22 10 50
🕒 April-Mitte Dez. Di-Sa 10-17, So
13-17 Uhr 🍴 Café (£) ✦ 7 £

Purves Puppets
✢ 210 B4 ✉ Broughton Road
☎ 01899 22 06 31 ⊕ www.purves
puppets.com 🕒 meist tgl. Vorführungen, siehe Website 🍴 Cafés (£)
✦ Erw. 12, Kinder 10 £

41 Arran

Die südlichste schottische Insel wird auch »Klein-Schottland« genannt: der Norden bergig und wenig besiedelt, der Süden fruchtbar und üppig. Die Täler und Hügel locken Wanderer und Bergsteiger an, ob sie nun einen Spaziergang im Glen Rosa oder eine Kletterpartie in Glen Sannox oder Goat Fell unternehmen wollen. Zu den Höhepunkten gehören die Holy Isle mit einem buddhistischen Meditationszentrum, per Boot von Lamlash aus zu erreichen, Schloss und Gärten von Brodick und die Steinkreise auf dem Hochmoor von Machrie.

In den letzten Jahren wurde Arran von Feinschmeckern entdeckt. Die Insel glänzt mit hervorragendem Käse (der Arran Blue ist Weltklasse), zwei Whiskybrennereien, einer mit Preisen ausgezeichneten Brauerei, einem Speiseeishersteller, einem Chocolatier und der Firma Arran Provision, die Arran-typische Produkte, u. a. Senf und Marmeladen, vertreibt. All die Köstlichkeiten, die die schottische Küche zu bieten hat – allen voran Meeresfrüchte –, können Sie in mehreren ausgezeichneten Restaurants probieren. Arran ist mit sieben Plätzen auch bei Golf-Freunden sehr populär.

✢ 208 C4
⊕ www.visitarran.com 🚢 ab Ardrossan

42 Culzean Castle & Country Park

Dieses spektakulär auf der Steilküste gelegene Schloss ist ein Werk des bedeutenden Architekten Robert Adam. Im späten 18. Jh. wurde es erbaut. Ein Spaziergang über die ausgedehnten Ländereien, die den ersten Country Park in Schottland bilden, führt über herrliche Wald- und Küstenpfade, vorbei an Höhlen, die eine Erkundung lohnen, und durch eine schöne alte Parklandschaft. Die großartige ovale Haupttreppe und der runde Salon mit Blick über den Firth of Clyde zählen zu den kühnsten und schönsten Entwürfen Adams.

Die Eisenhower-Ausstellung erinnert an die Bedeutung des früheren US-Präsidenten als Oberkommandierenden der alliierten Streitkräfte während des Zweiten Weltkriegs; er erhielt in einer Wohnung innerhalb des Gebäudes lebenslanges Wohnrecht. Die Zimmer, darunter die Eisenhower-Suite, werden heute vermietet.

☦ 209 D3 ✉ an der A 719, 19 km südl. von Ayr ☎ 01655 88 44 55 ⊕ www.nts.org.uk ◐ April–Okt. tgl. 10.30–16.30 Uhr ¶ Home Farm Kitchen (£–££) 🚌 Ayr–Girvan über Culzean 🚉 Maybole ✦ Country Park: 13, Castle und Park: 20 £

43 Abbotsford House

In dem märchenhaften Anwesen steht Sir Walter Scotts Schreibtisch und alles, was den Initiator des Schottlandmythos zu seinen 40 Romanen inspirierte: etwa Rob Roys Schwert oder Bonnie Prince Charlies Trinkbecher. Sehr schöner Garten und Park hinab zum Tweed. Von dort führt ein Wanderweg zum Bhf. Tweedbank (ca. 30 Min.)

☦ 211 D4 ✉ bei Tweedbank ☎ 01896 75 20 43 ⊕ www.scottsabbotsford.com ◐ April–Okt. tgl. 10–17, Nov. 10–16 Uhr ✦ 14 £

44 Melrose · Kelso · Dryburgh · Jedburgh

Die grandiosen Grenzabteien (Border Abbeys) wurden unter der Herrschaft König Davids I. (um 1085 bis 1153) gegründet und zumeist im 16. Jh. von englischen Truppen zerstört. Die Mönche waren die »Grenzsoldaten« des schottischen Königs, ihre Abteien wuchsen zu großen Machtzentren heran. Das Herz von Robert the Bruce (S. 96) ist in Melrose, Sir Walter Scott in Dryburgh beigesetzt. Kelso ist die kleinste Ruine und Jedburgh hat ihre ursprüngliche mittelalterliche Pracht am besten bewahren können.

Abteien
☦ 211 D3/4 ◐ April–Sept. tgl. 9.30 bis 17.30, Okt.–März 9.30–16.30 Uhr ⊕ www.historicenvironment.scot ◐ aktuelle Infos zu Öffnungszeiten auf der Website 🚌 sehr gute Verbindung von Edinburgh nach Tweedbank (ca. 1 Std.), von dort Busverbindungen nach Melrose, Kelso und Jedburgh ✦ Kelso: frei; Jedburgh, Dryburgh, Melrose jeweils kostenpflichtig, s. Website

Hike & Bike Hub
☦ 211 D4 ✉ 47 Channel Street, Galashiels ⊕ www.hikebikegalashiels.co.uk ◐ Mi–Sa 10–16, So 10–13 Uhr 🚲 Räder vorab reservieren und ggf. Rückgabezeit vereinbaren

Imposant: Ruine von Jedburgh Abbey

45 Traquair House

Das Traquair House (frühes 12. Jh.) ist der älteste ununterbrochen bewohnte Herrensitz in Schottland. Als Jagdschloss für die Könige erbaut, erhielt es später eine Befestigung. Die mächtigen Steinmauern bergen ein faszinierendes Gewirr von Korridoren, Ausgucken und

Ahnengalerie in Traquair House

Geheimgängen. Seit 1700 ist es Familienwohnsitz. Als Charles Edward Stuart, genannt Bonnie Prince Charlie, 1745 den Landsitz verließ, um die schottische und englische Krone zurückzuerobern, verschloss der Laird of Traquair das Bärentor mit dem Schwur, es erst dann zu öffnen, wenn die Stuarts wieder auf dem schottischen Thron sitzen würden – so ist es bis zum heutigen Tag geschlossen.

✢ 210 C4 ✉ südl. von Innerleithen an der B 709 ☎ 01896 83 03 23 ⊕ www.traquair.co.uk ⊙ April–Sept. Sa–Do 11–17, Juli/Aug. tgl. 10.30–17, Okt. Sa–Do 11–16, Nov. Sa/So 11–15 Uhr 🚌 ab Peebles ✈ 15 £

46 Rosslyn Chapel

Die 1446 vom dritten Earl of Orkney gegründete Kapelle bietet die Pracht der großen französischen Kathedralen im Kleinformat; das Innere schmücken schöne Steinmetzarbeiten. Beachten Sie besonders die »Prentice Pillar«, eine Säule, die vom Lehrling des Baumeisters geschaffen wurde. Aus Neid auf dieses Kunstwerk erschlug ihn der Baumeister, der daraufhin zum Tode verurteilt wurde.

Die These, dass es sich bei den geometrischen Zeichen im Gewölbe um Chladnische Klangfiguren, die bei Schwingung erklingen, handelt, konnte bislang nicht schlüssig bewiesen werden. Die Kapelle diente zuerst den Templern, nach deren Vertreibung übernahmen sie angeblich die Freimaurer. Mit diesem Thema und der Krypta haben sich Wissenschaftler befasst, ebenso der Autor Dan Brown, dessen Roman »Sakrileg« erfolgreich verfilmt wurde und für einen touristischen Run auf die Kapelle sorgte.

✢ 210 C5 ✉ Roslin, Midlothian ☎ 0131 4 40 21 59 ⊕ www.rosslyn chapel.com ⊙ Mo–Sa 10–17, So 13–17 Uhr, 3–5 Zeitfenster für Einlass 🍴 Teestube im Besucherzentrum (£) 🚌 37 ab Edinburgh ✈ 10,50 £; unter 16 Jahren frei

47 St Abb's Head

Die grandios-wilde, steile Ostküste mit vielen Seevögeln liegt im Naturschutzgebiet. Am beeindruckendsten ist sie im Morgennebel oder am Abend. Schön ist die Küstenwanderung von St Abbs. Das nahe gelegene Eyemouth ist ein ansehnlicher kleiner Fischhafen, der lange vom Heringsfang lebte.

✢ 211 E5 ⊕ www.nts.org.uk

NACH LUST UND LAUNE!

Wohin zum ... Übernachten?

Preise pro Nacht im Standard-Doppelzimmer, inklusive Frühstück:
£   bis 100 £
££   100–200 £
£££   über 200 £

Burts Hotel £££
Das Hotel wurde 1722 für einen örtlichen Würdenträger erbaut und mit der Zeit in ein liebenswertes Hotel im Familienbetrieb umgewandelt. Die Lage genau am hübschen Marktplatz der Altstadt hat Postkartencharme, die mit Single Malt Whiskys gut bestückte Gaststube ist ein beliebter Treffpunkt. 20 Zimmer.
✝ 211 D4 ✉ Market Square, Melrose ☎ 01896 82 22 85 ⊕ www.burtshotel.co.uk

Clint Lodge ££
Das wunderbar zwischen Dryburgh Abbey und dem Smailholm Tower an einer ruhigen Landstraße gelegene Gasthaus gehört dem Duke of Sutherland. Die Pächter Bill und Heather geben einem das Gefühl, besondere Gäste zu sein. Fünf Zimmer. Tolles Essen.
✝ 211 D4 ✉ St Boswells ☎ 01835 82 20 27 ⊕ www.clintlodge.co.uk

Craigadam ££
Das Craigadam bietet erstklassige Unterkunft mit Frühstück in einem anmutigen Landhaus, das mitten in einer Bio-Schaffarm gelegen ist. 10 Zimmer. Die Attraktion des getäfelten Speisesaals ist der prunkvolle Tisch, an dem bis zu 15 Personen Platz finden. Abendessen ist nach Absprache möglich, ebenso Fischen, Snooker und Krocket.
✝ 210 A2 ✉ Craigadam, westl. von Dumfries ☎ 01556 65 02 33 ⊕ www.craigadam.com

Fairfield House ££
Westlich des Stadtzentrums von Ayr, unweit der Strandpromenade, ist das Fairfield ein smartes Hotel mit gutem Restaurant. Von hier aus lassen sich alle Sehenswürdigkeiten der Stadt und der Umgebung gut erkunden.
✝ 209 D3/4 ✉ 12 Fairfield Rd., Ayr ☎ 01292 26 74 61 ⊕ https://fairfieldhotel.co.uk

Gladstone House ££
Im malerischen Künstlerstädtchen Kirkcudbright heißt diese sehr charmante Pension ihre Gäste in einem Haus aus der Mitte des 18. Jh.s willkommen.
✝ 210 A1 ✉ 48 High Street, Kirkcudbright ☎ 01557 33 17 34
⊕ https://kirkcudbrightgladstone.wordpress.com/accomodation ▣ mind. 2 Nächte

Hundalee House £
Wer von Süden nach Schottland fährt, kann in diesem stattlichen Haus mit großem Parkgelände gleich preisgünstig unterkommen. Das B & B mit einer Handvoll schöner Zimmer liegt nur 3 km südlich von der Jedburgh Abbey, sodass sich ein Abendausflug dorthin lohnt. Fein speisen kann man überdies im Capon Tree Townhouse nahe der Abbey.
✝ 211 D3 ✉ Jedburgh ☎ 01835 86 30 11 ⊕ www.accommodation-scotland.org

Lochgreen House Hotel £££
Das alte Landhaus (Abb.) wurde in eines der besten Hotels in Schottland verwandelt. Man hat einen schönen Blick auf ausgedehnte Waldflächen und perfekt gepflegte Gärten. Die 40 Zimmer im Haupthaus und in den umgebauten Stallungen sind mit Liebe zum Detail gestaltet. Die Küche im Gourmetrestaurant Bisque verarbeitet schottische Produkte.
✝ 209 D4 ✉ Monktonhill Road, Southwood, Troon ☎ 01292 31 33 43 ⊕ www.lochgreenhouse.com

Macdonald Cardrona Hotel, Golf and Country Club ££–£££
Lassen Sie sich von dem etwas formellen Äußeren dieses großen Hotels und Country Clubs im Süden von Peebles nicht abschrecken. Es lässt keine Wünsche offen, hat u. a. einen Pool und einen Fitnessraum. Und Sie können von hier aus in der Umgebung wandern, Rad fahren und angeln. Die Zimmer mit Aussicht in die ländliche Umgebung sind ordentlich und modern. Das Restaurant Renwicks bietet ein Frühstücksbüfett und serviert gute Gerichte am Abend. Außerhalb der Hauptsaison werden oft Sonderpreise angeboten, Details dazu finden Sie online.
✚ 210 C4 ✉ Cardrona, Peebles ☎ 0344 879 90 24 ⊕ www.macdonaldhotels.co.uk

New Lanark Mill Hotel ££
Inmitten der historischen Welterbe-Baumwollspinnerei (S. 105) von New Lanark wurde das Gebäude von »Mill One« zu einem gehobenen Viersternehotel umgewandelt. Restaurant, Sauna und Pool stehen abends zur Verfügung. Der Spaziergang zu den Falls of Clyde sorgt für Abwechslung.
✚ 210 B4 ✚ New Lanark ☎ 01555 66 72 00 ⊕ www.newlanarkhotel.co.uk

The Old Priory ££
Das adrette Haus inmitten von Kelso ist ein gutes Standquartier für die Erkundung der Borders. Floors Castle liegt vor der Haustür. Die Zimmer sind mit viel Liebe eingerichtet.
✚ 211 D4 ✉ 33–35 Woodmarket, Kelso ☎ 01573 22 30 30 ⊕ https://theoldpriory kelso.com

Tontine ££
Etwas abseits der Hauptstraße des betriebsamen Marktstädtchens Peebles gelegen, ist das Tontine ein alteingesessenes Hotel mit 36 schicken Zimmern, einer einladenden Lounge, einer Bar und einem eleganten Speisesaal. Einen bleibenden Eindruck hinterlässt die überragende Gastfreundschaft. Erkundigen Sie sich nach den Freizeitpaketen, angeboten werden z. B. Wanderungen und Mountainbike-Touren.
✚ 210 C4 ✉ High Street, Peebles ☎ 0721 72 08 92 ⊕ www.tontinehotel.com

Wohin zum ... Essen und Trinken?

Preise für ein Hauptgericht, ohne Getränke:
£ unter 20 £
££ 20–40 £
£££ über 40 £

Ayr India £–££
Was für eine Lage: Direkt an der Strandpromande von Ayr lassen sich bei Sonnenuntergang über dem Clyde die leckeren indischen Spezialitäten genießen. Ein gutes Curry gehört zu Schottland untrennbar dazu.
✚ 209 D3/4 ✉ 10 Seafield Road, Ayr ☎ 01292 26 37 31 ⊕ www.ayrindia.com
❶ tgl. abends

Burts Hotel Restaurant ££
Küchenchef Trevor William führt Regie in diesem preisgekrönten Restaurant. Es gehört zum gleichnamigen Hotel (s. Übernachten) und ist ein Highlight der Gastroszene im malerischen Melrose. Genießen Sie in stilvollem Ambiente eine kulinarische Reise durch die fruchtbaren Borders. Mit etwas Glück steht frisches Lamm aus regionaler Aufzucht auf der Karte, sonst sind Renken und Schalentiere von der nahen East Coast im Angebot. Abgerundet wird der Genuss durch eine exzellente Weinkarte.
✚ 211 D4 ✉ Market Square, Melrose ☎ 01896 82 22 85 ⊕ www.burtshotel.co.uk
❶ tgl. mittags und abends

The Cobbles ££
Unweit der romantischen Abteiruine von Kelso liegt die alte Postkutschen-Herberge (Inn) mit einem guten Ruf. Sie ist gemütlich-britisch eingerichtet, die hier angebotenen typischen Pubmahlzeiten wie Pies, Burger & Co. sind alle frisch zubereitet, fast alle Zutaten kommen von lokalen Herstellern. Zu Recht mehrfach prämiert. Nebenan wurde als Ableger ein Eisladen eröffnet, der sehr beliebt ist.
✚ 211 D4 ✉ Bowmont Street 7, Kelso ☎ 01573 22 35 48 ⊕ www.cobbleskelso.co.uk
❶ Mi–So mittags und abends

Courtyard Café £
Nur einen Katzensprung vom Traquair House (S. 112) entfernt, bietet das in einem schönen Garten mit Glashaus untergebrachte Courtyard Café sehr gutes Essen. Mittags gibt es Suppe, Sandwiches, Pies und Salate, nachmittags fällt die Wahl unter den all den verlockenden, selbst gebackenen Kuchen schwer. Unbedingt sollten Sie auch Kailzie Gardens anschauen (7,50 £).
✛ 210 C4 ✉ Kailzie Gardens, Peebles
☎ 01721 72 41 11 ⊕ www.courtyardcafeklz.com; www.kailziegardens.com ❷ tgl. 10–16 Uhr

Knockinaam Lodge £££
Auch wenn dieses historische Landhotel traumhaft, aber abseits im Südwesten liegt und das feste Menü nicht gerade preiswert ist, sollte man in Erwägung ziehen, Kosten und Weg nicht zu scheuen. Der lokale Küchenchef Tony Pierce kocht hier seit vielen Jahren so hervorragend, dass seine Küche als die beste im Süden Schottlands gilt. Whisky-Auswahl und Zimmer sind famos (£££).
✛ 208 C1 ✉ Portpatrick ☎ 01776 81 04 71
⊕ www.knockinaamlodge.com ❷ tgl. mittags und abends

Selkirk Arms Hotel ££
Das beste Bistro-Restaurant des Südwestens befindet sich in einem aufgeweckten hübschen Örtchen am Ende einer tiefen Bucht. Die Küche ist schottisch-mediterran, die Zutaten sind lokal. Das Restaurant führt eine gute Weinkarte. Ein Plus sind Bar und Café. Schöne Zimmer (££).
✛ 209 F1 ✉ High Street, Kirkcudbright
☎ 01557 33 04 02 ⊕ www.selkirkarmshotel.co.uk ❷ tgl. mittags und abends

Wheatsheaf at Swinton ££
Im Grunde ist das Wheatsheaf ein Dorfgasthof mit Blick ins Grüne und herzlichem Willkommen an der Theke. Allerdings muss man unbedingt im Voraus reservieren. Schottisches Beef, Ente, Wild und Fisch tauchen auf der Speisekarte auf, die durch Tagesangebote angereichert wird. Gastropub-Speisen *at its best,* dazu gibt es hier einen guten Wein.
✛ 211 E4 ✉ Main Street, Swinton
☎ 01890 86 02 57 ⊕ www.eatdrinkstaywheatsheaf.com ❷ tgl. mittags und abends

PUBS/BARS

The Mariner Hotel £–££
Wandern Sie über den traumhaften 5-km-Rundweg an der Solway Coast zwischen Rockcliffe und Kippford, »Schottlands Riviera« genannt, und stärken Sie sich dann im Hotel-Restaurant direkt an der ruhigen Küstenbucht. Herzhaftes Pubfood zum Bier, lebhaftes Publikum in Urlaubslaune.
✛ 209 F1 ✉ Kippford ☎ 01556 62 02 06
⊕ www.facebook.com/themarinerkippford
❷ tgl. mittags und abends

The Steam Packet Inn ££
Das Steam Packet Inn, ein Familienbetrieb auf der Machars-Halbinsel, liegt direkt am Hafen. Der Ruf seiner Küche ist verdientermaßen gut. Köstlich sind vor allem die Meeresfrüchte, die oft von Fischern aus der Gegend stammen. Die Bar ist angenehm altmodisch; Sie können aus unterschiedlichen Whiskys und Ales wählen. Zur Übernachtung stehen außerdem sieben Zimmer zur Verfügung. Guter Ausgangspunkt für Entdeckungstouren im Südwesten Schottlands.
✛ 209 E1 ✉ Harbour Row, Isle of Whithorn
☎ 01988 50 03 34 ⊕ https://thesteampacketinn.co.uk ❷ Bar tgl. durchgehend, Restaurant Mi–So mittags und abends

Traquair Arms Hotel ££
Das »Bear Ale«, das in der Gaststube dieses viktorianischen Stadthotels ausgeschenkt wird, wird nur ein paar Hundert Meter weiter in der Traquair House Brewery gebraut. Auf der Karte stehen Gerichte mit regionalen Zutaten, die zu allen Tageszeiten serviert werden. Es gibt Suppen, Aberdeen Angus Rind, Fisch und eine Vielzahl an vegetarischen Speisen. Omeletts, Salate und eine große Auswahl an Desserts sowie die schottische Käseplatte runden das Angebot ab.
✛ 210 C4 ✉ Traquair Road, Innerleithen (Ortsrand) ☎ 01896 83 02 29 ⊕ www.traquairarmshotel.co.uk ❷ tgl. mittags und abends

Wohin zum ... Einkaufen?

ARRAN UND DER SÜDWESTEN

Geräuchert, mit Whisky oder Kräutern versetzt ist der leckere Cheddar-Käse der Home Farm in Brodick auf der Insel Arran (www.arranscheeseshop.co.uk). In die edle Tasche, die es im Shop gibt, können Sie dann gleich noch ein Gläschen Relish oder Chutney dazupacken.
Die Bücherstadt Wigtown lädt zum Stöbern in mehreren Antiquariaten ein, z. B. The Bookshop (www.the-bookshop.com), dem angeblich größten Antiquariat in Schottland, lt. eigener Website zählen die Regale »over a mile«.
Designs Gallery and Café in Castle Douglas (179 King Street, Tel. 01556 50 45 52) hat sich auf moderne Kunst und Handwerkswaren spezialisiert, auch Grußkarten und Bücher sind hier zu erwerben. Müde vom Gucken? Dann gibt ein Kaffee oder Tee im Café im Untergeschoss neue Energie.
Die Sulwath Brewery bei Castle Douglas (www.sulwathbrewers.co.uk) stellt einige beliebte Biere her, u. a. das Criffel Ale und das Black Galloway Porter. Im Brauereiladen können Sie gleich vor Ort probieren und auch Flaschenbier kaufen.
Aufwendig gearbeitete Kissenbezüge und Schals bekommen Sie bei Jo Gallant (Bennan Bank, Mossdale, Castle Douglas, www.jogallant.co.uk).

SCOTTISH BORDERS

Die Region ist für ihre Wollwaren bekannt. In Hawick lädt Johnston's of Elgin (Mansfield Road, Tel. 01450 36 05 49) auch zu Besichtigungen ein.
Auch Gewebtes und traditionelle Textilien finden Sie in den Borders. Kleinere Unternehmen wie Andrew Elliot Ltd. (www.elliotweave.co.uk) in Selkirk bleiben bestehen, indem sie hervorragenden Service und hochwertige Produkte anbieten. Sie können sogar Ihre eigenen Tweed- und Schottenstoffe entwerfen und in Auftrag geben.

Wohin zum ... Ausgehen?

AKTIVITÄTEN

In der Ice Bowl von Dumfries (Tel. 01387 25 13 00) stehen Ihnen eine Curling- und eine Eisbahn zur Verfügung.
Bei Peebles und Traquair in den Borders sind Mountainbiker voll in ihrem Metier (https://forestryandland.gov.scot/visit/activities/mountain-biking/7stanes). Die ruhigen Seitenstraßen der Borders bieten tolles aktives Sightseeing mit Leihrädern auf beschilderten Strecken (https://scotlandstartshere.com/tour-type/cycling/).
Infos zum Angeln in den Scottish Borders unter anderem online über FishPal (www.fishpal.com).

Fliegenfischen auf dem River Tweed

Wie wäre es mal mit einem Besuch bei einem schottischen Rugbyspiel? Der Sport ist in den Scottish Borders so beliebt, dass es in jeder kleinen Stadt einen Rugbyplatz gibt (www.bordersrugby.net).

MUSIK UND THEATER

Konzerte finden u. a. im Ryan Centre (Farnhurst Road, Tel. 01776 70 35 35) in Stranraer und in mehreren Stadthallen statt.
Das Theatre Royal (58-70 Shakespeare Road; www.theatreroyaldumfries.co.uk) in Dumfries ist das älteste Theater Schottlands. Das Gaiety Theatre in Ayr (Carrick Street, https://thegaiety.co.uk) ist eine weitere renommierte Bühne. Traditionsreich ist auch das Puppentheater in Biggar (S. 110).

Keine Bootstour, keine Wanderung: am Ufer des Loch Lomond kann man die Zeit einfach verstreichen lassen.

Zentralschottland

Unterwegs im Dreieck von Helden- und Naturromantik, Ostküsten-Backfisch und Dundee-Design.

Seite 118–149

Erste Orientierung

Ein Landstrich der Gegensätze erstreckt sich in breitem Schwung vom Loch Lomond über die Cairngorms: Bauernland wechselt mit Industriezentren, eine zerklüftete Küste mit Fischerdörfern. Schlösser und Schlachtfelder und eine wilde Mischung aus Mooren, Bergen und Seen prägen die Landschaft.

Die Einwohner Glasgows werden seit Langem schon von der Schönheit Loch Lomonds im Herzen Schottlands angezogen. Die hügeligen Trossachs erstrecken sich nach Osten bis zum in der Ebene gelegenen Stirling, Schottlands alter Hauptstadt. Nach Norden reichen sie bis zu den Braes of Balquhidder, dem mit Robert (Rob Roy) MacGregor verbundenen Ort. Er war ein Gesetzesbrecher, den Sir Walter Scott im 19. Jh. im gleichnamigen Roman und auch Hollywood im Film verewigte.

Im Norden liegt die Industriestadt Dundee, die mit dem V & A, dem Victoria and Albert Museum, an Attraktivität gewonnen hat. Nach Süden gelangt man über die Tay-Brücken ins alte Königreich Fife und nach St Andrews, Universitätsstadt und Heimat des Golfspiels. Die Region ist ideal zum Wandern und Radfahren.

TOP 10
- ❺ ★★ Cairngorms

Nach Lust und Laune!
- ❹❽ Loch Lomond
- ❹❾ Stirling & the Trossachs

Nicht verpassen!
- ❺⓿ Speyside
- ❺❶ Perth
- ❺❷ Scone Palace
- ❺❸ Deeside
- ❺❹ Dundee
- ❺❺ Dunnottar Castle
- ❺❻ Craigievar Castle
- ❺❼ Huntly Castle
- ❺❽ Strathisla Distillery
- ❺❾ St Andrews
- ❻⓿ East Neuk of Fife
- ❻❶ Scottish Fisheries Museum
- ❻❷ Aberdeen

Mein Tag mit Whisky und Castle

Zwischen Speyside und Deeside hüpfen die beiden Flüsse kaum gebändigt durch das Land der Whiskydestillen und Castles. Die beiden Zutaten schenken Ihnen eine Autofahrt mit spektakulärer Burgenromantik und schottischem Geist in Fass und Flasche.

9 Uhr: Küfer im Akkord

Machen Sie in Sachen Whisky so früh am Tag erst mal eine Trockenübung. Um die **50** Speyside Cooperage (S. 138) bei Dufftown liegen zwar Fässer zu Pyramiden gestapelt, aber sie sind leer und harren der Ausbesserung. Wie ein schon mehrfach benutztes Fass schonend geflickt oder gekohlert wird, erschließt sich bei der 45-minütigen Führung durch die Küferei. Der Geruchscocktail aus hochprozentigen Aromen und Holzkohle macht Appetit auf mehr – für später. Während Sie zuschauen, arbeiten die Küfer im Akkord – 150 000 Fässer werden im Jahr aufgepäppelt.

10.30 Uhr: Besuch auf der Traumburg Ballindalloch

Einige Kilometer genießen Sie die Fahrt am gar nicht nüchtern

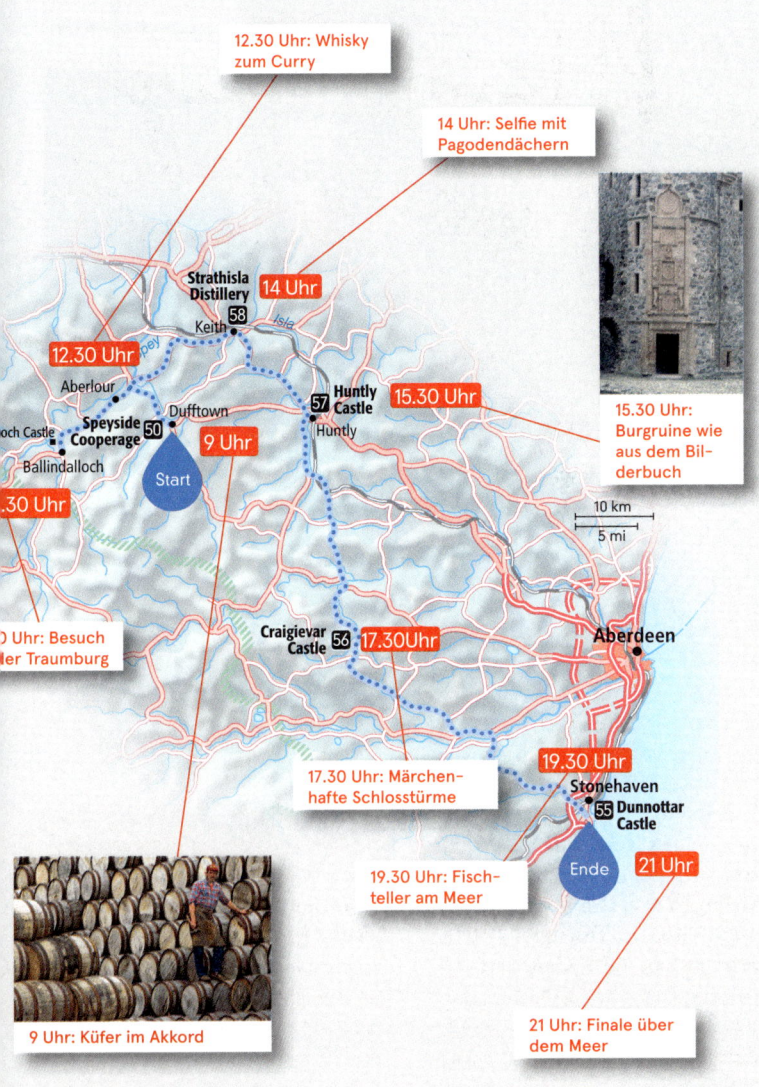

9 Uhr

Schottland ist berühmt für seine ausgezeichneten Malt Whiskys, denen mal ein Sherry-, mal ein Bourbonfass ihre besondere Geschmacksnote gibt.

springenden River Spey, dann erreichen Sie Ballindalloch Castle. Welch eine Schönheit im schottischen Baronialstil, märchenhaft mit Efeu berankt, rhythmisiert von Mauervorsprüngen und Erkertürmen. Das Ganze würde sich gut als Kulisse für einen Film eignen.

Seit gut 470 Jahren wohnt die Familie hier. Doch fällt die Begrüßung so aus, als hätte man genau auf Sie gewartet. Und Sie dürfen in einige Räumlichkeiten hinein. Das Interieur bietet Ihnen jene Dosierung von Geschichte, Ölporträts und Stilmobiliar, die Sie nicht ermüdet. Im stattlichen Park treffen Sie Angusrinder, Esel und Lamas, Stein- und Rosengarten.

A cup of tea im Café rundet den Besuch ab – der Abschied fällt schwer. Und dann ist da ja noch die (sehr teure) Führung in der 2015 vom seinerzeitigen Prince Charles eingeweihten Ballindalloch-Farmdestille.

12.30 Uhr: Whisky zum Curry
Nun stellt sich Appetit ein. Das Lokal Mash Tun (S. 148) in Aberlour serviert am Spey, nur einige Fahrminuten auf der Strecke wieder retour. Die Gerichte sind schottisch-herzhaft – bis hin zu dem für jedes Gericht vorgeschlagenen Whisky! Beim Wildcurry ist das sicher eine Versuchung. Liebe Beifahrerin und lieber Beifahrer: Prost!

Ballindalloch Castle (o.),
Pagodentürme von Strathisla
(Mitte), Allee bei Huntly
Castle (re.)

14 Uhr: Selfie mit Pagodendächern

Nur eine halbe Fahrstunde nach Nordosten macht bereits der Anblick der 58 Strathisla-Distillery (S. 142) in Keith (be-)trunken, so traumhaft liegt die Brennerei mit ihren großen Pagodendächern am Flüsschen Isla. Das beste Fotomotiv aller Destillenanblicke in der Speyside verspricht und hält auch drinnen das Versprechen vom perfekten schottischen Ambiente. Die Führung lässt nichts zu wünschen übrig, auch nicht das fruchtige, gar nicht rauchige Schlückchen von dem 12-jährigen Malt danach.

15.30 Uhr: Burgruine wie aus dem Bilderbuch

Es ist an der Zeit für eine typische Ruine im Land der Burgen! 57 Huntly Castle (S. 142) hat genau das richtige Maß an Verfall und erhaltenen Kostbarkeiten. 1602 wurde zum letzten Mal gründlich umgebaut. Verpassen Sie nicht einen Blick auf die Südfront, die Wappen

17.30 Uhr

21 Uhr

Craigievar Castle: Dies muss der Ort sein, an dem Rapunzel ihr langes Haar herunterließ!

Seafood ist an der Küste beliebt und kommt ganz frisch auf den Tisch.

über dem Eingang und über den Kaminen in den Innenräumen und die kuriose Steinritzung im Keller.

17.30 Uhr: Märchenhafte Schlosstürme

Sie kommen gut ins Rollen durch die behagliche Bauerngegend zwischen den Flüssen Spey und Dee. Mittendrin steuern Sie eine entzückende Turmburg im Baronialstil an, die man als Miniatur sofort mitnehmen würde. 56 Craigievar Castle ist schon geschlossen (S. 142), es zählt aber allein der elegante und verwunschene Anblick.

19.30 Uhr: Fischteller am Meer

Nach 160 Tageskilometern ist der Kopf voll und der Magen leer. Am Ziel in Stonehaven speisen Sie direkt mit Hafenblick und den Füßen fast im Wasser. The Tolbooth Seafood Restaurant und die gute Stube im Marine Hotel konkurrie-

Eine Silhouette wie ein Scherenschnitt: Dunnottar Castle

ren nebeneinander um die besten Fischgerichte und den schönsten Blick. Sie sollten besser reservieren.

21 Uhr: Finale über dem Meer
Von Mai bis August geht frühestens jetzt die Sonne unter – genau die richtige Zeit, um den Anblick der grandiosesten Küstenruine Schottlands vom nahen Klippenpfad zu genießen. 55 Dunnottar Castle liegt hoch über dem Meer.

Ballindalloch Castle
✉ Ballindalloch
🌐 www.ballindallochcastle.co.uk
🕒 Ostern–Sept. So–Do 10–17 Uhr
💷 15,50 £; Destillenführungen ab 20 £

The Tolbooth ££
✉ Old Pier, Stonehaven
🌐 www.thetolboothrestaurant.co.uk
🕒 tgl. mittags und abends

Marine Hotel ££
✉ Shorehead, Stonehaven 🌐 https://marinehotel.squarespace.com 🕒 tgl.

MEIN TAG

❺ ★★ Cairngorms

Warum?	In Schottlands wildem Osten ist alles rau und herzlich: Bergstraßen, Whisky und Castles
Was?	Die »Snow Roads Scenic Route« ist die 143 km lange Panoramastraße über die Höhen
Wie lange?	Mindestens zwei Tage mit Destillen- und Castlebesuch
Wann?	Der Anblick der Schneegipfel im späteren Frühjahr ist spektakulär
Was noch?	Border Collies der Leault Farm zeigen, wie sie hüten und treiben
Resümee	Fischerlatein kann man auch in der Bergwelt hören

Was für eine Bergwelt – Waldkiefern vor dem schneebedeckten Ben MacDui

Die Cairngorm Mountains sind nach dem Cairn Gorm bezeichnet, einem 1245 m hohen Gipfel. Diese außerordentlich abwechslungsreiche Landschaft wurde 2003 zum zweiten Nationalpark in Schottland ernannt. Hier finden Sie alpine Vegetation, Hochmoore, Heide und Überreste alter Kiefernwälder.

Rauschende Bäche und Anglerlatein

Ob Sie in einem der entspannten Dörfer oder im Urlaubsort Aviemore Station machen – hier gibt es viel zu tun, vom Fliegenfischen über die Vorbereitung zum Bergklettern im

Glenmore Lodge bis zur mäandernden Reise durch das landschaftlich berauschende Spey Valley. In Grantown-on-Spey treffen sich Einheimische und Angler, die sich dann in der urigen Bar The Craig (£) Fischerlatein erzählen. Hier verzehrt man Pies und hört dem schlagfertigen Wirt zu.

Vor der Tür beginnt die mit zahlreichen Destillen bestückte Region des ausgeschilderten Whisky-Trails der Speyside.

Aktiv in grandioser Naturkulisse

Die Gipfel in den Cairngorms sind bis zu 1309 m hoch und besonders für Fels- und Eiskletterer ein beliebtes Ziel. Im Sommer kommen Wassersportbegeisterte zum Loch Morlich Watersports Centre (12 km von Aviemore), um zu segeln, surfen und Kanu zu fahren. Das Wassersportzentrum am Loch Insh hat ein ähnliches Freizeitangebot plus Mountainbike-Verleih.

Das rote Eichhörnchen ist in den Cairngorms noch heimisch.

Der Lairig Ghru ist einer der schönsten Bergpässe der Highlands. Er verbindet die Flussgebiete Speyside und Deeside (S. 140) über gut 30 Kilometer. In 8 bis 10 Stunden wandern Sie durch eine wunderbar einsame Region. Über Routen informiert die Website (www.walkhighlands.co.uk). Die Bergbahn zum Cairn Gorm hinauf war auch 2024 wegen technischer Probleme geschlossen – wandern ist aber natürlich jederzeit möglich (www.cairngormmountain.co.uk). Aviemore, Schottlands führender Skiort, wurde in den 1960er-Jahren eigens angelegt, um die steigende Zahl von Skiläufern am Cairn Gorm zu versorgen. Viele der Betonbauten aus den Anfangsjahren wurden mittlerweile durch neuere, ansehnlichere Häuser ersetzt.

Das Gipfelplateau der Cairngorms war bislang im Winter subarktischem Klima ausgesetzt und deshalb oft von Schnee und Eis bedeckt. Aber auch hier wird es langsam wärmer.

Das Rothiemurchus Estate liegt nahe Aviemore und mitten in den Cairngorms. Es ist seit dem frühen 16. Jh. im Besitz der Familie Grant. Hier kann man *offroad* fahren, Tontauben schießen und wandern, auch Vögel beobachten und angeln. Lassen Sie sich den Scots Pine Forest nicht entgehen, es ist der größte erhaltene zusammenhängende Bestand des Caledonian-Kiefernwaldes, der einst fast ganz Schottland überzog.

Die Cairngorms sind ein Ziel für Wanderer, attraktiv in den hügeligen Abschnitten.

Im Loch an Eilein stehen die Überreste einer kleinen Feste aus dem 15. Jh. und im Besucherzentrum können Sie alles über die Besitzung von Rothiemurchus während der letzten Jahrhunderte erfahren. Elizabeth Grant aus Rothiemurchus hat in dem 1898 veröffentlichten Buch »Memoirs of a Highland Lady« eine faszinierende Beschreibung des Lebens in früheren Zeiten geliefert.

Treuer Blick aus dunklen Augen

Auf der Leault Farm südlich von Aviemore (bei Kincraig) demonstrieren Hundeführer die Fähigkeiten schottischer Border Collies in 45-minütigen Aufführungen (vorab buchen). Jeder Hund hört auf eine bestimmte Anzahl an Pfiffen, die ihm antrainierte Anweisungen des Farmers signalisieren. Schafe und Enten werden durch einen Parcours gelenkt – ein authentisches Highland-Erlebnis.

Nachdem der Fischadler schon 50 Jahre aus Großbritannien verschwunden war, nistete 1954 ein Paar nahe Loch Garten und kehrte jedes Jahr dorthin zurück. Viele Paare sind mittlerweile in den Highlands wieder angesiedelt worden. Die Gegend um Loch Garten gehört zum Reservat

Abernethy Forest, das von der Royal Society for the Protection of Birds (RSPB) verwaltet wird. Während der Brutzeit (April bis August) können Sie die Vögel in einem Besucherzentrum mithilfe einer Nestkamera beobachten.

Eindrucksvolle Geschichtsstunde

Wer es beschaulicher mag, kann weiter südlich im Spey-Tal die kleine Stadt Kingussie besuchen, die – zusammen mit dem nahe gelegenen Newtonmore – das Highland Folk Museum beherbergt. Es widmet sich dem Leben in den Highlands in voller Breite: U. a. wurden dort Bauernhäuser inklusive Rauchkate und Mühle sowie ein Blackhouse von den Hebriden wiederaufgebaut. Die Ruthven Barracks bei Kingussie wurden nach dem Jakobitenaufstand von 1715 errichtet. Das Militär sollte weitere Unruhen in den Highlands verhindern. Heute ragt eine Ruine fensterlos auf einem Hügel auf: Bonnie Prince Charlies Armee, die die Kaserne 1746 eingenommen hatte, brannte diese nach der Nachricht von der Niederlage bei Culloden nieder.

Jakobitenaufstände hatten das Ziel, die Stuarts wieder auf den britischen Thron zu bringen.

Rentiere in den Cairngorms

KLEINE PAUSE
Keines der Örtchen kommt ohne Café aus. Im Norden des Zentrums von **Grantown-on-Spey** haben sich mehrere gute Hotel-Restaurants angesiedelt.

✚ 218 B/C 1–2

Glenmore Lodge
www.glenmorelodge.org.uk

Cairngorm National Park Authority
✚ 218 C2
✉ 14 The Square, Grantown-on-Spey
☎ 01479 87 35 35
⊕ www.cairngorms.co.uk

Aviemore
🍴 Restaurants, Cafés
🚌 ab Inverness, Glasgow und Edinburgh; Grampian Road

Leault Farm
✉ Kingussie
☎ 1540 65 14 02

㊽ Loch Lomond

Warum?	Schottlands schönster See bietet tolle Ausblicke und Inselziele
Was?	Einen Spaziergang auf dem West Highland Way machen
Wie lange?	Einen Tag
Wann?	Im April/Mai blühen in den Wäldern östlich des Sees die Bluebells (Glockenblumen)
Was noch?	Einkehr im uralten Pub Drovers Inn nördlich von Ardlui
Resümee	Den traditionellen Song »The Bonnie Banks o' Loch Lomond« in der rockigen Runrig-Version anhören

Eines der ersten Gesetze des neuen schottischen Parlaments diente dem Landschaftsschutz und der Einrichtung von Nationalparks: Loch Lomond and the Trossachs National Park machte 2002 den Anfang. Die Region ist mit Wald, 22 Seen und 20 Munros sehr abwechslungsreich. Loch Lomond ist Schottlands größter See, besungen in Songs und Literatur, er wirkt magisch auf Wanderer und Romantiker.

Erinnerung an den Bergsteiger Tom Weir in Balmaha

Wer die ganze Schönheit dieser Region überblicken will, sollte hoch hinaus: Fahren Sie auf der A 811 von Balloch Richtung Stirling und biegen Sie nach 11 km ab auf die B 837 nach Drymen, Balmaha und dann weiter nach Rowardennan, wo die Straße endet (deshalb ist hier auch viel weniger Verkehr als auf der belebten A 82 am Westufer). Hier beginnt der Aufstieg zum 973 m hohen Ben Lomond (973 m), dem höchsten Berg der Gegend und Schottlands südlichstem »Munro« (S. 196). Vom Gipfel haben Sie einen herrlichen Blick auf den See.

Ohnehin werden Sie auf Schusters Rappen Fauna und Flora am intensivsten erleben. So können Sie von Rowardennan aus auf dem West Highland Way, einem insgesamt 154 km langen Wanderweg, den Ausbuchtungen des Ufers über Inversnaid bis zur Spitze des Sees und

weiter nach Crianlarich folgen. Gänse, Auerhähne, Steinadler und manchmal Damhirsche durchstreifen die Landschaft in Seenähe. Ein Viertel aller britischen Wildpflanzen macht die Gegend auch im Kleinen zum Hingucker. Im späteren Frühjahr streifen Sie in lichten Waldgebieten durch ganze Teppiche von blau-violetten Glockenblumen (Bluebells). Es ist ein sinnliches Wandern am bewaldeten Ostufer des Loch Lomond entlang.

Schnell wechselndes Himmelsgeschehen über dem Loch Lomond

Nähere Infos: www.westhighlandway.org

Umtriebiges Westufer

Wenn Sie belebteren Gegenden mit besserer Infrastruktur den Vorzug geben, suchen Sie die Dörfer Luss und Tarbet am Westufer auf. Zwar sind sie insbesondere im Sommer gut besucht, doch im Allgemeinen wirken sie nicht überlaufen. Außerdem finden Sie hier gleich mehrere Hotels, Cafés und Picknickplätze vor, darunter viele mit einem friedvollen Blick auf den See und die Berge ringsum.

Die Hügel in der Nähe von Arrochar westlich von Tarbet sind seit Langem bei Bergwanderern beliebt. Dort gibt es so große Freiflächen, dass die Landschaft fast entvölkert wirkt – wären da nicht die Scharen von bergsteigenden »Munro-Sammlern« (S. 196).

Das sanfte Licht taucht die Landschaft um den Ben Lomond in immer neue Stimmungen.

Wechseln Sie doch kurz mal zwischen den Ufern: Im Norden bringt Sie eine Minifähre von Ardlui auf die Ostseite, von wo wiederum die Wanderer mit Ziel West Highland Way übersetzen.

Geheimnisse im See

Wenn Sie vollkommen abschalten wollen, besuchen Sie einige der über 30 kleinen Inseln im See. Einige sind bewohnt, andere Naturreservate und wiederum andere »Gegenden von besonderem wissenschaftlichem Interesse« (Sites of Special Scientific Interest, SSSI).

Inchcailloch ist das zugänglichste Eiland, sogar für Rotwild, das manchmal hinüberschwimmt. In anderthalb Stunden können Sie die Insel auf einem Pfad erkunden. In der Bucht Port Bawn warten Picknicktische und Grillplätze auf Sie, nebst einem schönen Strand. Auf Inconnachan hat der *capercaillie* Unterschlupf gefunden, der berühmte schottische Auerhahn. Sogar eine Kolonie von eingeführten Kängurus tummelt sich hier! Inchlonaig, die Insel der Eiben, gilt als die wildeste und schönste, Inchmurrin hat Hotel und Bar.

Von Balloch, Luss, Tarbet und Balmaha aus können Sie See und Inseln mit Booten erkunden.

KLEINE PAUSE

www.drovers inn.co.uk

Nördlich des Sees liegt in Inverarnan ein uriger Pub aus der Zeit des Schaftriebs, der besonders Wanderer (auch zum Übernachten) anzieht: der **Drovers Inn.**

✛ 214 A 1/2

Bootsfahrt
⚓ www.lochlomond-trossachs.org/
things-to-do/loch-cruises

Loch Lomond Shores
✉ Ben Lomond Way, Balloch
☎ 01389 75 10 35
⊕ www.lochlomondshores.com
🕐 tgl. 10–17.30 Uhr

ZENTRALSCHOTTLAND

㊾ Stirling & the Trossachs

Warum?	Schottlands historische Helden Königin Maria, Robert the Bruce, »Braveheart« William Wallace und Rob Roy markieren eine 52 km lange Reiseroute
Was?	In der Kapelle von Stirling Castle wurde Maria Stuart als Kleinkind zur Queen gekrönt
Wie lange?	Ein ganzer Tag
Wann?	Morgens Stirling Castle, mittags Schiffstour auf Loch Katrine und nachmittags Rob Roys Grab in Balquhidder
Was noch?	Die Ausstellung über Wallace & Co. im National Wallace Monument gipfelt in toller Aussicht über Stirling und Castle
Resümee	Mal wieder die Heldenfilme mit Mel Gibson (Wallace) und Liam Neeson (Rob Roy) anschauen

Stirling Castle thront seit Jahrhunderten in Sichtweite des River Forth auf einem Vulkanfelsen und wacht einsam über die zentrale schottische Tiefebene und über das Tor zum Hochland. Wegen seiner strategischen Bedeutung war es seit dem 12. Jh. Schauplatz zahlreicher Schlachten, in denen nach Norden vordringende englische Streitkräfte zurückgeschlagen wurden.

Geschichte wird lebendig im Castle, hier das Schlafgemach.

Der zentrale Bereich der Burg mit Kapelle (in der Maria Stuart im Alter von nur neun Monaten zur Queen of Scotland gekrönt wurde) und Palast stammt aus dem 16. Jh. und wird von der prächtigen Großen Halle sowie den königlichen Gemächern beherrscht. Hier entfaltete sich die Macht der schottischen Renaissance-Herrscher. Der Blick von der Esplanade streift über das Umland. Die Namen der Hügel und Schlachtfelder finden Sie auf einem Plan am Ladies' Rock im unterhalb

Wolkenspiegelung im Lake of Menteith

der Burg gelegenen Friedhof neben der Holy Rude Church. Dort wurde 1567 der einjährige Sohn von Maria Stuart als Jakob VI. zum neuen König gekrönt. Nebenan ist Cowane's Hospital im 17. Jh. als Armenhaus erbaut, heute befindet sich hier auch ein Café. Etwas weiter hügelabwärts findet sich das Old Town Jail, wo Schauspieler die üblen Bedingungen, die im 19. Jh. in diesem alten Stadtgefängnis herrschten, nachspielen.

Im 15. Jh. wurde die Old Stirling Bridge anstelle einer älteren Holzbrücke errichtet, an der William Wallace 1297 die Engländer schlug: Er schnitt den englischen Nachschub ab, während die schottische Armee die Vorhut aufrieb. An diesen Sieg erinnert das National Wallace Monument, ein Turm auf einem Felssporn vor den Toren der Stadt. Ein weiterer wichtiger Sieg gelang den Schotten 1314 bei Bannockburn. Mit Ausstellungen und einem Film wird die Erinnerung daran wachgehalten. Man kann über das Schlachtfeld gehen und sich das Geschehen vor 700 Jahren ausmalen. Eine Reiterstatue erinnert an Robert the Bruce (S. 137).

Über den Trossachs Trail

Von Stirling aus erstrecken sich die Trossachs bis zum Loch Katrine im Westen. Auf dem Weg dorthin können Sie mit dem Boot auf dem Lake of Menteith – Schottlands einzigem »Lake«, die anderen Seen heißen »Loch« – zur Ruine der Augustinerabtei Inchmahome übersetzen. Hier wurde die kleine Maria Stuart 1547 versteckt, ehe sie nach Frankreich ins Exil geschickt wurde. Im Scottish Wool Centre in Aberfoyle gibt es Vorführungen von Wollspinnern und Informationen zur Wollindustrie.

Weiter geht es über die Hügel zum Duke's Pass. Hier liegt auch das Besucherzentrum des Queen Elizabeth Forest Park, der ein urtümliches Stück Natur ist.

Walter Scott verewigte den schon bei Queen Victoria beliebten Dampfer auf dem Loch Katrine im Roman »Lady of the Lake«.

Unter Dampf

Bereits seit 1900 ein Klassiker ist die kleine Kreuzfahrt mit dem nimmermüden, nur 34 m langen Dampfer »Sir Walter Scott« über das malerische Loch Katrine im Herzen der Trossachs. Scott hatte den See mit seiner Novelle »Lady of the Lake« zu Anfang des 19. Jh.s berühmt gemacht.
Die Trossachs waren auch die Heimat von »Rob Roy«: Robert MacGregor – das »Roy« stammt vom gälischen *rua* = »rot« und spielt auf seine Haarfarbe an – war ein Schlachtenführer und Viehhändler, der andere Viehhändler gegen Schutzgeld vor Viehdieben schützte. Sein Grab können Sie auf dem alten Kirchhof von Balquhidder besuchen.

Das Denkmal von Robert the Bruce erinnert an den Sieg bei Bannockburn.

KLEINE PAUSE
Café im Besucherzentrum des Queen Elizabeth Forest Park sowie **Café/Restaurant** am Trossachs Pier.

Stirling
✣ 214 B2
🚌 regelmäßige Verbindungen nach/ab Glasgow und Edinburgh
🚉 Stirling

Stirling Castle
✉ Stirling
☎ 01786 45 00 00
🌐 www.stirlingcastle.scot ⏱ April-Sept. tgl. 9.30–18, Okt.–März 9.30–17 Uhr 🍴 Café
💷 17,50–19,50 £

Wallace Monument
✣ 214 B2
✉ Hillfoots Road, Causewayhead
☎ 01786 47 21 40
🌐 www.nationalwallacemonument.com
⏱ Nov.–März 10–16/17, April-Okt. 9.30–17/18 Uhr
🚉 Stirling
💷 11,30 £

Inchmahome Priory
✣ 214 B2
🌐 www.historicenvironment.scot

⏱ April–Sept. tgl. 10 bis 16.30, Okt. bis 15 Uhr
💷 10 £

Scottish Wool Centre
✣ 214 A2 ✉ Off Main Street, Aberfoyle
☎ 01877 38 2850
🌐 www.ewm.co.uk
⏱ tgl. 10–16.30 Uhr

Loch Katrine Cruises
✣ 214 A2
🌐 www.lochkatrine.com
⏱ tgl., 1–2 Std. 💷 ab 14 £

Nach Lust und Laune!

50 Speyside

Der Name umschreibt die Gegend, die nach dem südöstlich der Cairngorms entspringenden Fluss Spey grob benannt ist und in der schon im 19. Jh. über 200 illegale Whiskydestillen das schottische »Lebenswasser« (S. 32) herstellten. Heute ist Speyside die berühmteste Whiskyregion der Welt, in der überwiegend delikate, fruchtig-komplexe und kaum rauchige Whiskys produziert werden – ein süffiger Gegensatz zur geschmacklich rauchigen Westküste und den Islands. Speyside erstreckt sich demnach aus den nördlichen Cairngorms bis zur Küste bei Elgin. Der 110 km lange Whisky Trail gibt Ihnen eine Reiseorientierung an mehreren Destillen entlang, darunter sind Glenlivet, Glenfiddich, Cardhu und Strathisla. Dazu gehört auch die Speyside Cooperage, eine Küferei nördlich von Dufftown, in der jährlich 150 000 meist mehrfach benutzte Ex-Sherryfässer von Küfern behutsam repariert und neu ausgebrannt werden – ein sehenswertes Handwerk (S. 122). In den meisten Destillen können Sie an i. d. R. einstündigen Führungen teilnehmen, die im Laden mit einer Verkostung enden. Seltener ist der Einlass in die Keller, wo die Fässer manchmal ein Jahrzehnt und mehr auf die Flaschenabfüllung warten, die oft noch in Fassstärke von mehr als 50 % Alkohol erfolgt. Whiskyfreunde nehmen ein T-Shirt der Destille aus dem Shop mit. Viele der Whiskymarken sind daheim preiswerter, abgesehen von Spezialabfüllungen.

> **Speyside**
> ✢ 218/19 C2/3–D3
> ⊕ https://maltwhiskytrail.com
>
> **Speyside Cooperage**
> ✢ 219 D3 ✉ Dufftown Road, Craigellachie ☎ 01340 87 11 08
> ⊕ www.speysidecooperage.co.uk
> ⏱ tgl. Mo–Do 9–16, Fr bis 15 Uhr
> ⚑ Führungen 10 £

51 Perth

Perth feierte 2010 sein 800-jähriges Stadtjubiläum und ist beliebter denn je. Lenken Sie von der historischen Brücke unbedingt Ihren Blick über den schönen River Tay auf die properen Fassaden der 50 000-Einwohnerstadt. Früher waren Handwerk und Whisky wichtig, heute sind es Banken und Hightech.

Der Blick schweift östlich des Zentrums vom bewaldeten Kinnoul Hill (222 m) über die City. Dort sollten Sie das 2024 frisch eingeweihte Perth Museum besuchen. Neben der Lokalgeschichte steht der berühmte Stone of Destiny (»Stein des Schicksals«) im Mittelpunkt. Auf ihm wurden in Scone (s. unten) im Mittelalter die schottischen Könige gekrönt, bis der englische König Edward I. den Stein 1296 nach Westminster entführte. Genau 700 Jahre später kam der Stein zurück nach Schottland, ins Edinburgh Castle. Zuletzt

Magischer Moment

Gänsehautmoment auf der Klippe

Das Gruseln beginnt mit dem Sonnenaufgang. Von See her schleicht eine Nebelwalze über die kalte Nordsee die Klippen empor, taucht die Mauern von Slains Castle in klammes Grau. Die Ruine klammert sich so einsam an die Steilküste, dass sich nie Ticket- oder Postkarten-Verkäufer hierher verirren. »Haar« heißt der Ostküstennebel – schon der Name klingt gruselig. Bald brennt die Sonne den Nebel weg und der Spuk löst sich auf. Doch durch die Gänge der Ruine echot Möwengeschrei.
Cruden Bay, www.visitabdn.com
(»What to do/History & Heritage«)

wurde er 2023 für die Krönung von Charles III. verwandt, nun steht er in Perth zur Schau. Neben dem Museum steht die St John's Kirk (teils 15./16. Jh.). Der Platz davor ist voller Cafés und Restaurants.

Branklyn Garden (NTS) an der Dundee Road ist übervoll mit exotischen Pflanzen, u. a. aus dem Himalaya, und breitet sich in traumhafter Hanglage über dem Tay aus. Viel blühendes Grün geht auf die viktorianischen Pflanzensammler des britischen Weltreichs zurück. Ohnehin ist Perth eine grüne Stadt, schmuck, elegant und ohne große Dramatik, in der es sich flanieren und dinieren lässt.

✢ 214 C3

Perth Museum
✉ Old City Hall, St John's Place
☎ 01738 63 24 88 ⊕ https://perth museum.co.uk ⏱ tgl. 10–17 Uhr

Branklyn Garden
✉ 116 Dundee Road ☎ 01738 62 55 35 ⊕ www.nts.org.uk ⏱ April–Okt. 10–17 Uhr ✦ 8,50 £

---

52 Scone Palace

Im Mittelalter war dies der Ort der schottischen Krönungen. Dabei spielte der Stone of Destiny (s. oben) eine zentrale Rolle. Das heutige Gebäude, ein echtes Traumschloss, stammt aus dem 16. Jh. und wurde im 19. Jh. restauriert und erweitert. In den großen Räumen mit ihrem auffallenden Deckenschmuck und Mobiliar aus der französischen Periode findet sich eine Sammlung von Porzellan, Uhren und Handarbeiten des 16. Jh.s. Reizvoll sind die Ländereien mit ihren Parks samt Pfauen.

✢ 214 C3 ✉ A93, 4 km nördlich von Perth ☎ 01738 55 23 00 ⊕ www. scone-palace.co.uk ⏱ April–Okt. tgl. 10–17.30 Uhr 🍴 Café (£) 🚌 eingeschränkter Verkehr ab Perth 🚂 Perth ✦ 18,50 £

---

53 Deeside

Das »royale« Tal des Flusses Dee zieht sich von Aberdeen nach Westen, bis hinauf in den Cairngorms National Park. Nirgends in Schottland ist seit Queen Victoria die Verbindung zum britischen Königshaus stärker. Fahren Sie auf der A 93 Richtung Braemar. Unterwegs lockt ein Abstecher zum Craigievar Castle (S. 142), dann wartet hinter dem reizvollen Hochland-Ort Ballater in einem sehr schönen Park das königliche Schloss Balmoral Castle (Mitte 19. Jh.). Seit hier 2022 Queen Elizabeth II. starb, kommen die Royals allerdings seltener.

Ganz in der Nähe brennt seit 1845 die Royal Lochnagar Distillery edlen Single Malt. Etwas weiter ist das rustikale Braemar Castle eine typische Wehrburg aus dem 17. Jh. Braemar selbst lädt mit Cafés zur Pause ein (s. auch S. 11). Danach steigt die Straße steil zum 665 m hohen Bergpass von Glenshee an, wo im Sommer ein Sessellift und im Winter ein Skigebiet Gäste anzieht.

✢ 214/215 C4–E5 ✉ westlich von Aberdeen ⊕ Balmoral Castle: www.balmoralcastle.co.uk; Royal Lochnagar Distillery: www.malts.com; Braemar Castle: https://braemarcastle.co.uk; Glenshee: www.ski-glenshee.co.uk

54 Dundee

Dundee liegt an der hier etwa 2 km breiten Mündung des Tay – kurz vor der Stadt ist der Fluss sogar 5 km breit! Die mit 150 000 Einwohnern drittgrößte schottische Stadt war früher für »Jam, Jute and Journalism« berühmt. Als die die Umwelt verschmutzenden Jutefabriken und Druckereien vor fast 50 Jahren schlossen, erlebte Dundee eine noch schmerzlichere postindustrielle Depression als Glasgow. Doch zum neuen Millennium zogen plötzlich Kreative mit Geschäftssinn in die Industriebrachen, das DCA wurde erbaut und Dundee erhielt 2014 als erste britische Stadt den Titel der UNESCO als »City of Design«!

2018 eröffnete das weltweit berühmte Designmuseum, das Londoner V&A (Victoria and Albert Museum), seinen schottischen Ableger am Hafen. Dessen brillante Architektur, das Ausstellungsprogramm und die mit dem Bau einhergehende radikale Umgestaltung des Hafens machen aus Dundee einen der angesagtesten Geheimtipps der Kulturszene. Der Hafenumbau ist ein 30-Jahre-Projekt (seit 2001) und zieht sich lt. Plan über 8 km am Tay entlang. An die alten Zeiten erinnern später noch die restaurierte Spinnerei der Jute-Industrie, die Verdant Works, und die »RRS Discovery« im Dock neben dem Museum. Das königliche Forschungsschiff aus Holz wurde 1901 für die Antarktisforschung vom Stapel gelassen; es brachte die Forscher Scott und Shackleton auf den Kontinent. Die Fregatte »Unicorn« war ein Holz-Kriegsschiff des Empire.

✢ 215 D3

Dundee Contemporary Arts (DCA)
✉ 152 Nethergate ⊕ www.dca.org.uk

V&A Dundee
✉ 1 Riverside Esplanade
⊕ www.vam.ac.uk/dundee ✦ frei

Verdant Works
✉ 27 West Henderson's Wynd
⊕ www.verdantworks.com ✦ 14 £

RRS Discovery
✉ Discovery Point
⊕ www.rrsdiscovery.com ✦ 17 £

Unicorn
✉ Victoria Dock
⊕ www.frigateunicorn.org ✦ 7,80 £

Hafenumbau
⊕ www.dundeewaterfront.com

Offiziersmesse auf der »Unicorn«

55 Dunnottar Castle
Dramatisch auf einer Klippe über der Ostküste gelegene Ruine. Vom Hafen von Stonehaven aus laufen Sie etwa 20 Min. nach Süden. Ein Fußweg führt vom Eingang auf den einsamen Felsen, der in die Nordsee hinausragt – ein mythischer Ort.

✣ 215 F5
✉ Stonehaven ☎ 01569 76 63 20
⊕ www.dunnottarcastle.co.uk
🕐 tgl. April-Sept. 9–18, Okt./März 10–17, Nov.–Jan. 10–15 Uhr, bei Sturm geschl. 🎟 11,50 £

Ein gewundener Weg führt zu Dunnottar Castle.

56 Craigievar Castle
Vielleicht das schönste turmartige Castle im schottischen Baronialstil, ein abgelegenes Dornröschen-Domizil in Pink. Das Innere stammt größtenteils aus dem 17. Jh. Der Anblick aus dem Park allein ist auch nach Toresschluss den Abstecher wert.

✣ 215 E5
✉ Alford, 30 km nördl. von Banchory und Crathes Castle ☎ 01339 88 36 35
⊕ www.nts.org.uk 🕐 Juni-Aug. tgl. 10.30–16, Sept. Fr-Mo, Okt. Sa/So 11–15 Uhr, nur mit Führung 🎟 16 £

57 Huntly Castle
Das Castle ist eine eindrucksvolle und zugleich schaurige Ruine des Gordon Clan; in einem Renaissancegemäuer untergebracht, mit tollen Details auf Außenwänden und einem geritzten Graffito im Keller.

✣ 219 D2
✉ Huntly ☎ 01466 79 31 91
⊕ www.historicenvironment.scot
🕐 April-Sept. tgl. 10–16.30, Okt.–März Fr-Mi 10–15 Uhr 🎟 7,50 £

58 Strathisla Distillery
Die älteste funktionierende Destille der Speyside ist auch die schönste. Klassische Pagodentürme und auch die Gestaltung im Inneren sind Speyside pur. Ein großer Teil der Produktion geht als die Marke Chivas Regal in den Verkauf.

✣ 219 D3
✉ Seafield Avenue, Keith
☎ 01542 78 30 44 ⊕ www.maltwhiskydistilleries.com 🕐 April-Okt. tgl. 10–16.30 Uhr 🎟 22 £ 🚉 Keith

59 St Andrews
St Andrews beherbergt die älteste schottische Universität; sie wurde 1411 gegründet. Wie seit 600 Jahren schlendern auch heute Studierende über das Kopfsteinpflaster und durch enge Gassen. Geführte Touren im Sommer zu den alten Gebäuden umfassen einen Besuch der

unheimlich wirkenden Ruinen der Kathedrale aus dem 12. Jh. (www.historicenvironment.scot).

Ebenfalls eine ehrwürdige Institution ist der Royal and Ancient Golf Club, der älteste Golfclub der Welt; bis heute werden hier regelmäßig die British Open ausgetragen. Um im Gelände zu spielen, muss man im Voraus buchen (S. 149) und bei der täglichen Verlosung Glück haben. Das R&A World Golf Museum (www.worldgolfmuseum.com) in der Nähe bietet viele Exponate aus Vergangenheit und Gegenwart.

✢ 215 E2 ⊕ www.visitfife.com
🍴 zahlreiche Cafés, Restaurants und Teestuben (£) 🚆 regelmäßige Zugverbindungen ab Leuchars, von dort Busse nach St Andrews; Busse ins East Neuk und nach Dundee

60 East Neuk of Fife

Ein malerisches Stück Küste! Die »Ostecke« der Nordküste des Firth of Forth – gelegen im Distrikt Fife – ist wunderbar zugänglich für Wanderer (S. 149) und Radler (Vorsicht in engen Kurven!). Zwischen dem Elie Lighthouse und Crail liegen idyllische Fischerdörfer an einer nach Süden gerichteten Sonnenküste. Besonders Pittenweem, Anstruther und Crail sind filmreife Küstennester mit ihren weißen Cottages, den Reetdächern mit Treppengiebeln, dem Kopfsteinpflaster und steinernen Häfen.

Vom Elie Lighthouse bis zum exponierten Golfplatz von Crail erstrecken sich rund 20 km felsige Küste und Sandbuchten. Kunst und Kunsthandwerk überall. Opulente Fischmahlzeiten sowohl in Pubs und Restaurants als auch insbesondere an exzellenten Take-away-Buden wie der Anstruther Fish Bar (S. 147) sorgen für köstliche Protein-Picknicks auf einer Hafenmauer während des Spaziergangs.

In Lower Largo steht beim Segelclub die Statue des einheimischen Seemanns Alexander Selkirk, der als »Robinson Crusoe« (von Daniel Defoe) zu literarischem Weltruhm gelangte – 7500 Meilen entfernt auf der Insel Juan Fernández, wie ein Wegweiser am Hotelrestaurant Crusoe verkündet.

Falls Sie Schottland mit dem Auto bereisen und sich aufs große Ganze konzentrieren, mag Ihnen der East Neuk vielleicht zu abgelegen erscheinen. Dabei ist die Strecke entlang dieser Küste von North Queensferry bei Edinburgh über St Andrews bis nach Dundee, dem heimlichen neuen Star unter den

Pittenweem: eng an eng die weißen Häuschen

Städten, nur 100 km lang – ein Tag auf Abwegen, mit Gewinn verbracht.

✣ 215 E2 ✉ Küste von Fife, südlich von St Andrews

61 Scottish Fisheries Museum

Das in Anstruther in einer Gebäudezeile aus dem 16.–19. Jh. direkt am Wasser untergebrachte Museum berichtet von der langen schottischen Fischereitradition. Zu den Exponaten gehören die Rekonstruktion des Inneren einer Fischerhütte und das Schaubild über die als »Zulu« bezeichneten Fischkutter. Im Hafen gegenüber zeigt sich mit dem »Fifie« ein weiterer traditioneller Fischkuttertyp vergangener Zeit.

Kreuzfahrtschiffe haben in Aberdeens Hafen genügend Wasser unterm Kiel.

✣ 215 E2 ✉ Hafenspitze, Anstruther ☎ 01333 31 06 28 ⊕ www.scotfish museum.org ⏱ April–Sept. Mo, Mi–Sa 10–16.30, So 10–16, Okt.–März Mi–So 10–16 Uhr 🍴 Teestube (£) 🚌 von St Andrews nach Leven ✦ 11 £

62 Aberdeen

Das Stadtbild von Europas Offshore-Ölhauptstadt prägen Hafen, Airport und die je nach Wetter unterschiedlich schimmernden, eindrucksvollen Granitfassaden. Silver City by the Sea nennt man deshalb die 230 000-Einwohnerstadt zwischen den Mündungen der Flüsse Don und Dee. Footdee (sprich: *Fittie*) ist ein homogenes Arbeiterdörfchen an der Dee-Mündung. Bei Regen erkunden Sie das preisgekrönte Aberdeen Maritime Museum zur Geschichte der Seefahrt. Exzellent ist die Kunstsammlung der Aberdeen Art Gallery, die mit einem innovativen Konzept schottische und internationale Kunst präsentiert. Das kathedralenhaft wirkende Marishal-College – heute Stadtverwaltung – ist der Welt größter Granitbau. Wenige Meter weiter wirkt das historische Provost Skene's House (16./17. Jh.) inmitten postmoderner Neubauten leider etwas verloren; es bringt für die Stadt wichtige Personen über Displays etc. näher.

✣ 219 F1

Aberdeen Maritime Museum
✉ Shiprow ⊕ www.aagm.co.uk
⏱ Mo–Sa 10–17, So 11–16 Uhr
🍴 Café (£) 🚌 Aberdeen ✦ frei

Aberdeen Art Gallery
✉ Schoolhill ⊕ www.aagm.co.uk
⏱ Mo–Sa 10–17, So 11–16 Uhr
🍴 Café (£) 🚌 Aberdeen ✦ frei

Provost Skene's House
⊕ www.aagm.co.uk

Wohin zum ... Übernachten?

Preise pro Nacht im Standard-Doppelzimmer, inklusive Frühstück:
£   unter 100 £
££ 100–200 £
£££ über 200 £

Apex City Quay Hotel & Spa ££
Als Bestandteil der Verjüngungskur von Dundees Stadtzentrum zeichnen dieses große, moderne Haus eine herzliche Gastfreundschaft und ein professioneller Service aus. Darüber hinaus serviert das Restaurant erstklassige Speisen. Ergänzt wird das umfangreiche Angebot durch Hallenbad, Fitnessraum und Spa. Die Zimmer sind mit Flatscreen-TV und luxuriösen Duschen bestens ausgestattet.
✢ 215 D3 ✉ 1 West Victoria Dock Road, Dundee ☎ 01382 20 24 04
⊕ www.apexhotels.co.uk

Arden House ££
Das Arden House spielte in den 1960er-Jahren in einer beliebten Arztserie der BBC eine prominente Rolle. Heute ist es ein gut geführtes, komfortables B & B. Das solide Steingebäude steht in einer ruhigen Umgebung, nur ein paar Schritte hügelaufwärts von Callanders Hauptstraße entfernt.
✢ 214 B2 ✉ Bracklinn Road, Callander
☎ 01877 33 94 05 ⊕ www.ardenhouse.org.uk
❶ Nov.–Ostern geschl. ▥ mind. 2 Nächte

Cromlix House £££
Die Fahrt durch die 1200 ha großen Ländereien ist ein großartiger Auftakt für den Besuch dieses viktorianischen Landsitzes von bestem Ruf. Im Winter sorgen knisternde Holzscheite für Wärme in den öffentlichen Räumen, im Sommer kann man sich bei einem Krocket- oder Tennismatch vergnügen oder sein Glück beim Forellen- oder Lachsangeln versuchen. Im behaglichen Sessel sitzend genießen Sie danach Ihren Afternoon Tea. Das exklusive historische Haus gehört dem schottischen Tennisprofi Andy Murray.
✢ 214 B2 ✉ Kinbuck über Dunblane
☎ 01786 82 21 25 ⊕ https://cromlix.com

Dall Lodge Country House ££
Am Westende von Loch Tay und am Ortsrand von Killin bietet das elegante Guest House typische Hochland-Gastfreundlichkeit. Die schicken Zimmer des Schweizer Paares sind ideal, um die Trossachs von hier aus mehr als nur einen Tag zu erforschen. Die Falls of Dorchart, die weniger Wasserfall sind als vielmehr mal ruhiges Wasser, mal hinabbrausende Stromschnellen, sind ganz in der Nähe.
✢ 214 B3 ✉ Killin ☎ 01567 82 02 17
⊕ www.dalllodge.co.uk

Drovers Inn & Lodge ££
Durch diese Gegend, nördlich vom Loch Lomond bei Ardlui, zogen seit 1705 die Schäfer mit ihren Herden, tranken und übernachteten. Heute kommen Wanderer hierher, die auf ihrem Weg über den West Highland Way zwischen Glasgow und Fort William sind. Die Unterkunft und die Bar sind immer noch sehr urig: ein Muss! Im Pub-Gebäude sind die schnuckeligen Zimmer wie aus der Zeit gefallen, in der Lodge nebenan moderner. Auch Hunde sind hier willkommen.
✢ 214 A2 ✉ Inverarnan
☎ 01301 70 42 34
⊕ www.thedroversinn.co.uk

Macdonald Forest Hills Hotel & Spa ££
Genießen Sie die vielen Aktivitäten, die Ihnen dieses im Herzen der Trossachs liegende beliebte Hotel bietet, ob drinnen oder draußen. Sollten Sie nicht von hier zu Wanderungen in der weiten Landschaft aufbrechen, können Sie sich beim Schwimmen, Segeln, Quadfahren oder Bogenschießen erholen – und anschließend im Spa bei Body Nectar Nourish Wrap oder einer Freestyle Deep Tissue Massage entspannen. Das Restaurant bietet wundervolle Ausblicke auf Loch Ard.
✢ 214 A2 ✉ Kinlochard (Aberfoyle)
☎ 0344 279 90 57
⊕ www.macdonaldhotels.co.uk

The Gleneagles Hotel £££

Wenn Sie sich mal etwas Besonderes leisten möchten: Das international ausgezeichnete Hotel der Spitzenklasse, im Jahr 1924 eröffnet, steht in schönster Landschaft, umgeben von einem berühmten Golfplatz, anderen Freizeiteinrichtungen wie Club, Kurbad und mit Möglichkeiten vom Bogenschießen bis hin zur Falkenjagd. Im Salon wird nachmittags sehr stilvoll der Afternoon Tea serviert und zum Abendessen stehen zwei erstklassige Restaurants zur Wahl. Luxuriös sind vor allem die Suiten, die jeglichen Komfort bieten.
✣ 214 C2 ✉ Auchterarder
☎ 01764 29 00 23 ⊕ www.gleneagles.com

Vom Feinsten: Gleneagles Hotel

Hazelbank ££–£££

Für einen günstigeren, aber nicht weniger verschwenderischen Aufenthalt in der Heimat des Golfs eignet sich das kleine Hazelbank Hotel. Die zehn Zimmer des honigfarbigen Steinhauses mitten in der Stadt müssen Sie bei größeren Veranstaltungen eventuell im Voraus buchen. Golf- und Unterkunftspakete sind erhältlich, das Hotel liegt nur zwei Gehminuten vom ersten Tee auf dem Old Course entfernt.
✣ 215 E2 ✉ 28 The Scores, St Andrews
☎ 01334 47 24 66 ⊕ www.hazelbank.com

Kinloch House £££

Idyllisch liegt das kleine Hotel mit 18 Zimmern und Restaurant westlich von Blairgowrie. Es hat einen tollen Service und Komfort. Die Möblierung ist elegant, das Foyer einladend und die Bäder sind opulent. Die Bar ist mit einer beeindruckenden Auswahl an Whiskys ausgestattet. Selbst ein Wellness- und Fitnesscenter mit Schwimmbad ist vorhanden – was will man mehr?
✣ 214 C3 ✉ Blairgowrie ☎ 01250 88 42 37
⊕ www.kinlochhouse.com

The Lodge on Loch Lomond £££

Dieses Hotel in einem niedrigen, modernen Gebäude, das sich über dem Loch Lomond ans Ufer klammert, zeichnet sich durch seine idyllische Lage und den wunderbaren Panoramablick aus. Das ganze Hotel einschließlich der 47 Zimmer und Suiten ist kiefernholzvertäfelt; die meisten Zimmer haben Seeblick. Zimmer mit einer eigenen kleinen Sauna sorgen für zusätzliches Wohlbefinden beim Aufenthalt. Angeln und Bootsausflüge sind ein angenehmer Zeitvertreib, der vom Hotel aus gerne organisiert wird.
✣ 214 A2 ✉ Luss ☎ 01436 86 02 01
⊕ www.loch-lomond.co.uk

Monachyle Mhor, Mhor 84 ££–£££

Traumschön abgelegen ist es und dabei gar nicht ohne angenehmen Luxus: das umgestaltete Bauernhaus mit ländlichem Charme. Es liegt in den Trossachs in einem schönen Tal mit dem Blick auf gleich zwei Seen. Neben dem Haupthaus gibt es sogar eine klug aufgeteilte »Ferry Cabin«, ehemals ein Warteraum an einem Fährterminal, für vier Personen, komplettiert mit einer Küche. Zutaten für die ausgezeichneten Menüs kommen aus Wald und Flur und dem Wasser Schottlands, das meiste Gemüse aus dem eigenen Garten. Und an der Abzweigung von der A 84, 9 km vom Hotel, liegt der Ableger Mhor 84, ein Motel und Restaurant für durchfahrende Reisende.
✣ 214 B2 ✉ Balquhidder
☎ 01877 38 46 22 ⊕ https://monachylemhor.net, https://mhor84.net

The Parklands Hotel ££

Das preisgekönte Viersternehotel, an Perth' grünem South Inch Park gelegen, ist ein stilvolles Haus, das gleich zwei empfehlenswerte Restaurants besitzt: The Bank, die Nummer eins, ist ein beliebtes und lockeres Bistro, 63@Parklands ist ausgerichtet auf *fine dining*. Die 15 Zimmer sind modern und komfortabel ausgestattet. Die Lage am Park spricht für sich.

✞ 214 C3 ✉ 2 Leonard's Bank, Perth
☎ 01738 62 24 51 ⊕ www.theparklandshotel.com

Wohin zum ... Essen?

Preise für ein Hauptgericht, ohne Getränke:
£ unter 20 £
££ 20–40 £
£££ über 40 £

RESTAURANTS

Agacan Kebab House £–££

Turkish delight in Dundee. Wenn Ihnen mal statt nach schottischer Küche der Sinn nach Lammköfte oder vegetarischer Meze steht, werden Sie hier nicht enttäuscht. Viele Dundonians schwören darauf. Die Wände des kleinen Bistros sind mit Malereien geschmückt, die Türschwelle mit Mosaiken.

✞ 215 D3 ✉ 113 Perth Road, Dundee
☎ 01382 64 42 27
⊕ https://agacan.has.restaurant
❷ Di–Sa 17–21 Uhr

Anstruther Fish Bar £

Unweit des Scottish Fisheries Museum wird in Anstruther am Hafen der absolute Klassiker der britischen Fischküche serviert: Fish 'n' Chips. Gönnen Sie sich eine Portion und genießen Sie das Ambiente der vielen Jachten. Aber Achtung: Die Möwen mögen auch Fisch.

✞ 215 E2 ✉ 42–44 Shore Street, Anstruther
☎ 01333 31 05 18 ⊕ www.anstrutherfishbar.co.uk ❷ tgl. durchgehend

Craig Millar@16 West End ££

Wenn Sie die pittoresken Fischerdörfer in East Neuk erkunden, dann ist diese kleine Bar der richtige Ort, um sich zu erfrischen. Beherbergt in einem 400 Jahre alten ehemaligen Fischerhaus in der Nähe des Hafens, bietet sich von der Terrasse eine sagenhafte Aussicht auf die Isle of May und über die Firth of Forth. Ein Erlebnis für den Gaumen sind die Muscheln mit Mango-Chili-Sauce oder das Krebs-Risotto.

✞ 215 E2 ✉ 16 West End, St Monans
☎ 01333 73 03 27 ⊕ www.16westend.com
❷ Mi–So Lunch und Dinner

The Falls of Dochart Inn £–££

Unmittelbar an den Stromschnellen bei dem kleinen Ort Killin serviert das klassische Inn solides Pub-Essen. Hinter dem Haus befindet sich zudem ein Smokehouse mit geräucherten Spezialitäten.

✞ 214 B3 ✉ Gray Street, Killin
☎ 01567 82 02 70 ⊕ www.fallsofdochartinn.co.uk ❷ tgl. mittags und abends (Smokehouse bis 17 Uhr)

Hermann's Restaurant ££

Wiener- oder Jägerschnitzel, gefolgt von Apfelstrudel: Das muss ein Alpenländer sein, den es nach Stirling verschlagen hat. Der Tiroler Herrmann Aschaber hat aber auch eine schottische Seite, und die kocht lokal: Cullen Skink und tagesfrischen Fisch. Die Weinliste ist gut und individuell.

✞ 214 B2 ✉ 58 Broad Street, Stirling
☎ 01786 45 06 32 ⊕ www.hermanns-restaurant.co.uk ❷ mittags und abends

The Peat Inn £££

Der schön gelegene Peat Inn gilt als eines der reizvollsten Restaurants (mit Zimmern) in Schottland. Die Küche hat einen sehr guten Ruf; ihr Schwerpunkt liegt auf hochwertigen lokalen und saisonalen Zutaten wie Anstruther Hummer und schottischem Lachs. Die acht luxuriösen Zimmer sind sehr empfehlenswert.

✞ 215 D2 ✉ Peat Inn, Cupar
☎ 01334 84 02 06 ⊕ www.thepeatinn.co.uk
❷ Di–Sa 18–21 Uhr

The Silver Darling ££

In der Siedlung Footdee an der Mündung des Dee, zugleich ist hier die Hafeneinfahrt von Aberdeen, liegt das beste Restaurant

Ein herzliches Willkommen im Peat Inn

Schottisch durch und durch: Pub Drovers Inn

der Stadt – mit Delikatessen aus dem Meer und den Weiden im Hinterland. »Silver Darling« ist übrigens der schottische Kosename für Hering.
✢ 215 F5 ✉ Pocra Quay, Aberdeen ☎ 01224 57 62 29 ⊕ www.thesilverdarling.co.uk ❶ tgl. mittags und abends

63 Tay Street ££–£££
Das preisgekrönte Schlemmerlokal direkt am Tay gilt unter den Einheimischen als das beste Restaurant von Perth. Küchenchef Graeme Pallister kommt aus der Gegend und ist ein Anhänger der Slow-Food-Bewegung, die stark auf regionale und ökologisch korrekt angebaute Produkte setzt. Das Lammfleisch bezieht er z. B. vom Bruder des bekannten Schotten Andrew Fairlie, Schottlands langjährigem Zweisternekoch (Gleneagles). Tipp: der Rehbraten ist hier perfekt. Immer wird ein passender Wein zu den Gerichten angeboten. Ein helles, unkompliziertes Restaurant.
✢ 214 C3 ✉ 63 Tay Street, Perth ☎ 01738 44 14 51 ⊕ www.63taystreet.com ❶ Mi–Sa abends, Do–Sa auch mittags

PUBS

Old Blackfriars £
Traditionsreiche Kneipe im Zentrum von Aberdeen, gelegentlich auch Livemusik. Wie viele Kneipen gehört das Old Blackfriars inzwischen zu einer größeren Kneipenkette. Wer in Aberdeen im Zentrum noch weiterziehen möchte, kann in den Prince of Wales oder zu Ma Cameron's gehen.
✢ 215 F5 ✉ 52 Castle Street ☎ 01224 58 19 22 ⊕ www.belhaven.co.uk

The Drovers Inn £–££
Dem B & B Drovers Inn (S. 145) ist eine Bar angegliedert, in der Bargerichte serviert werden und oft Livemusik gespielt wird (Daten siehe Website). Und wenn es kühler wird, knistert das Kaminfeuer.
✢ 214 A2 ✉ Inverarnan ☎ 01301 70 42 34 ⊕ www.thedroversinn.co.uk

The Mash Tun ££
Das an einen Schiffsrumpf erinnernde Pubrestaurant – Bar und Boden sind aus dem Holz von *mash tuns,* also Maischetonnen - mit fünf rustikalen Zimmern im Herzen der Speyside hat sich dem Whisky verschrieben, auch beim herzhaften Pubfood. Bouillabaisse, Angus-Steak, Haggis, auch Nachos und mit Black Pudding gefüllte Hühnerbrust: Alles kommt mit einem passenden Whiskyvorschlag! Sie sollten besser einen Tisch im Voraus buchen.
✢ 218 C2 ✉ 8 Broomfield Square, Aberlour ✉ 01340 88 17 71 ⊕ www.mashtun-aberlour.com ❶ tgl. Lunch und Dinner

The Ship Inn £–££
Strand-Kricket ist nur eine der Aktivitäten, die diesen traditionellen, familienfreundlichen Pub in Elie, das berühmt ist für seine goldenen Strände, zu einem beliebten Treffpunkt im Sommer machen. Grillpartys finden im Biergarten statt; Hunde sind willkommen. Täglich wechselnde leckere Gerichte gibt es von 12 bis 14 Uhr und von 18 bis 21 Uhr. Spezialität ist guter Fisch.
✢ 215 E2 ✉ The Toft, Elie ☎ 01333 33 02 46 ⊕ https://shipinn.scot ❶ tgl. Lunch und Dinner

Wohin zum ... Einkaufen?

KUNSTHANDWERK

Versäumen Sie auf Fife nicht die kleine Crail Pottery (75 Nethergate, Tel. 01333 45 12 12), hier ist alles handgemacht. Die Griselda Hill Pottery (Ceres, Tel. 01334 82 82 73) fertigt und verkauft Wemyss-Keramik inklusive der traditionellen Keramikkatzen mit dem erschrockenen Blick.
Das Crieff Visitor Centre (Muthill Road, www.crieff.co.uk) bietet eine schöne Auswahl an Bechern und Ähnlichem. Es ist außerdem das letzte eigene Outlet von Caithness Glass; in der kleinen Werkstatt können Sie Glasbläsern bei der Arbeit zuschauen.

GOLFAUSRÜSTUNG

Auch als Nichtgolfer könnten Sie sich mal auf einen Golfplatz wagen. Für die unverzichtbare Ausrüstung sind Sie bei Auchterlonies (2 Golf Place, St Andrews) richtig.

KÄSE & FISCH

Leckeren Käse bekommt man im Dee-Tal bei der Cambus O'May Cheese Co. (bei Ballater, www.cambusomay.com), geräucherten Lachs aus dem Tay verkauft Dunkeld Smoked Salmon (Brae Street, Dunkeld, www.dunkeldsmokedsalmon.com).

SCHOKOLADE & MEHR

Whisky und Schokolade passen gut zusammen. Iain Burnetts Schokokreationen (Grandtully, www.highlandchocolatier.com, tgl.) sind echte Naschträume. Sein süßes Imperium The Highland Chocolatier liegt etwas abseits am bei Raftern beliebten River Tay. Lassen Sie sich verführen. Der Tearoom serviert den passenden Tee zum Süßen.
Wer gerne Gebäck mag – aus der Region kommen die Butterkekse von Walkers (www.walkersshortbread.com). Whisky Brother & Co. in Dufftown (1 Fife Street; www.whiskybrother.co.uk) hat schöne Empfehlungen.

Wohin zum ... Ausgehen?

SPORT

Äußerst beliebt in Schottland: Golf

Golf ist hier Volkssport. Berühmt, aber teuer ist die Anlage von Gleneagles (www.gleneagles.com, S. 146). In den Schatten gestellt wird sie vom legendären Old Course in St Andrews (www.standrews.com, S. 19, 143), dem Traum eines jeden Golfers.
Der Fife Coastal Path (https://fifecoastandcountrysidetrust.co.uk/) an der Küste entlang bringt wunderschöne Ausblicke mit sich, immer wieder führt die Wanderung durch kleine Orte mit Cafés und Galerien.

THEATER

Das Perth Theatre (185 High Street, Perth; Tel. 01738 62 10 31, www.perththeatreandconcerthall.com) gehört zu den besten Bühnen der Region – Theater, Tanz, Ballett. In der Perth Concert Hall treten Bands und Songwriter auf. Das Pitlochry Festival Theatre (https://pitlochryfestivaltheatre.com) hat im Sommer und Herbst für Konzerte und Theatertourneen geöffnet. In Aberdeen bietet das Lemon Tree (5 West North Street) Performance und Kulinarisches zugleich, das His Majesty's Theatre (Rosemount Viaduct; beide: www.aberdeenperformingarts.com) bringt Broadway und West End an die schottische Ostküste.

Kein Netz? – Die Landschaft der Highlands setzt ab und an der ständigen mobilen Erreichbarkeit eine Grenze.

Der Westen und Inseln

Breite Moore, goldgelbe Sandstrände, zerklüftete Felsen – im Norden und Westen erleben Sie die Vielfalt der Landschaften.

Seite 150–183

Erste Orientierung

Adler, Otter, Rotwild und der behutsam wieder eingeführte Biber sind die Herrscher über die wildromantischen Moore, Berge und Flusslandschaften. Und das über die Landschaft huschende Licht bietet Ihnen dazu ständig neue Stimmungen.

Auf den einspurigen Straßen können Sie in der Region kilometerweit fahren, ohne anderen Menschen zu begegnen, und um am Ende auf einen golden schimmernden Strand in einer geschützten Bucht oder auf einen winzigen Weiler zu stoßen, in dem sich Torfsoden neben den Häusern reihen. Vor der Küste befinden sich abgelegene Inseln, auf denen die Menschen noch den Gebrauch des Gälischen pflegen.

Moore und Höhen im Westen und Norden sind in große Privatländereien aufgeteilt, es wird Ihnen hier ab und zu Rotwild begegnen. Um die schönsten Highlandorte mit den besten Pubs für Reisende in einer Route aufzuzeigen, wurde die etwa 830 Kilometer lange Panoramastrecke »North Coast 500« (S. 183) ausgewiesen – sie führt von Inverness an die Westküste und über Ullapool und den Norden mit Thurso und John o'Groats wieder zurück.

TOP 10
❶ ★★ Skye & Outer Hebrides
❹ ★★ Road to the Isles
❻ ★★ Glen Coe

Nicht verpassen!
63 Loch Ness

Nach Lust und Laune!
64 Islay
65 Jura
66 Iona
67 Mull
68 Inverness
69 Culloden Moor
70 Orkney Islands
71 Shetland Islands

Mein Tag auf Schottlands spektakulärster Insel

Ist Ihnen nach Ausschreiten mit leichtem Gekraxel zumute? Nach herzklopfendem Höhenflug? Und nach einem Bad im Fluss zur Entspannung? Dann gleich mal los! Quiraing-Felsen und Fairy Pools auf der Skye versprechen magische Erlebnisse.

8 Uhr: Panoramafahrt par excellence

Beim Anblick der Quiraing-Basaltklippen am gefühlten Ende der Welt auf der Trotternish-Halbinsel ist der Wanderimpuls nicht zu unterdrücken. Daher sollte schon die entsprechende Ausrüstung ins Auto gelegt sein. Bereits die Fahrt über die ❶ ★★ Isle of Skye (S. 160) vom Hafenidyll in Portree aus wird zum Hingucker. Bald schwingt die A 855 zur Küste rechter Hand, während am Storr (719 m) links die verwitterten Felssäulen des Old Man of Storr aufragen. Wieder rechts, am Kilt Rock (S. 161), speist ein See einen Wasserfall, der 100 Meter tief ins Meer stürzt. Die Vorfreude auf eine grandiose Aussicht steigt noch, wenn Sie nach dem Weiler Staffin links der schmalen Bergstraße zum Quiraing folgen (beschildert; S. 161). Nach einer halben Stunde Fahrt

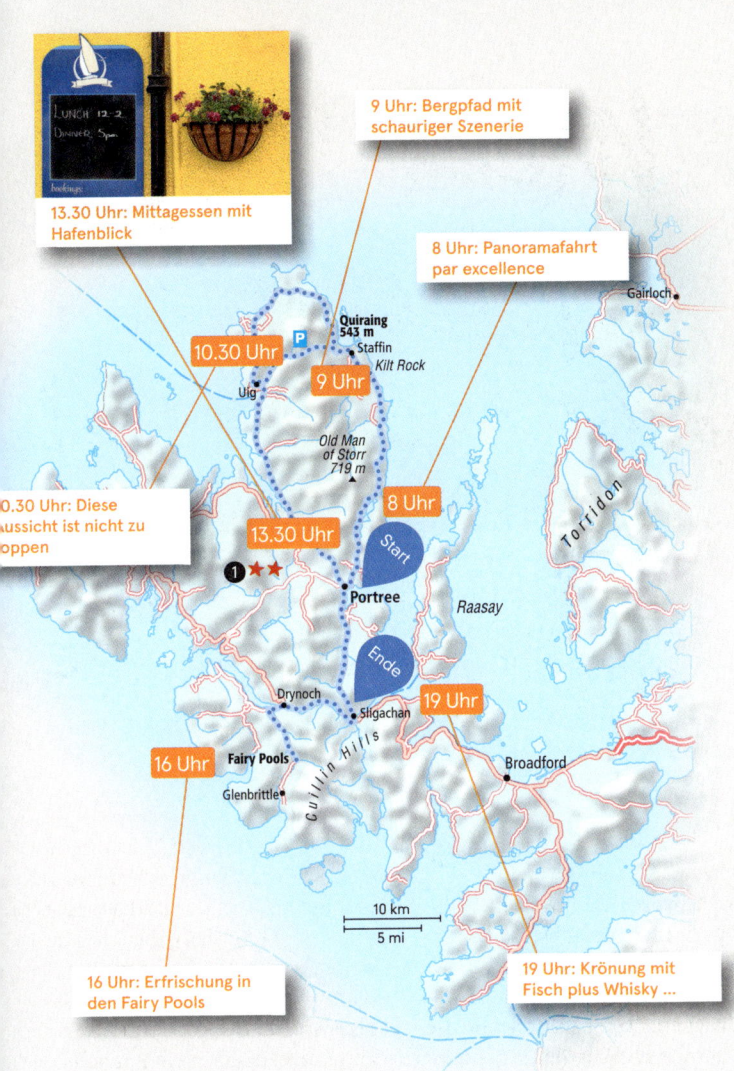

13.30 Uhr: Mittagessen mit Hafenblick

9 Uhr: Bergpfad mit schauriger Szenerie

8 Uhr: Panoramafahrt par excellence

10.30 Uhr: Diese Aussicht ist nicht zu toppen

16 Uhr: Erfrischung in den Fairy Pools

19 Uhr: Krönung mit Fisch plus Whisky …

MEIN TAG

8 Uhr

Grandioser Ausblick am Pass bei Quiraing auf der Isle of Skye

sind Passhöhe und Parkplatz auf ca. 400 Hm erreicht. Die Aussichten sind atemberaubend: drüben das Meer, hüben bizarre felsige Höhe.

9 Uhr: Bergpfad mit schauriger Szenerie

Nun gilt es, die Schuhe zu wechseln und wetterfeste Kleidung anzuziehen. Die in Portree (S. 160) gekaufte Detailkarte kommt zu Wasser, Fernglas und Verpflegung in den Rucksack – eine Regenjacke selbstverständlich auch. Wenden Sie sich nach Norden und folgen Sie einem gut sichtbaren Bergpfad – der führt Sie in rund drei Stunden etwa 7 Kilometer auf und ab durch geheimnisvolle Klamms und über Plateaus zurück. Zunächst geht's gelinde, dann kurz mal steiler bergan, zwischen Felsriesen hindurch, Prison und Needle genannt.

10.30 Uhr: Diese Aussicht ist nicht zu toppen

Wenn Sie einen zweiten Weidezaun überqueren, sind Sie auf halbem Weg. Scharf links bergan erreichen Sie die Gipfelhöhe (543 m). Eine raue Welt liegt Ihnen zu Füßen, Drehort für Autowerbung. Über samtgrüne Hänge, an denen sich abgerutschte Felsplatten staffeln, wandert Ihr Adlerblick dann über blaue Seentropfen in Richtung einsames Staffin hinunter, weiter übers Meer zur Insel Raasay, bis der Blick

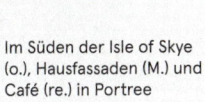

Im Süden der Isle of Skye (o.), Hausfassaden (M.) und Café (re.) in Portree

von den Torridon-Bergen des Festlands aufgefangen wird. Seien Sie beim Weitergehen und dem Blick in die Weite vorsichtig, denn hier und da droht die Felskante oder der Boden ist sehr matschig. Mit viel Glück erspähen Sie in den Lüften einen Adler.

13.30 Uhr: Mittagessen mit Hafenblick

Zurück auf dem Parkplatz fahren Sie nach Westen – am Moor vorbei in den Fährort Uig, wieder mit tollen Aussichten beim Runterrollen. (Oder Sie wählen die Route in weitem Bogen über den Norden der Skye, dann bleibt jedoch weniger Zeit für die Fairy Pools.) Der Lunch in Portree fällt nach der Lauferei üppig aus. Etwa mit Auberginenlasagne im Café Arriba und feinem Blick auf die Bucht.

16 Uhr: Erfrischung in den Fairy Pools

Der Parkplatz für die ebene Wanderung zu den Fairy Pools liegt nahe

Erfrischen alle Sinne: Fairy Pools im Süden der Isle of Skye

Urwüchsig ist die Natur am Fluss Sligachan, im Hintergrund erheben sich die Black Cuillins.

den sich fast einschüchternd erhebenden Cuillin-Bergen. Aus dem umwölkten Gebirge hüpft das Flüsschen Brittle durch die moorige Weite. Auf einem Pfad begleiten Sie den Bach 20 Minuten lang stromauf. Hier und da überqueren Sie ihn – an guten Tagen trockenen Fußes. Bewölkung lässt die Szenerie unnahbar wirken, aber gleichzeitig auch noch faszinierender. Der Bach führt bei Regen bzw. unwirtlichem Wetter mehr Wasser.

Liegt der erste kleine Wasserfall vor Ihnen, ist an einem warmen Nachmittag ein Sprung in den tiefen kühlen Pool geradezu Pflicht. Die meisten Besucher aber vergnügen sich im nächsten Pool und tauchen unter einem kleinen Bogen durch. Aufregend ist das Spiel einsamer Sonnenstrahlen, die plötzlich ein Loch in die Wolken reißen, über die grüne Wildnis huschen und die Fairy Pools wie Märchenspiegel aufleuchten lassen. Kein schöner Land!

19 Uhr: Krönung mit Fisch plus Whisky

Die idyllische, einsame Bergszenerie des Weilers Sligachan, Magnet für Wanderer und Kletterer, ist 20 Minuten Fahrzeit entfernt. Sie sind also zeitig zum Abendessen im geschäftigen Sligachan Hotel, das vorzüglich aus dem Meer und von der Weide auftischt. Der Absacker in der mit angeblich 400 Whiskysorten bestückten Seumas' Bar und ein Spaziergang nach dem Essen zur uralten Flussbrücke krönen Ihren beglückenden Skye-Tag.

Café Arriba ££
✢ 216 C1
✉ Quay Brae, Portree, Skye
☎ 01478 61 18 30
🌐 www.cafearriba.co.uk
🕐 tgl. 8–16 Uhr

Sligachan Hotel & Seumas' Bar ££
✢ 216 C1
✉ Sligachan, Skye
☎ 01478 65 02 04
🌐 www.sligachan.co.uk
🕐 tgl. mittags und abends

Wanderungen
Die hier beschriebenen Wanderungen sind mit genauen Streckendetails und Höhenangaben online abrufbar und herunterzuladen über: www.isleofskye.com/skye-guide/top-ten-skye-walks. Länge und Schwierigkeit der Wanderungen: 7 km (Quiraing, mittelschwer) und 3 km (Fairy Pools, leicht). Die Quiraing-Wanderung sollten Sie jedoch nur bei guter Sicht unternehmen, da es gefährliche Abbruchkanten gibt.

❶ ★★ Skye & Outer Hebrides

Warum?	Ständiger Wetterwechsel am Meer mit sagenhaftem Licht
Was?	Im Sommer fliegen Schwärme von Seevögeln über Ihren Kopf
Wie lange?	Möglichst eine ganze Woche
Wann?	Im Sommer sind die Tage oft warm und lang
Was noch?	Ab und an steckt ein Seehund seine Nase aus dem Wasser
Resümee	Ein poetischer Flecken Erde – und bis heute sind die Steinkreise unergründlich

Weißer Sandstrand bei Luskentyre auf Harris

Neist Point, der westlichste Punkt der Skye, mit fotogenem Leuchtturm

Torfgeruch steigt Ihnen in die Nase, wenn Ihre Fähre auf den Inseln im Westen anlegt. Speziell aus den Kaminen der Äußeren Hebriden (Outer Hebrides) quillt noch der würzige Rauch. Gälische Sprache und Kultur prägen die Außenposten, große Megalithen und Piktentürme sprechen von 5000-jähriger Besiedlung. Schmale Sträßchen winden sich durch Moore und zackige Felsformationen. Die weiten Strände wirken wie von einem anderen Planeten. Beim Ausschreiten atmen Sie dramatische Einsamkeit.

Skye

Dank der Brücke am Kyle of Lochalsh ist Skye die am leichtesten zugängliche Insel. Die Nutzung der Mini-Autofähre über die schmale Meerenge von Glenelg nach Kylerhea belohnt gleich mit Skye pur. Hier ist ein kleiner Spazierweg angelegt. Otter und Seehunde kommen in Ihren Blick – und manchmal Wale. Bei einer Fahrt vom Hauptort Portree um die Halbinsel Trotternish im Norden der Skye taucht im Osten der Old Man of Storr auf, eine 48 m hohe Felsnadel unterhalb des Berges Storr, die scheinbar mühsam im Gleichgewicht gehalten wird. Weiter nördlich stürzt der Mealt-Wasserfall

am Mealt Loch über die senkrechten Basaltwände des Kilt Rock ins Meer.

St Clement's Church auf Harris – Ort für einen Augenblick der Ruhe

Noch weiter nördlich entlang der Küste bildet die Felsformation Quiraing ein dramatisches Theater aus abgerutschten Basaltwänden. Der Scheitel der kreuzenden Passstraße lädt zum Anhalten ein und dazu, ein paar Schritte in der Landschaft zu gehen, die märchenhaft zu nennen ist. Prosaischer geht es im Skye Museum of Island Life zu, das in einer Reihe reetgedeckter Gebäude untergebracht ist: Es stellt das Leben auf der Insel vor etwa 100 Jahren dar. Einen Eindruck vom Leben des schottischen Adels vermittelt Dunvegan Castle; die Burg befindet sich seit 800 Jahren in Familienbesitz.

Von den Inseln und vom Festland aus sichtbar, bietet der zackige Umriss der Cuillins, einer gewaltigen, die Landschaft beherrschenden Bergkette mit elf Munros (S. 196), den dramatischsten Anblick. Durch die Verbindung von

Munros und bizarren Felsformationen auf der Halbinsel Trotternish ist Skye der ideale Platz für Bergwanderer und Bergsteiger, doch es gibt auch viele weniger anspruchsvolle Wanderungen – erkundigen Sie sich im Touristenbüro von Portree oder bei Visit Scotland (www.visitscotland.com).

Die größte Attraktion auf Skye ist zweifellos die Landschaft. Bei schlechtem Wetter oder Nebel bietet sich eine Tour durch die Talisker Whisky Distillery in Carbost an, deren flüssiges Gold einen torfigen Geschmack besitzt.

Die Äußeren Hebriden und Harris

Die zerklüfteten Äußeren Hebriden – Lewis und Harris, North und South Uist, Benbecula und Barra – liegen wie eine Art Schutzschild zwischen dem wilden Atlantik und Skye mit den anderen Inneren Hebriden. Die flache, vom Wind zerzauste Moorlandschaft von Lewis steht im Kontrast zu den gebirgigen, zerklüfteten Umrissen des über eine schmale Landzunge erreichbaren Harris.

Aus der wild zerrissenen Landschaft der Skye ragt der Old Man of Storr.

Um die spröde Schönheit dieser Insel zu erkunden, sollten Sie auf der Golden Road vom Fährhafen Tarbert nach Leverburgh fahren.

Die einspurige Route windet sich durch die felsige Mondlandschaft, immer wieder die Küste berührend. Filmregisseur und Drehbuchautor Stanley Kubrick nutzte sie als Vorlage für die Oberfläche des Jupiter in seinem Epos »2001: Odyssee im Weltraum«.

Am Ende der Route ist die St Clement's Church in Rodel ein Ort der meditativen Einkehr. Beachten Sie die spätmittelalterlichen Schnitzereien und vielleicht mögen Sie nach der etwas verwitterten weiblichen Figur Sheela-na-Gig suchen, die ihre Nacktheit präsentiert.

Standing Stones of Calanais auf Lewis. Die Megalithen stehen wohl schon seit 5000 Jahren oberhalb der gleichnamigen Bucht.

Lewis

Auf Lewis ragen die Standing Stones of Calanais (engl.: Callanish) heraus. Das zweite dramatische Monument der Vergangenheit ist ein gut erhaltener doppelwandiger Wohnturm, wie ihn die Kelten vor rd. 2000 Jahren aufschichteten. Dun Carloway Broch steht weithin sichtbar über einem Dorf.

Das Arnol Blackhouse war bis in die 1960er-Jahre hinein bewohnt, das dortige Museum widmet sich der Lebensweise der Pächter. Im Museumsdorf Garenin können Sie sogar in einem Blackhouse mit modernem Komfort übernachten.

KLEINE PAUSE

www.skyeferry.co.uk

Mit der **Fähre** von Glenelg kurz und gemütlich samt Auto nach Skye übersetzen ist schon Pause vom Fahren. In Kylerhea auf Skye können Sie von einem Unterstand aus nach scheuen Ottern spähen.

✛ 213 D4/216 A–C
⚓ ab Mallaig oder Glenelg Autofähren nach Skye, www.skyeferry.co.uk; www.calmac.co.uk; von Kyle of Lochalsh führt eine Brücke auf die Insel.

Skye Museum of Island Life
✛ 216 C2
✉ A 855 nördlich Uig
☎ 01470 55 22 06
⊕ www.skyemuseum.co.uk ❶ April–Sept. Mo–Sa 10–17 Uhr 🚌 Bus ab Portree nach Kilmuir
✦ 6 £

Dunvegan Castle
✛ 216 C1 ✉ A 850 nördlich von Dunvegan, Skye ☎ 01470 52 12 06
⊕ www.dunvegancastle.com ❶ April–Mitte Okt. 10–17.30 Uhr 🍴 (£–££)
✦ 14,50 £

Talisker Distillery
✉ Carbost, Isle of Skye
☎ 01478 61 43 08
⊕ www.malts.com/de-de/destillerien/talisker ❶ März–Okt. tgl. 10–17 Uhr
✦ Führungen je nach Umfang ab 22 £

Caledonian MacBrayne Ferries (CalMac)
⊕ www.calmac.co.uk
⚓ Fähren ab Uig/Skye, Mallaig, Ullapool und Oban auf die Äußeren Hebriden

Calanais (Callanish) Standing Stones and Visitor Centre
✛ 216 B4
✉ A 859 in Calanais, Lewis ☎ 01851 62 14 22
⊕ https://calanais.org
❶ Megalithen frei; Besucherzentrum: im Bau bis ca. 2026
🚌 Bus ab Stornoway

Dun Carloway Broch
✛ 216 B4 ✉ A 858 südlich von Carloway, Lewis ❶ Broch frei; Besucherzentrum: April–Sept. Mo–Sa 10–17 Uhr 🚌 Bus ab Stornoway

The Blackhouse, Arnol
✛ 216 C4 ✉ 42 Arnol, Barvas, Lewis ☎ 01851 71 03 95 ⊕ www.historicenvironment.scot
❶ April–Sept. Mo–Sa 10–16.30, Okt.–März Mo–Di, Do–Sa 10–16 Uhr 🚌 ab Stornoway
✦ 7,50 £

Gearrannan Blackhouse Village
✛ 216 B4 (S. 179)
✉ Gearrannan / Garenin
☎ 01851 64 34 16
⊕ www.gearrannan.com
❶ April–Okt. Mo–Sa 9.30–17.30 Uhr ✦ 4,60 £

❹ ★★ Road to the Isles

Warum?	Weil Straße und Zug in die schönste Sackgasse Schottlands führen, nach Mallaig
Was?	Den »Harry-Potter-Express« unter Volldampf auf dem Glenfinnan-Viadukt sehen
Wie lange?	Drei, vier Stunden oder zwei Tage mit Inselausflug
Wann?	Von Mai bis September
Was noch?	Einen Tag auf dem bildschönen Eigg, weil Sie vernünftigen, ökobewussten Aussteigern begegnen, die die Insel besitzen
Resümee	Ein Blick vorab und vor Ort in den Fahrplan der Boote von Arisaig und Mallaig erleichtert das Reisen

Diese Strecke ist das »Hoch« in den Highlands! Sie gehört zu den romantischsten in Schottland. Auf der Reise können Sie durch die dramatische Seen- und Bergwelt mit dem Zug von Glasgow oder per Auto auf der A 830 vom Fuß des Ben Nevis zum Fischerhafen Mallaig an der Westküste fahren.

Kalenderblick bei Fort William

Starten Sie außerhalb von Fort William gegenüber der Ben Nevis Distillery und fahren Sie auf der A 830 nach Westen. Im Dorf Banavie nördlich von Fort William sollten Sie

Die schönste Biegung Schottlands: das Glenfinnan Viaduct

Neptune's Staircase (S. 186) am Caledonian Canal nicht auslassen: Auf nur 1,5 km Länge werden die Schiffe über imposante acht Staustufen 20 Meter angehoben. An der Koppelschleuse des Highland-Ingenieurs Thomas Telford kreuzen sich Schienen, Straße und die Wanderroute Great Glen Way.

Im Gedenken an einen schottischen Helden ...

Etwa 30 km westlich des Ben Nevis steht das Glenfinnan Monument an der Spitze des Loch Shiel. Hier zog Bonnie Prince Charlie 1745 seine Standarte auf und über 1000 Highlander begrüßten ihn an diesem einsamen Ort, um unter seiner Führung den letzten Versuch der Jakobiten zu unternehmen, Großbritannien für die exilierten katholischen Stuarts zu erobern. Der Blick vom 18 m hohen Turm (1815) geht über den See und zum Glenfinnan Viaduct (1898). Das

Am Ufer von Loch Shiel erinnert das Glenfinnan Monument an Bonnie Prince Charlie.

steht nahe dem Bahnhof von Glenfinnan mit dem netten Glenfinnan Station Museum (mit Waggon-Café). Stellen Sie sich vor, wie der Hogwarts-Express (in »Harry-Potter«-Filmen) über die lang gezogene Kurve des Viadukts fährt.

Kleine Inselidyllen

Im Sommer lässt an diesem Ort der Jacobite Steam Train Rauchwolken aufsteigen. Bei der Weiterfahrt nach Westen wird die Landschaft immer zerklüfteter. Vor der Bahnstation

Beasdale spannt sich erneut ein Viadukt. Am Loch nan Uamh erinnert das Denkmal Prince's Cairn an Bonnie Prince Charlies Flucht übers Meer nach dem Scheitern des Feldzugs.

Im Hafen von Arisaig verkehrt ein Ausflugsschiff zu den sehr reizvollen Small Isles Muck und Eigg – Letztere kauften 1997 die etwa 100 Bewohner dem Vorbesitzer ab und richten sie seither auf Ökoenergie aus. Bei der Bahnstation Morar bietet es sich an, einen Spaziergang an den weißen Strand der Silver Sands of Morar (B 8008) zu unternehmen.

Abendstimmung über den Sands of Morar

Vergangenheit mit Heringen

Das Ende der Road to the Isles ist im geschäftigen Mallaig erreicht. Im Hafen laden Fischer ihren Fang ab, ständig vom Ballett der Seevögel umtanzt. Im Mallaig Heritage Centre erfahren Sie alles über die einstigen goldenen Heringszeiten und zur Entwicklung des Hafens.

KLEINE PAUSE

In Mallaig bekommen Sie frischen Fisch im **Cornerstone Seafood Restaurant** und den schönen Hafenblick dazu.

Main Street, https://seafood restaurant mallaig.com

✝ 213 D4–E4

Glenfinnan Monument & Visitor Centre
✉ Glenfinnan, A 830
☎ 01397 72 22 50
⊕ www.nts.org.uk (»Visit/Places«)
🕐 tgl., April–Okt. 10–17, Nov.–März 10–16 Uhr
💰 Monument: 5,50 £

Glenfinnan Station Museum
☎ 01397 72 22 95
⊕ www.glenfinnan stationmuseum.co.uk

🕐 April–Okt. tgl. 9–17 Uhr, Spende erbeten

Jacobite Steam Train
☎ 0845 1 28 46 81
⊕ www.westcoast railways.co.uk
🕐 Abfahrt ab Fort William April–Okt. tgl. 10.15, Mai–Sept. zusätzl. 12.50 Uhr
💰 Fahrt hin und zurück 65 £

Small-Isles-Personenfähre
✉ Arisaig Marina, Arisaig
☎ 01687 45 02 24
⊕ www.arisaig.co.uk
🕐 April–Sept.

Mallaig Heritage Centre
✉ Station Road, Mallaig
☎ 01687 46 20 85
⊕ www.mallaigheritage.org.uk
🕐 Öffnungszeiten variieren (s. Website)
💰 3 £

❻ ★★ Glen Coe

Warum?	Vom engen Talgrund sieht Schottland gespenstisch und hochgebirgig aus
Was?	Steil, aber lohnenswert: eine 4 km lange Wanderung ins Lost Valley und zurück
Wie lange?	Eine Stunde bis einen halben Tag mit Wanderung
Wann?	Frühjahr oder Herbst, denn im Sommer ist's arg voll
Was noch?	Einkehr im beliebten Clachaig Inn
Resümee	Selbst für Couch Potatoes gibt es in Schottland schöne, angenehme Wanderungen

Das Tal ist einer der wenigen Orte, an denen selbst Schottlandurlauber, die nicht wandern und klettern wollen, die Berge hautnah erleben können. Teils verlaufen kurze Pfade auf geringer Höhe. Auch die Wanderungen vom Clachaig Inn durch den Wald zum Signal Rock oder um Loch Achtriochtan sind nicht sehr fordernd.

An klaren Frühlingstagen leuchten über dem Tal schneebedeckte Gipfel, weiße Wolken und blauer Himmel und spiegeln sich im Loch Achtriochtan. In der Dämmerung wirft die niedrig stehende Sonne ein Schlaglicht auf die zerklüfteten Bergspitzen, während die Hänge im langen Schatten smaragdfarben und dunkeloliv schimmern.

Das Tal ist gut besucht und doch so groß, dass jeder noch seinen Platz findet.

Ganz und gar in Nebel und Wolken gehüllt sind die Berge hingegen bei trüber Witterung.

Das Bergmassiv Buachaille Etive Mór wacht am Taleingang. Von dort schlängelt sich die Straße unterhalb der gewaltigen Gipfel, die den breiten Talgrund flankieren, zum winzigen Loch Achtriochtan, in dessen Nähe sich das Massaker von Glencoe ereignete: Im Morgengrauen des 13. Februar 1692 ermordete die von Captain Robert Campbell geführte Truppe, die König Wilhelm III. von England unterstand und die beim MacDonald-Clan einquartiert war, ihre Gastgeber.

Vom Signal Rock wurde das Startsignal für das Massaker gegeben.

38 Menschen wurden getötet, Hunderte, darunter Frauen und Kinder, flohen in die Hügel, wo viele schutzlos im Schnee starben. Die meisten MacDonalds entkamen, darunter auch die Söhne des Clan-Chefs Alastair MacDonald.

Das Tal öffnet sich bei Glencoe zu dem weiten Gewässer des Loch Leven. In Ufernähe wurde das Clan-Oberhaupt getötet.

Cottages in perfekter Hochland-Idylle

KLEINE PAUSE
Das **Clachaig Inn** in Glencoe ist bestens für ein Mittag- oder Abendessen geeignet. Die urige Stimmung wird von vielen Wanderern und Kletterern sehr geschätzt.

Tel. 01855 81 12 52, https://clachaig.com

Glencoe Visitor Centre
☩ 213 E/F3
✉ 2 km östlich von Glencoe
☎ 01855 81 13 07 ⊕ www.nts.org.uk
(»Visit/Places/Glencoe«)

🕓 April–Okt. tgl. 10–17, Nov.–März 10–16 Uhr
🚌 die Busverbindung Glasgow – Fort William führt durch das Tal
🎫 4 £ (Parkplatz)

⑬ Loch Ness

Warum?	Weil Sie hier ganz sicher ein Ungeheuer entdecken
Was?	Etliche Möglichkeiten für einen Bootsausflug
Wie lange?	Mindestens zwei Stunden
Wann?	Frühmorgens oder am Nachmittag, des Lichtes wegen
Was noch?	Am Südende, in Fort Augustus, gibt's eine Schleusentreppe
Resümee	Nessie-Kitsch – getöpfert, gehäkelt oder als Schneekugel – gehört einfach dazu

Nessie existiert doch: aus Draht und begrünt am Loch Ness.

In den eiskalten Tiefen, 230 m unter der Oberfläche, entdeckten Wissenschaftler vor einiger Zeit eine Population Seesaiblinge, die sich seit der letzten Eiszeit ungestört entwickelt haben. Doch im Mittelpunkt des Interesses steht freilich ein ganz anderer Seebewohner – nur unromantische Realisten können über das geheimnisvolle Gewässer blicken, ohne nach dem legendären Nessie Ausschau zu halten.

Nachrichten vom Ungeheuer

Nessie wurde zum ersten Mal im Zusammenhang mit dem hl. Columban (ca. 521–597) erwähnt, der 565 ein Seeungeheuer vertrieben haben soll. Nach dem Bau der A 82 in den 1930er-Jahren häuften sich die Berichte von Sichtungen und es tauchten vermehrt zweifelhafte Fotos auf. Auch mit Hightech hat man versucht, Beweise für die Existenz des Unge-

Sonnenaufgang über Loch Ness und Urquhart Castle

heuers zu finden. Selbst Echolotmessungen in dem fischreichen See konnten diese aber nicht erbringen. Über den aktuellsten Stand der Nessie-Forschung informiert das Loch Ness Centre an der A 82 in Drumnadrochit. Den besten Blick über den See haben Sie von Urquhart Castle. Die Anlage auf einer Landzunge war von großer strategischer Bedeutung und in ihrer Geschichte mal im Besitz der Engländer, mal in dem der Schotten. Ganz ohne Ungeheuer kommen die Wasserfälle des Moriston River aus, die Sie nach einer Waldwanderung vom Dorf Invermoriston aus erreichen.

KLEINE PAUSE

Zwischen Urquhart Castle und dem Loch Ness Centre lädt in Drumnadrochit das nette **Café Eighty2** zum Verweilen ein.

Tel. 01456 45 04 00

✣ 218 A2/3 ✉ zwischen Inverness und Fort Augustus

Loch Ness Centre
✉ Drumnadrochit ☎ 01456 45 05 73
⊕ www.lochness.com
❶ April–Okt. tgl. 10–17 (letzter Einlass), Nov.–März 10–15 Uhr ✦ 15–19 £, Familienkarte 50–60 £, Schiffstouren 21 £

Cruise Loch Ness
✉ Fort Augustus ☎ 01320 36 62 77
⊕ www.cruiselochness.com
❶ April–Okt. tgl. mehrfach 10–17 Uhr
✦ 20 £

Urquhart Castle
✉ bei Drumnadrochit ⊕ www.historicenvironment.scot/ ❶ tgl., April–Aug. 9.30–20, Sept. bis 18, Okt. bis 17, Nov.–März bis 16.30 Uhr
✦ 13–14,50 £

Nach Lust und Laune!

64 Islay
Wasser, Torf und jahrhundertealtes Wissen sorgen für das rauchige Aroma der Malt-Whiskys von Lagavulin, Laphroaig und Ardbeg. Doch sollten Sie sich nicht nur dem Besuch der bald zwölf Destillen auf Islay, der südlichsten Insel der Inneren Hebriden, widmen, sondern zwischendurch im beschaulichen Hauptort Bowmore auch die Kirche aus dem 18. Jh. anschauen, die als Rundkirche erbaut wurde. Und dann die Vogelbeobachtung: Die Royal Society for the Protection of Birds (RSPB) bietet an der zum Teil spektakulären Küste Touren an.

> ✢ 208 A5 ✈ von Glasgow mit Loganair mehrmals tgl. ⊕ www.loganair.co.uk ⚓ Autofähre von Kennacraig nach Port Ellen und Port Askaig, Info: www.islayinfo.com
>
> **RSPB**
> ✉ Loch Gruinart Nature Reserve
> ⊕ www.rspb.org.uk/days-out/reserves/loch-gruinart

65 Jura
Wenn Sie wissen wollen, wo George Orwell 1946 seinen Klassiker »1984« schrieb, besuchen Sie die Insel Jura. Mit nur 200 Einwohnern, den Höhen Paps of Jura, einem Rotwildbestand von 6000 Tieren, einer Destille, einem ummauerten exotischen Garten, Ottern und nur einem Sträßchen zeichnet sie sich eigentlich als ideale Region der Highlands aus. Von Kinuachdrachd im Nordosten gelangen Sie auf einer Wanderung (3 km) zur Nordspitze der Insel, von wo aus Sie einen Blick zum berüchtigten Strudel Corrievracken Whirlpool werfen können, der als unschiffbar gilt und eine Stunde nach Ebbe gut hörbar ist.

> ✢ 213 D1 ⚓ Autofähre ab Islay
> ⊕ https://isleofjura.scot

66 Iona
Iona, das von Fionnphort auf Mull in fünf Minuten mit der Personenfähre zu erreichen ist, gilt seit den Zeiten des hl. Columban als Wallfahrtsort. Die Insel und ihre Abtei (12. Jh.) dienen weiterhin der religiösen Besinnung. Zudem sollen auf Iona die frühen schottischen Könige bestattet worden sein, u. a. Duncan und Macbeth. Wer noch Zeit hat, sollte eine Bootsfahrt zum Inselchen Staffa mit seinen Basaltsäulen und der fantastischen Fingal's Cave unternehmen – Letztere inspirierte Felix Mendelssohn-Bartholdy zur »Hebriden-Ouvertüre«.

> ✢ 212 C2 ⚓ Fähre ab Fionnphort, Mull ⊕ https://visitmullandiona.co.uk
> 🍴 Iona Heritage Centre Garden Café (£)

67 Mull
Die Insel ist schnell per Fähre von dem Festlandshafen Oban erreicht. Nehmen Sie sich ein, zwei Tage Zeit für Mull, um u. a. den Hafen von

Bunte Häuserzeile am Hafen von Tobermory

Tobermory – dessen fröhlich gestrichene Häuserzeile ein echter Hingucker ist – in Ruhe zu erkunden. Die kleinen, individuellen Läden und Cafés hier sind sehr attraktiv.

Die Insel zieht mit ihrer endlosen, unverbauten Landschaft Naturliebhaber an. Hier steht auch Ben More, der einzige Munro auf einer schottischen Insel außerhalb von Skye. Bei einer Wanderung entlang seiner mächtigen Flanken können Sie Hirsche und mit etwas Glück Steinadler entdecken.

Wer sich für ein paar Stunden per Boot in die von Strömungen und Tiden bewegten Gewässer der Inselwelt wagt, wird Delfine und manchmal Wale sehen, während im Sommer der Himmel voller Seevögel hängt.

Besonders spannende Touren führen zu der Basaltfelsen-Insel Staffa, die auch von Iona aus angesteuert werden kann. Nur ein Katzensprung ist es hinüber nach Ulva. Das Boathouse auf der selbstverwalteten Insel bietet frisches Seafood und einen tollen Ausblick. Für den Gaumengenuss gibt's den »unkolorierten« Cheddar-Käse der Sgriob Ruadh Farm am Ortsrand von Tobermory.

✢ 212/213 C/D 2/3
🚌 unregelmäßige Verbindung nach Fionnphort und Tobermory
🚢 Oban, dann Fähre nach Craignure, Infos: https://visitmullandiona.co.uk
📷 Delfine, Wale & Inseltouren: www.staffatours.com ♠ Sgriob Ruadh Farm (mit Café): b. Tobermory, www.isleofmullcheese.co.uk

Ulva
✢ 212 C2 ⊕ www.ulva.scot ⚓ Fähre April–Okt. Mo–Fr 9–17.30 Uhr, Juni bis Aug. auch So ♦ 8 £

68 Inverness

Inverness, gelegen am Ausgang des Great Glen und des Loch Ness, ist vor allem das Shoppingziel der »Highlander«. Die Häuser dieser größten Stadt der Highlands stammen überwiegend aus dem 19. und 20. Jh. Auch das Schloss ist erst zwischen 1834 und 1847 an der Stelle einer ehemaligen Verteidigungsfestung entstanden. Inverness ist für manche eher ein Durchgangsort, allerdings ist ein längerer Spaziergang am River Ness recht idyllisch, Spazierenden werden die Hänge- bzw. Fußgängerbrücken gefallen, die sich darüberspannen.

Wollen Sie mal einen Kilt anprobieren? Im Scottish Kiltmaker Centre geht das und Sie erhalten viele Informationen über die Herkunft der unterschiedlichen Karos.

Magischer Moment

Rendezvous mit Seevögeln

Die Luft ist erfüllt vom nervösen Geschrei Abertausender Seevögel. Sie fliegen ihre Brutplätze auf den Klippen der Insel Handa an, ihren Nachwuchs fütternd. Schon der Bootstrip zur Insel ist aufregend. Von Mai bis Juli ist das Tête-à-Tête mit Tölpeln, Papageitauchern, Alken und schmarotzenden Raubmöwen ein wildes Erlebnis.

Tarbet, Scourie, www.scottishwildlifetrust.org.uk/ reserve/handa-island; www.handa-ferry.com, Mo–Sa 9–17 Uhr (letzte Hinfahrt 14 Uhr), Fähre: Erw. 20, Kinder 10 £. Ranger geben nach dem Anlegen wichtige Infos zum Rundweg.

☩ 218 A3 ▣ Inverness

Scottish Kiltmaker Centre
✉ 4–9 Huntly Street ⊕ www.highland houseoffraser.com

69 Culloden Moor

In dieser windigen Moorlandschaft scheiterte 1746 endgültig der Versuch der Jakobiten, die Stuarts wieder auf den schottischen und englischen Thron zu bringen. Die Linien der bei der Schlacht beteiligten englischen Regierungs- und der jakobitischen Truppen sind markiert, jeder Clan und jedes Regiment ist verzeichnet. Schnell wird ersichtlich, dass die Highlander auf diesem morastigen Grund gegen die schwere Artillerie zum Untergang verurteilt waren. Noch heute liegt eine melancholische Stimmung über dem öden Moor. Ein Besuch im Besucherzentrum ist zu empfehlen.

☩ 218 B2/3 ☎ 01463 79 60 90 ⊕ www.nts.org.uk ⏱ Besucherzentrum April–Okt. tgl. 9–17, sonst bis 16 Uhr 🍴 Café im Besucherzentrum (£) ▣ Inverness ♦ 16 £ (Schlachtfeld: frei)

70 Orkney Islands

Die Orkney-Inselgruppe besteht aus 67 meist kleineren Inseln, rund 75 Prozent der über 22 000 Einwohner leben auf der Hauptinsel Mainland. Seit 1999 sind die zahlreichen neolithischen Relikte der Orkneys Teil des UNESCO-Weltkulturerbes.

Skara Brae

In einem Land, das mit Zeugen aus der Steinzeit, Steinkreisen und Grabkammern übersät ist, hebt sich Skara Brae auf Mainland trotzdem als eine archäologische Sehenswürdigkeit ersten Ranges ab. Die jungsteinzeitliche Minisiedlung verdeutlicht Ihnen aufs Anschaulichste, wie man hier schon vor rund 5000 Jahren recht zivilisiert lebte – mit Dach überm Kopf und Mobiliar. Im Informationszentrum wird erklärt, wie Skara Brae 1850 durch einen Sturm aus dem Sand freigelegt wurde, wie sich Landschaft und Klima über die Jahrtausende verändert haben und sich anhand von Funden die Lebensumstände der damaligen Zeit rekonstruieren ließen. In einem nachgebauten Haus können Sie durch niedrige Gänge kriechen, um die Feuerstelle herumgehen und sich bildhaft vorstellen, wie der Rauch in die mit Schnüren zusammengebundenen Dachsparren stieg. Die Bettstellen sind mit Matratzen aus Heidekraut und

Wollgräser im Wind an der Küste von Hoy

NACH LUST UND LAUNE!

warmem Vlies ausgestattet, die steinerne Anrichte schmücken Ornamente und Muscheln, auch die Darstellung eines Hummers ist zu finden.

Maeshowe

Die neolithische Grabkammer von Maeshowe, 10 km westlich von Kirkwall auf Mainland, wurde vor etwa 5000 Jahren mit einer solchen Präzision angelegt, dass zur Wintersonnenwende die letzten Strahlen vor Sonnenuntergang genau durch den engen Eingangstunnel fallen und die rückwärtige Wand der Grabkammer erleuchten. Der Hügel wurde 1861 freigelegt. Zur Wikingerzeit suchten wohl oft hier durchziehende und Handel treibende Nordmänner Wohnstatt im Grabmal. Davon kündet der größte europäische Runenfund auf den Wänden im Grabmal.

Stones of Stennes

Ebenfalls auf Mainland sind vier bis zu 6 m hohe Monolithen eines Steinkreises verblieben.

Ring und Ness of Brodgar

Ein paar Minuten nordwestwärts gelangt man zu diesem prächtigen Steinkreis. Man nimmt an, dass er um 2600 v. Chr. als einer der letzten neolithischen Kultkreise der Gegend angelegt wurde. Der nahezu perfekte Kreis mit 104 m Durchmesser bestand wohl aus etwa 60 Steinen mit einer Höhe bis zu 4,5 m.

Kirkwalls Kathedrale ist dem hl. Magnus geweiht.

27 sind übrig. Daneben grub man auf der Landzunge Ness of Brodgar bis 2024 ein großes Areal von Häusern und »Tempeln« aus. Die spektakulären Funde haben die Geschichte der Steinzeit auf Orkney und in Nordwesteuropa z. T. völlig neu geschrieben. Eine Besichtigung ist leider nicht mehr möglich.

St Magnus Cathedral

Die Kirche aus rotem und gelbem Sandstein in Kirkwall auf Mainland wurde 1137 von Jarl Rognvald zu Ehren seines Onkels Magnus gegründet, der 1135 heiliggesprochen worden war. Da das Gotteshaus erst über 300 Jahre später fertiggestellt wurde, sind Details vom normannischen Stil bis zur Frühgotik vorzufinden. Mitte Juni wird hier das renommierte, vom ansässigen Komponisten Sir Peter Maxwell Davies ins Leben gerufene St Magnus Festival veranstaltet – ein fulminantes und doch intimes Ereignis mit klassischer Musik.

Italian Chapel

Die kleine italienische Kapelle auf dem Eiland Lamb Holm ist ein einzigartiges Zeichen von Glaube und Hoffnung. Während des Zweiten Weltkriegs erbauten italienische Kriegsgefangene aus zwei Wellblech-Rundscheunen diese kleine Stätte der Andacht. Die Innenausstattung durch den Künstler Domenico Chiocchetti ist ein Meisterwerk der Trompe-l'œil-Malerei; hinter einem schmiedeeisernen Gitter befindet sich ein großartiges Altarfresko.

Scapa Flow

Die weite Bucht von Scapa Flow zwischen den Inseln Hoy, South Ronaldsay und Mainland wird seit der Wikingerzeit als natürlicher Hafen genutzt. Am 21. Juni 1919 wurde auf Befehl von Admiral von Reuter die hier von den Briten internierte (kaiserliche) Flotte von den Deutschen selbst versenkt, um sie nicht der Navy zu lassen. Sieben Kriegsschiffe liegen noch auf dem Grund der Bucht, die heute ein beliebtes Ziel von Wracktauchern ist.

Leuchtende Farben in der Italian Chapel

✢ 220 C4 ⚓ von Scrabster nach Stromness und von Gills Bay nach St Margaret's Hope ✈ ab Aberdeen, Edinburgh, Inverness und Glasgow; Infos: www.orkney.com

Skara Brae
✢ 220 C4 ✉ Sandwick
☎ 01856 84 18 15 ⊕ www.historicenvironment.scot ● tgl., April–Sept. 9.30–17.30, Okt.–März 10–16 Uhr
🍴 Café (£) ✦ 12,50 £

Maeshowe
✢ 221 D3 ✉ ab Maeshowe Visitor Centre in Stenness ☎ 01856 85 12 66
⊕ www.historicenvironment.scot
● tgl., April–Sept. 9.30–17.30, Okt.–März 10–16 Uhr (die stündl. stattfindenden Touren müssen im Voraus gebucht werden) ✦ 10 £

Ness of Brodgar
✢ 220 C3 ⊕ www.nessofbrodgar.co.uk

St Magnus Cathedral
✢ 221 D3 ✉ Broad Street, Kirkwall
☎ 01856 87 33 12 ⊕ www.stmagnus.org; Musikfest: www.stmagnusfestival.com ● tgl.

Italian Chapel
✢ 221 D3 ✉ Lamb Holm, abseits der A 961 ● tgl., Nov.–März 10–13, April, Okt. 10–16, Mai, Sept. 10–17, Juni bis Aug. 9–17 Uhr ✦ 4 £

Scapa Flow
✢ 220 C3 🤿 Tauchen: Scapa Scuba, Lifeboat House, Stromness
☎ 01856 85 12 18 ⊕ www.scapascuba.co.uk

71 Shetland Islands

Bei schönem Wetter sind die von gut 23 000 Menschen bewohnten Shetlands von rauer, urweltlicher Schönheit. Reisen Sie die Inseln der Länge nach nordwärts ab, um die saftigen Wiesen, die Sandstrände und das leuchtende Blau des Meeres ringsum zu erleben. Halten Sie immer wieder Ausschau nach Robben und Schweinswalen, nistenden Seevögeln, Papageientauchern und schwarzen Alken.

Lerwick

Von der engen Hauptstraße von Lerwick, dem größten Ort der Shetlands, zweigen viele schmale Wege ab, die zum bunten, geschäftigen Hafen hinunter- oder den Hügel hinaufführen.

Ölförderung vor der Küste Shetlands

Das jährliche Feuerfest Shetlands, Up Helly Aa, findet im Januar statt (S. 202). Über 1000 Personen mit rußenden Fackeln ziehen ein Wikingerschiff durch die Stadt. Nachdem das Boot verbrannt wurde, wird die ganze Nacht durchgefeiert. Eine gute Vorstellung von dem Brauchtum bekommen Sie in der Up-Helly-Aa-Ausstellung nahe der St Sunniva Street.

Werfen Sie auch einen Blick auf die skandinavische Vergangenheit der Shetlands, indem Sie die faszinierende und mehrschichtige Siedlung von Wikingern, Königen und Mittelalterbauern mit der Bezeichnung Jarlshof ganz im Süden, in der Nähe des Flughafens, besuchen.

Die spezielle Art der Fiddle-Musik der Shetlands ist von der schottischen und skandinavischen Art des Spielens inspiriert. Das Folkfestival im Mai ist ein Riesenereignis, auch in The Lounge Bar in Lerwick (4 Mounthooly Street) treten Musiker mit Fiddlen auf.

Mousa Broch

Auf der winzigen Insel Mousa, per Boot von Leebitton/Sandwick erreichbar, steht der am besten erhaltene eisenzeitliche Broch (Rundturmburg) in Großbritannien; der 13 m hohe Turm, der in den nordischen Sagas wie auch in einem Rebus-Roman (»Das Souvenir des Mörders«) des schottischen Autors Ian Rankin vorkommt, steht an einem Strand und wurde etwa 300 v. Chr. als Wohnstatt errichtet.

✣ 222 B/C 2–4
⊕ www.shetland.org ✈ von Edinburgh und Glasgow nach Sumburgh
⚓ von Aberdeen nach Lerwick (einige über Kirkwall)

Jarlshof
✣ 222 B2 ✉ Sumburgh ⊕ www.historicenvironment.scot ⏰ April bis Sept. tgl. 9.30–17.30, Okt.–März Di–Sa 10–16 Uhr 💷 7,50 £

Mousa
⊕ www.mousa.co.uk

Wohin zum ... Übernachten?

Preise pro Nacht im Standard-Doppelzimmer, inklusive Frühstück:
£ unter 100 £
££ 100–200 £
£££ über 200 £

Opulentes Breakfast im Busta House

Busta House ££–£££
Der ehemalige Gutshof oberhalb von Busta Voe stammt aus dem 18. Jh. Hier zeugt alles von hohen Ansprüchen, doch besonders hervorzuheben sind die 20 ungewöhnlich geräumigen Zimmer im Landhausstil. Dazu gibt es zahlreiche gemütliche Lounges, eine mit Single Malts gut bestückte traditionelle Gaststube, in der kleine Mahlzeiten serviert werden, und das hübsche Restaurant (£–££).
✠ 222 B4 ✉ Brae, Shetland
☎ 01806 52 25 06 ⊕ www.bustahouse.com

Eilean Donan Guesthouse and Restaurant ££
Die fünf Zimmer dieses ruhigen Gästehauses sind komfortabel, wenn nicht gar verschwenderisch eingerichtet. Die Gäste kommen hauptsächlich wegen der guten Küche. Die Abendkarte richtet sich nach den Zutaten aus, die je nach Saison frisch verfügbar sind. Das reichhaltige Frühstück rüstet die Gäste bestens für die Meeresbrisen der Westküste.
✠ 217 E3 ✉ 14 Market Street, Ullapool
☎ 01854 61 25 24 ⊕ www.ullapoolholidays.com

Gearrannan Blackhouse Village £ und £££
»Hebridischer« kann man nicht übernachten. In dem ehemaligen Bauerndorf an Lewis' Westküste wurden vier reetgedeckte Steincottages zu Selbstversorger-Domizilen (£££) umgerüstet. Dazu gibt es ein kleines Hostelcottage für 30 £, mit einem Familienzimmer (85 £). Die Häuser tragen noch die Namen der letzten *crofter* genannten Bauern, die hier lebten.
✠ 216 B4 ✉ Carloway, Lewis
☎ 01851 64 34 16 ⊕ www.gearrannan.com

Glenmoriston Town House Hotel £££
Der außergewöhnliche Service des am Fluss gelegenen Hotels garantiert Ihnen einen angenehmen Aufenthalt in Inverness. Hinter der traditionellen Steinfassade schaffen zeitgemäße Designs eine schicke, elegante Umgebung. Die 30 modernen Zimmer sind mit allem ausgestattet, was man braucht. Entspannen können Sie in der Cocktailbar und genießen Sie es, im mondänen Restaurant zu speisen.
✠ 218 A2 ✉ 20 Ness Bank Road, Inverness
☎ 01463 22 37 77 ⊕ www.glenmoristontownhouse.com

Hotel Eilean Iarmain £££
Dieses direkt an einer alten Steinmole gelegene Haus hat viel Charme und Charakter und bietet eindrucksvolle Ausblicke. Zwölf gemütliche Zimmer, individuell eingerichtet mit wohnlichem Mobiliar, und vier reizvolle Suiten im umgebauten Stall stehen zur Auswahl. Das Abendessen, hauptsächlich frische Meeresfrüchte und Wild, wird bei Kerzenlicht serviert. Jagen, Angeln und Whiskyverkostungen sind nur einige der Aktivitäten, denen Sie hier nachgehen können.
✠ 213 D4 ✉ Isleornsay, Sleat, Isle of Skye
☎ 01471 83 33 32 ⊕ www.eileaniarmain.co.uk

Inverlochy Castle £££
Ein Urlaubshotel vom Allerfeinsten: Grandios und viktorianisch präsentiert sich die große Halle. Antiquitäten finden sich in den öffentlichen Räumen und in den luxuriösen Zimmern. Alle sind mit Sofa, Lehnstuhl, frischen Blumen und riesigen Bädern ausgestattet. Der Blick über die Gärten und den See ist überwältigend. Drei Speiseräume, deren Mobiliar ein Geschenk des norwegischen Königs ist, bilden den Rahmen für eine exquisite, fantasievolle Küche.
✛ 213 E4 ✉ Torlundy, Fort William ☎ 01397 70 21 77 ⊕ www.inverlochycastlehotel.com

Kilchrenan House ££
An der nördlichen Uferpromenade von Oban laden mehrere schöne Guest Houses in stattlichen Villen ein. Das Kilchrenan bietet solide Zimmer an, von denen einige zur Bucht rausgehen. Aber wie bei vielen Nachbarn wird kein Frühstück mehr serviert. Gleich nebenan befinden sich auch die Jugendherberge und ein Hotel.
✛ 213 E2 ✉ Corrie Esplanade, Oban ☎ 01631 56 26 63 ⊕ www.kilchrenanhouse.co.uk

The Kirkwall Hotel £££
Am Hafen von Kirkwall ist das altehrwürdige Traditionshaus eine gute Adresse für eine Übernachtung mit Hafenblick sowie für ein gutes Essen in dem hohen Salon mit schöner Fensterfront. Es stehen viele Orkney-Spezialitäten auf der Speisekarte. Zentraler kann man auf Orkney nicht wohnen.
✛ 221 D3 ✉ Harbour Street, Kirkwall, Orkney ☎ 01856 87 22 32
⊕ www.kirkwallhotel.com

The Lime Tree ££–£££
Die neun Zimmer südlich der Fußgängerzone sind gemütlich-modern und das Essen im Silly Goose Restaurant ist ausgezeichnet.
✛ 213 E4 ✉ The Old Manse, Achitore Road, Fort William ☎ 01397 70 18 01
⊕ www.limetreefortwilliam.co.uk

Mackay's £–£££
Der hohe Norden rund um Durness ist so schön, einsam und weiträumig, dass man hier gerne etwas länger bleibt. Das Mackay's gleicht sich in gewisser Weise geschmacklich dem weiträumigen Stil der Landschaft an. Zimmer, Cottages (ab 2500 £/Woche), luxuriöses Selfcatering und ein schönes Bunkhouse mit Stockbetten – man hat hier an alles gedacht, bis ins Detail. Die Höhle Smoo Cave und Cape Wrath liegen in der Nähe.
✛ 220 A2 ✉ Durness ☎ 01971 52 12 02
⊕ www.visitdurness.com

Viewfield House ££–£££
Romantisches Country Hotel am südlichen Ortseingang von Portree, es liegt etwas versteckt. Die geräumigen Zimmer und das Haus sind auf eine angenehme Art *old fashioned*, das Abendessen (optional) ist lecker. Einen Kilometer geht's durch den Wald in den geschäftigen Ort mit seinem schönen Hafen.
✛ 216 C1 ✉ Portree, Skye ☎ 01478 612217
⊕ www.viewfieldhouse.com ❷ April-Okt.

Wohin zum ...
Essen und Trinken?

Preise für ein Hauptgericht, ohne Getränke:
£	unter 20 £
££	20–40 £
£££	über 40 £

RESTAURANTS

Applecross Inn £–££
Gutes Essen ist ein Markenzeichen des Pubs, der in Applecross an der hier atemberaubend schönen Küste zu Hause ist. Im schlichten, weißen Häuschen erwartet Sie ein gemütlicher Ort der Gastlichkeit mit Einheimischen und Besuchern. Vor Ort frisch gefangener Fisch in höchster Qualität, Jakobsmuscheln mit knusprigem Speck und Knoblauch oder marinierter Hummer in Backteig mit Salat und rotem Pesto sind es wert, dass Gäste erst mal einen langen Blick auf die Speisekarte werfen.
✛ 217 D1 ✉ Shore Street, Applecross, Wester Ross ☎ 01520 74 42 62
⊕ https://www.applecrossinn.co.uk
❷ Mi abends, Do-Mo durchgehend

Frischer geht es kaum: Seafood an der Küste

The Ceilidh Place ££
Ullapools Wohnzimmer par excellence, oberhalb des Hafens. In dem Restaurant könnten Sie den lieben langen Tag verweilen, etwa wenn die Fähre nach Lewis sich des Wetters wegen verspätet. Man kann hier schön auch nur bei einem Tee sitzen. Das Essen in Café und Restaurant ist gut, die abendlichen Konzerte sind toll (siehe Website), die Zimmer und Bunkrooms sind mit Stockbetten passend eingerichtet. Der angeschlossene Buchladen ist unwiderstehlich.
✣ 217 E3 ✉ 14 West Argyle Street, Ullapool ☎ 01854 61 21 03
⊕ www.theceilidhplace.com

Garrison West ££
Das beste Meeresfrüchterestaurant von Fort William liegt nach der zumindest vorübergehenden Schließung des Seafood-Restaurants Crannog im Stadtzentrum neben dem Museum und Kino. Hervorragende Delikatessen aus den Gewässern rund um Schottland: Austern und Jakobsmuscheln, aber auch Lamm; abends reservieren.
✣ 213 E4 ✉ Cameron Square, Fort William ☎ 01397 70 18 73 ⊕ www.garrisonwest.co.uk
⊙ tgl. 12–14.30 und 17–21 Uhr

Lochleven Seafood Café ££
Schottland ist bekannt für seine Meeresfrüchte. Hier werden sie einfach und unprätentiös zubereitet. Probieren Sie, während Sie den Blick über den See genießen, gegrillte Jakobsmuscheln oder Austern und ein Glas kalten Weißwein. Am Abend wird es gerne etwas nobler, serviert werden dann riesige Portionen von Meeresfrüchten, die die Gäste in Verzückung versetzen. Die Eigentümer fischen mit eigenem Boot und verkaufen ihren Fang auch an Gäste.
✣ 213 F3 ✉ B 863, bei Kinlochleven ☎ 01855 82 10 48 ⊕ www.lochlevenseafoodcafe.co.uk ⊙ Do–Mo mittags und abends

Moorings Hotel £–££
Das auffällige, moderne Hotel liegt direkt an der berühmten Schleusenfolge am Caledonian Canal, der Neptune's Staircase. Es ist ein herrlicher Platz, um bei einem Drink zu entspannen und den Bootsleuten bei ihrer Arbeit zuzuschauen. Die Speisen im Bistro sind herzhaft. Kinder sind willkommen. Die Upper Deck Lounge Bar ist während der Sommerabende länger geöffnet.
✣ 213 E4 ✉ Banavie, bei Fort William ☎ 01397 77 27 97 ⊕ www.moorings-fortwilliam.co.uk ⊙ tgl. mittags und abends

Old Inn ££
Das altehrwürdige Gasthaus beherbergt schon seit 1760 Gäste und bietet einen Blick vom Hafen in Gairloch hinüber zu den Inseln

Raasay und Skye. Das reizvolle, weiße Gebäude ist mit großer Sorgfalt restauriert worden, wobei man die dicken Steinmauern und den offenen Kamin bewahrt hat. Genießen Sie die frischen Jakobsmuscheln, Hummer, Miesmuscheln und andere Meeresfrüchte in der Bar oder im Restaurant. Das Old Inn hat auch Unterkünfte; Kinder und Hunde sind willkommen.
✟ 217 D2 ✉ Gairloch ☎ 01445 71 20 06 ⊕ www.theoldinn.net ◐ tgl. abends

Der Inhaber des Oyster Shed mit frischer Ware

The Oyster Shed £
Eine Minute von der Talisker-Destille entfernt, hat sich über die Jahre ein Austernfarmer mit einiger Zähigkeit etabliert und ist nun so populär, dass er an seinen Laden und an den einfachen Kiosk-Schuppen immer wieder anbauen muss. Man erfährt beim Essen an der Quelle alles über die Austern, die unten im langen Fjord Loch Harport gezüchtet werden – frischer geht es kaum! Im Laden auch Feinkost für ein Picknick.
✟ 216 C1 ✉ Carbost, Skye
☎ 01478 64 03 83 ◐ Mo–Sa 10–17 Uhr

The Plockton Hotel ££
Dieses Hotel liegt in einer Zeile von weiß getünchten Landhäusern in Plockton direkt am Wasser und hat einen guten Ruf, was seine Küche betrifft. Auf der Speisekarte stehen Meeresfrüchte, Brathering oder Wildlachs (je nach Saison). Wem der Sinn mehr nach Fleischgenuss steht, der wählt Hirsch, Rind und auch Räucherschinken. Das Hotel hat 15 Zimmer.
✟ 217 D1 ✉ 41 Harbour Street, Plockton ☎ 01599 54 42 74 ⊕ www.plocktonhotel.co.uk ◐ tgl. mittags und abends

Skoon Gallery £
Wunderbare Galerie mit kleinem Café *in the middle of nowhere*. Wenn Sie hier einkehren, können Sie sich gegen die Melancholie wappnen, die Reisende gerne schon mal im Anblick des Gneisgesteins an der Golden Road auf Harris überfällt. Die bunten Ölgemälde von Besitzer Andrew John Craig bringen die nötige Farbe ins Spiel. Bester Kaffee weit und breit sowie ein wenig Kuchen.
✟ 216 B3 ✉ Geocrab, Harris ☎ 01859 53 02 68 ⊕ www.skoon.com ◐ April–Sept. Di–Sa 10–16.30 Uhr, Winter kürzer

Summer Isles Hotel ££–£££
Im Hotel, das in der wilden, recht rauen Landschaft eine Oase bildet, ist für jeden was dabei. In der beliebten Bar bekommen Sie einfache Mahlzeiten, darunter superfrische Krabben und Krebse. Wo immer Sie im Restaurant Platz nehmen, Sie essen mit einem fantastischen Blick übers Wasser und auf eine Insel der Summer Isles.
✟ 217 E3 ✉ Achiltibuie
☎ 01854 62 22 82
⊕ www.summerisleshotel.com
◐ tgl. mittags und abends

Three Chimneys Restaurant £££
Die wundervolle Bauernkate mit Top-Cuisine steht in der rauen Landschaft mit Aussicht auf das Meer und die Berge. Eine stetig wachsende Gästeschar weiß hier die erfreulich frischen Meerestiere und die bodenständige Küche mit Fisch und Fleisch oder Strathdon Blue Cheese zu schätzen. Bei den bewährten Gerichten spricht die Qualität der frischen Zutaten aus der Region für sich. Ganz nah am Team sind Gäste beim Kitchen Table (Che'f Choice Tasting Menu).
✟ 216 C1 ✉ Colbost, Isle of Skye ☎ 01470 51 12 58 ⊕ www.threechimneys.co.uk
◐ Mai–Sept. mittags, abends ganzjährig

Wohin zum ... Einkaufen?

SCHOTTENKARO, STRICK UND TWEED

Die Produktion von Tweed und Strickwaren zeichnet die Hebriden aus.
Harris-Tweed gibt es nirgendwo günstiger als auf Harris selbst, wo er auch exklusiv hergestellt wird. Entlang der Golden Road im Westen von Harris (von Tarbert nach Rodel) werben zahlreiche Schilder für die vor Ort produzierten Stoffe. Wenn Sie die Technik des Handwebens von Harris-Tweed-Wolle interessiert, sollten Sie in Drinishader südlich von Tarbert auf Harris in die Harris Tweed Exhibition Cló Mor (Old School Drinishader, www.harristweedandknitwear.co.uk) gehen. In Tarbert gibt es neben der Destille am Hafen auch einen Laden.
Oder Sie kehren auf Ihrer Inselreise in abgelegene Boutiquen ein. Gut 400 Insulaner arbeiten rund um den geschützten, unverwüstlichen Stoff.
In Kirkwall auf Orkney, in der Broad Street 25, verkauft Judith Glue (Tel. 01856 87 42 25) vor allem modische Strickwaren.

KUNSTHANDWERK

Einfach schön: Silberschmuck bei Sheila Fleet

Die ausdrucksstarken Graffiti auf Felsen von Orkney nutzt die ausgezeichnete Juwelierin Sheila Fleet für ihr bezauberndes Schmuckdesign mit Runenschmuck (https://sheilafleet.com). Auf Orkney gibt es außerdem einen Kunsthandwerks-Trail: www.orkney.com/things/crafts/trail.
Einen guten Überblick über Arts & Craft-Galerien und Shops können Sie hier herunterladen: www.visitouterhebrides.co.uk.

LEBENSMITTEL UND WHISKY

Brodie Country Fare (www.brodiecountryfare.com) östlich von Inverness – an der A96 von Nairn nach Forres – verkauft Käse, Chutneys und andere Delikatessen.
Nicht nur in den Highlands, auch auf den Inseln gibt es Whisky-Destillerien, etwa Tobermory (1 Ledaig, https//tobermorydistillery.com) im gleichnamigen Hauptort auf Mull. Eine gute Adresse auf Orkney ist die Highland Park Distillery (Holm Road, https://www.highlandparkwhisky.com) in Kirkwall.

Wohin zum ... Ausgehen?

Die App zur North Coast 500 (www.northcoast500.com) vermittelt Outdoor-Aktivitäten in den einzelnen Regionen an der Küste und jeweils auch wichtige Adressen.

KONZERTE UND CEILIDHS

Im Sommer wird im Hochland gehüpft. Schön sind die Ceilidhs (Folklore-Tanz-Treffen) in kleinen Dorfhallen. Achten Sie vor Ort auf Aushänge oder fragen Ihre Gastgeber. Der Ceilidh Place (14 West Argyle Street, S. 181) in Ullapool ist unübertroffen für seine Highland-Folklore-Veranstaltungen (häufig im Sommer).

THEATER

Das Mull Theatre (www.antobarandmulltheatre.co.uk/) in der Ortschaft Druimfin bei Tobermory ist trotz der neuen, größeren Einrichtung mit seinen 43 Plätzen Schottlands kleinste produzierende Bühne – vorbuchen! Das Garrisson Theatre (Market Street; www.shetlandarts.org) ist Shetlands erster künstlerischer Treffpunkt. Das Eden Court (Bishops Road, Inverness, www.eden-court.co.uk), eines der führenden britischen Provinztheater, bringt neben den Klassikern auch Tanz, Opern, Pop und Filme auf je zwei Bühnen und Kinoleinwände.

Von Fort William aus eröffnen sich herrliche Wandermöglichkeiten, u. a. in die Grampian Mountains und zum Ben Nevis.

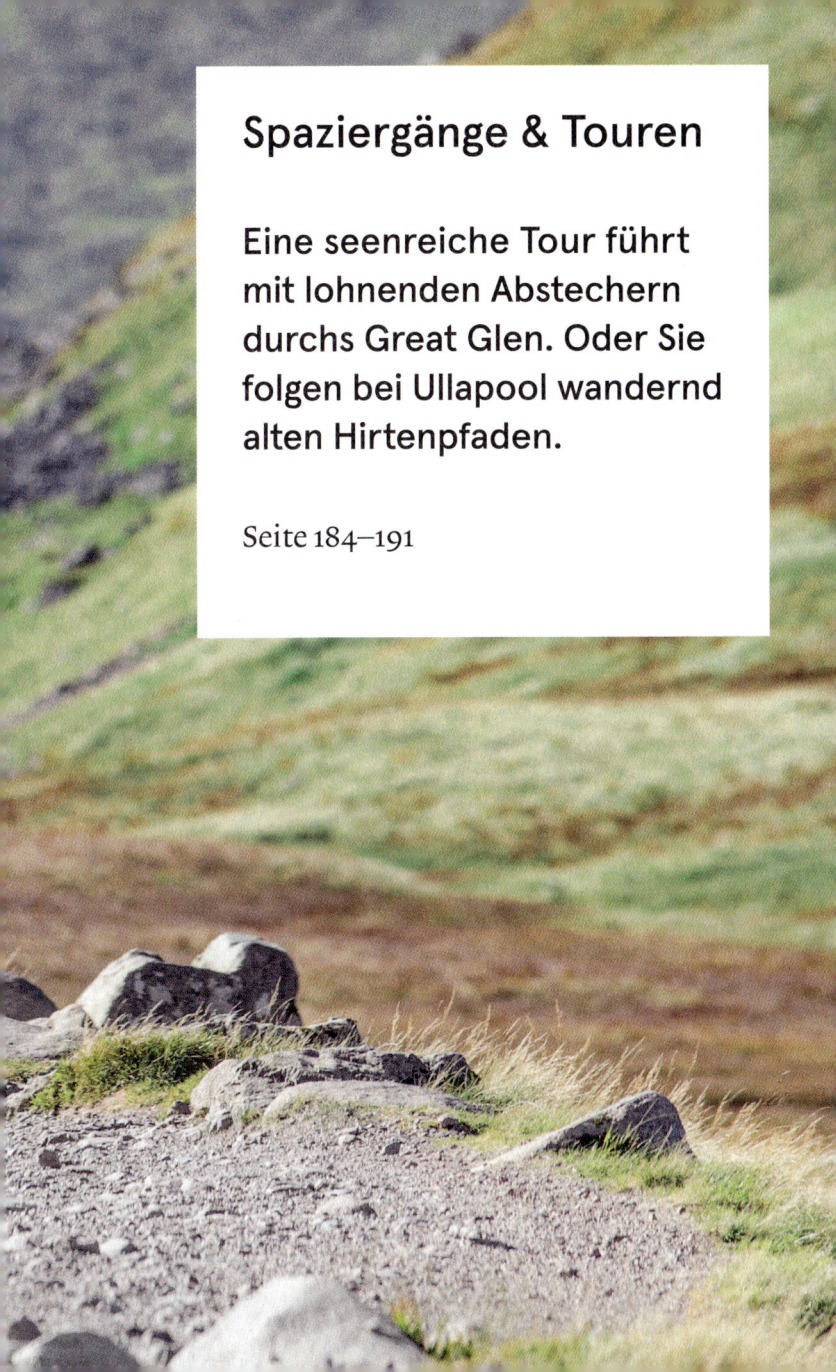

Spaziergänge & Touren

Eine seenreiche Tour führt mit lohnenden Abstechern durchs Great Glen. Oder Sie folgen bei Ullapool wandernd alten Hirtenpfaden.

Seite 184–191

Great Glen Tour

Was?	Autotour (auch als Radtour planbar)
Wann?	Nach dem Frühstück, ca. 9 Uhr, um gegen 15 Uhr in Inverness anzukommen, so bleibt Zeit für einen Stadtspaziergang
Länge	134 km auf schmalen und stellenweise steilen Straßen
Dauer	Ein Tag
Start/Ziel	Fort William ✢ 213 E4 / Inverness ✢ 218 A2

Zur geologischen Bruchlinie des Great Glen schuf der Highland-Ingenieur Thomas Telford eine mit Schleusen getaktete Verbindung zwischen vier länglichen Seen. Was Ihnen neben der Autofahrt auch die Möglichkeit einer Bootsfahrt eröffnet. Oder Sie setzen sich für die Great Glen Cycle Route in den Radsattel.

1-2

Schon der Jakobiter Bonnie Prince Charlie folgte der natürlich geschaffenen Reiseroute für seine Flucht von Fort William, wo das West Highland Museum ausführlich über die Jakobiter informiert. Historisch jünger und wunderbar anschaulich sind die Staustufen Neptune's Staircase bei Banavie (S. 166) an der A 830 – die einen Abstecher lohnen. Zurück in Fort William folgen Sie der A 82 nach Spean Bridge. Kurz hinter dem Highlanddorf lohnt sich erneut ein Abstecher, diesmal zum Loch Askaig (retour 25 km) über kleine Straßen, um die Wasserfälle Chia Aig zu besuchen – quasi das natürliche Gegenstück zur Kanaltreppe.

2-3

Der die Seen durchziehende Caledonian Canal verbindet die Ost- mit der Westküste. Parallel zum Treidelpfad des Kanals verläuft ein Wander- und Radweg.

Kehren Sie auf die A 82 zurück und folgen Sie ihr am Ostufer von Loch Lochy entlang bis zur Schleuse Laggan Locks. Nur wenig weiter in ihrer Richtung bietet die unzugängliche Ruine Invergarry Castle ein weiteres Fotomotiv, diesmal von romantischer Natur. Schlagen Sie kurz hinterm Castle über dem flussartig schmalen Loch Oich einen großen Bogen nach Westen. Über die A 87 und die kleinere A 887 rollen Sie abseits des Verkehrsstroms an den Lochs Garry und Loyne

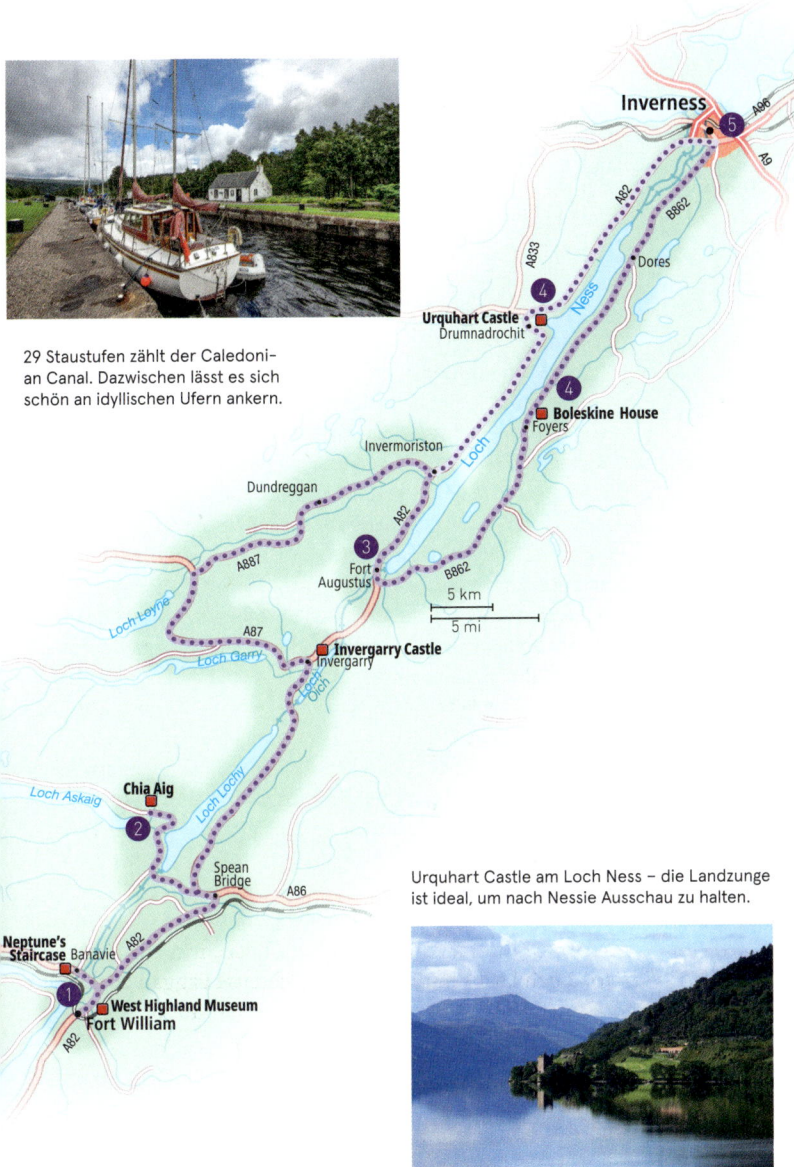

29 Staustufen zählt der Caledonian Canal. Dazwischen lässt es sich schön an idyllischen Ufern ankern.

Urquhart Castle am Loch Ness – die Landzunge ist ideal, um nach Nessie Ausschau zu halten.

GREAT GLEN TOUR

Die Staustufe bei Banavie ist als Neptune's Staircase benannt.

vorbei, bis Sie in Invermoriston wieder auf die A 82 stoßen. Sie sammeln heute Seen – jetzt blicken Sie auf das sagenumwobene Loch Ness.

3–4

Es öffnen sich zwei Optionen: Entweder rollen Sie von Invermoriston über die A 82 zur Ruine Urquhart Castle im Nessie-Zentrum Drumnadrochit, um im dortigen Loch Ness Centre dem Kult auf den Grund zu gehen (S. 171).

Oder Sie fahren ein Stück zurück gen Süden nach Fort Augustus, um von dort dem ruhigeren Ostufer von Loch Ness über die A 862 zu folgen. Auf halber Seelänge, bei Foyers, wird es mystisch: Links liegt der Friedhof des Clans Fraser, rechts die ausgebrannte Hülle von Boleskine House. Okkultist Aleister Crowley (1875–1947) legte hier seine Tarotkarten, was den Rockstar Jimmy Page (geb. 1944), Gründer und Produzent der Rockband Led Zeppelin, zum Kauf inspirierte. Nach zwei Bränden 2015 und 2019 ist die Zukunft des Hauses offen.

4–5

Fahren Sie weiter auf der B 862 über Dores nach Inverness, wo Sie vor dem Essen einen Spaziergang unternehmen und die Stadt anschauen können.

KLEINE PAUSE

https://glenmoristonarms.co.uk

Das historische Gasthaus **Glenmoriston Arms** in Invermoriston tischt schottische Gerichte auf, darunter auch ein Haggis mit Rüben und Whiskysauce, das seinesgleichen sucht.

West Highland Museum
✉ Cameron Square, Fort William
☎ 01397 70 21 69
⊕ www.westhighlandmuseum.org.uk
◐ Mo–Fr 10–17, April–Okt. auch Sa 10.30–17 Uhr ✦ frei

Caledonian Canal
www.scottishcanals.co.uk;
www.highland.gov.uk/greatglenway

Urquhart Castle
⊕ www.historicenvironment.scot

Rund um Ullapool am Loch Broom

Was?	Wanderung
Wann?	Zwischen Frühstück und Lunch oder Lunch und Abendessen
Länge	13 km
Zeit	3–4 Stunden
Start/Ziel	Parkplatz bei Tesco, Ullapool (Zentrum) ✣ 217 E3

Drove Roads heißen die im Hochland verstreuten Pfade, auf denen Schafhirten durch Schottlands wilden Westen zu Schafauktionen, aber auch Schlachtplätzen unterwegs waren. Sie können auf ihren Spuren wandern und dabei etwa eine Tagesstrecke der Herden zurücklegen.

1–2

Nachdem Sie das Auto auf dem Parkplatz nahe dem Supermarkt Tesco abgestellt haben, gehen Sie auf die Latheron Lane und dann links in die Quay Street. Bei der Rechtskurve der Straße am Riverside Guest House biegen Sie links in die Castle Terrace ab, dann laufen Sie rechter Hand die Stufen hinunter zum Fluss, der sich durch Ullapool windet. Überqueren Sie die Brücke. Die Straße am Fluss ist mittlerweile asphaltiert, doch die Hügel und Lochs ringsum präsentieren sich wie eh und je. Auf alten Karten sind noch Furten eingezeichnet, auf denen die Herden früher den Fluss durchquerten.

Ullapool mit seiner weißen Häuserzeile liegt am Loch Broom.

2–3

Jenseits der Brücke wenden Sie sich nach rechts und folgen dem Pfad, der am Fluss entlang zu einer Holzbrücke und

Loch Broom bietet einige Wanderwege.

dann ein paar Stufen hinaufführt. Die Furt liegt um einiges vor der zweiten Brücke; Sie können sie im Sommer zur Querung des Flusses nutzen, um so auf den Spuren der Viehtreiber zu bleiben. Gehen Sie nach rechts und kehren Sie auf die Hauptstraße A 835 zurück.

Dort geht es zunächst rechts und über eine weitere Fußgängerbrücke über den Fluss, dann links die kleinere Straße hinauf Richtung Morefield Quarry. Bleiben Sie auf dieser Straße, die Sie an einem Kalkwerk *(Lime works)* rechts vorbeiführt. Nach etwa 1,5 km passieren Sie den Steinbruch und setzen den Weg über einen kleinen Parkgrund und durch ein Viehgatter fort.

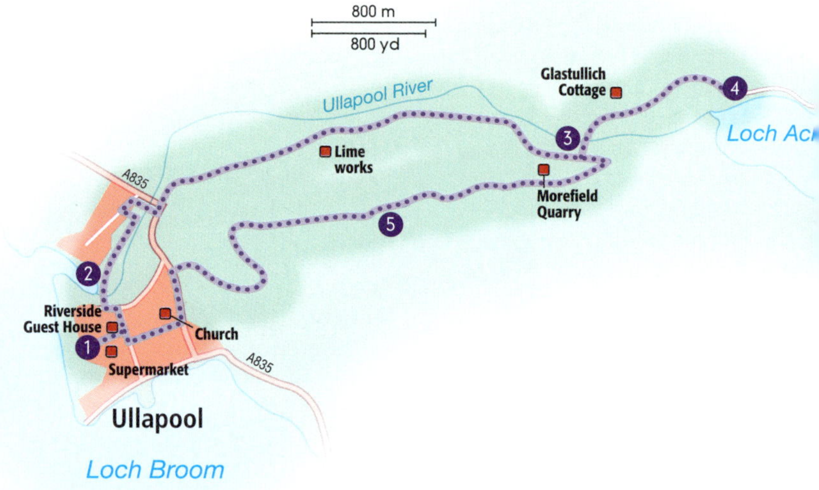

3-4

Halten Sie sich links und steigen Sie direkt hinter dem Steinbruch auf die Straßenböschung. Gehen Sie bei der Straßengabelung links und weiter abwärts. Nehmen Sie die Brücke über den Fluss und laufen Sie am Glastullich Cottage linker Hand vorbei Richtung Loch Achall.

Das Vieh von der Insel Lewis wurde über die Meerenge (Minch) nach Ullapool gebracht und dann durch das Glen Achall getrieben. Ziel des anschließenden über 240 km langen Fußmarschs war einst der Markt in Ardgay.

4-5

Am Loch können Sie links abbiegen, um ein Stück am Ufer entlangzuwandern. Danach müssen Sie zur Kreuzung zurück und nach links zu einem Gatter hinabgehen, wo an einer Baumreihe zu Ihrer Rechten ein Pfad abzweigt, der den knapp 300 m hohen Ullapool Hill hinaufführt. Nach etwa 90 m erreichen Sie einen Zaun mit Gatter. Dahinter folgen Sie dem Pfad den Hang entlang. Bei der Weggabelung gehen Sie links den Hang hinauf.

Immer wieder kreuzen Schafe und Lämmer den Weg.

Vom Gipfel geht es auf unebenem, gewundenem Pfad (es gibt mehrere Alternativen) den Hang hinab und durch ein Schwinggatter wieder auf die Hauptstraße (A 835), der Sie nach links folgen, rechter Hand vorbei an einer Kirche von Ullapool.

Wenden Sie sich hier nach rechts und folgen Sie der Beschilderung zum Parkplatz.

KLEINE PAUSE

Lunch oder Dinner sollten Sie in Ullapools **The Ceilidh** (S. 181) einnehmen, das nicht weit vom Tesco-Parkplatz entfernt liegt. Im angeschlossenen schönen Buchladen können Sie ja nach einem Büchlein über die alten Drove Roads fragen.

Die Royal Mile in Edinburgh verbindet, von alten Häusern gesäumt, das Castle und Palace of Holyroodhouse – natürlich ist hier viel Betrieb.

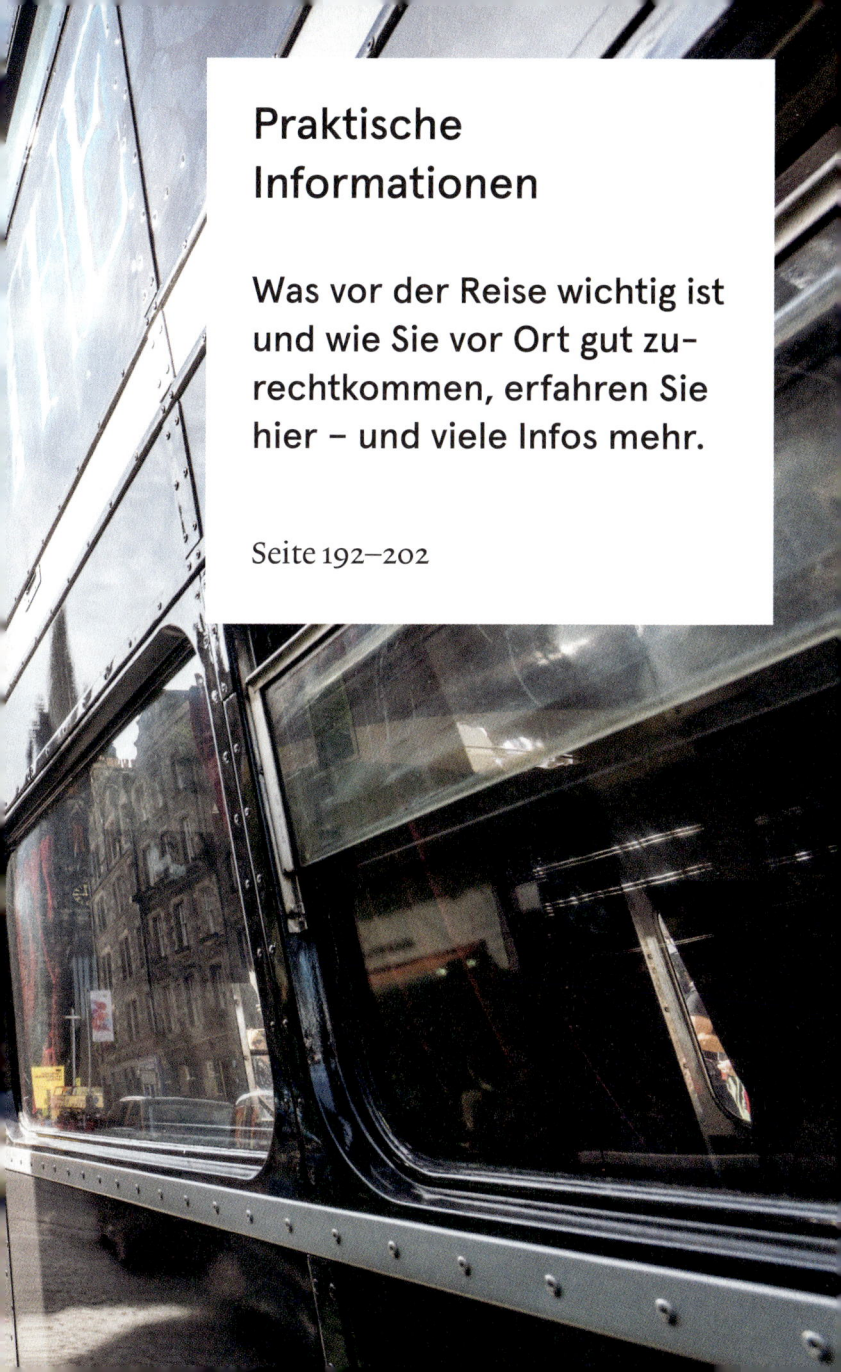

Praktische Informationen

Was vor der Reise wichtig ist und wie Sie vor Ort gut zurechtkommen, erfahren Sie hier – und viele Infos mehr.

Seite 192–202

VOR DER REISE

Auskunft
VisitScotland: staatliche Tourismusorganisation; offizielle Online-Infos:
https://www.visitscotland.com/de-de

Touristeninformation
Der staatliche Tourismusverband VisitScotland schließt bis Ende 2025 leider ersatzlos die letzten eigenen Touristeninformationen im Land. So bleiben vor Ort leider nur noch wenige Touristeninfobüros übrig.

Infos im Web
... allgemein
www.visitscotland.com/de-de: Zahlreiche Links zu allen Reisethemen mit vielen Tipps – Übernachtungen, Festivals, Literatur, Essen, Tiere, Freizeit und zu allen Regionen Schottlands. Beste und umfassendste Infoquelle im Netz.
www.edinburghfestivalcity.com: Alles über die zahlreichen Festivals in Edinburgh.
www.crmsociety.com: Architektur- und Design-Highlights von Charles Rennie Mackintosh in und um Glasgow.
www.historicenvironment.scot, www.nts.org.uk: Umfassende Infos zu Burgen, Gärten und historischen Stätten von den beiden führenden Denkmalschutzorganisationen.

... Unterkünfte
Es empfiehlt sich, Unterkünfte in Schottland im Voraus zu buchen, da Großstädte wie Edinburgh und Glasgow das ganze Jahr über Reiseziele sind und einige Orte in den Highlands (wie z. B. Skye) inzwischen als echte Hotspots gelten (s. auch Reisezeit).
www.visitscotland.com/de-de: Link »Unterkunft« – Mit der offiziellen Fremdenverkehrsorganisation verknüpfte Unterkünfte in verschiedenen Varianten:
»Ferienhäuser und Ferienwohnungen« – *Selfcatering* ist sehr beliebt; Sie finden überall saisonabhängige Wochenangebote (ca. 500 bis 2000 £/Woche);
»Glamping« – Wer mit dem Camper reist, mit dem Zelt oder mal Luxuscamping (Glamping) machen möchte, findet hier seinen Platz.
»Barrierefreie Unterkünfte« – Unterkünfte, die für Reisende mit Einschränkungen geeignet sind.
www.laterooms.com: Last-minute-Unterkünfte für die Suche unterwegs.
www.nts.org.uk/holiday-accommodation: Historisch oder architektonisch reizvolle Unterkünfte bietet der National Trust for Scotland an.

Konsulate
Generalkonsulat der Bundesrepublik Deutschland
16 Eglinton Crescent, Edinburgh
Tel. 0131 337 23 23
https://uk.diplo.de/uk-de/vertretungen-honorarkonsuln/2generalkonsulat

Österreichisches Konsulat
15 Old Fishmarket Close, Edinburgh
Tel. 0131 618 28 19
www.bmeia.gv.at/botschaften-konsulate

Schweizerisches Generalkonsulat
11/2 Regent Terrace, Edinburgh
Tel. 0131 558 94 02
www.eda.admin.ch/london
(Link »Honorarvertretungen«)

Elektrizität
Die Netzspannung beträgt 240 V Wechselstrom bei 50 Hz. In vielen Hotels gibt es Eurostecker. Für die britischen dreipoligen Steckdosen (meist ist zunächst ein Extraschalter zum Einschalten zu betätigen) benötigt man einen Adapter.

Ermäßigungen
In vielen Museen und Sehenswürdigkeiten kommen Senioren, Kinder und Jugendliche, Auszubildende, Studierende und Familien (mit zwei Kindern) in den Genuss von ermäßigten Eintrittskarten.
Explorer Pass: Vorab können Sie den Explorer Pass von Historic Environment Scotland erwerben und mehrere Dutzend Attraktionen und Anwesen aufsuchen (innerhalb von 14 Tagen, 44 €), darunter die Castles von Edinburgh, Stirling und Urquhart, Skara Brae und Fort George (www.historicenvironment.scot/visit-a-place/explorer-passes).

Feiertage (Bank Holidays)

1. Januar	New Year's Day
2. Januar	New Year Holiday
März/April	Good Friday (Karfreitag)
1. Montag im Mai	May Day
Letzter Montag im Mai	Spring Holiday
1. Montag im August	Summer Holiday
30. November	St Andrew's Day
25. Dezember	Christmas Day
26. Dezember	Boxing Day

Geld
Als Teil Großbritanniens gilt in Schottland das Pound Sterling (Britisches Pfund, £) zu 100 Pence (p). Es gibt Banknoten zu 5, 10, 20 und 50 £ und Münzen zu 1, 2, 5, 10, 20 und 50 p sowie 1 und 2 £. Die Bank of Scotland, Royal Bank of Scotland und die Clydesdale Bank dürfen wertgleiche eigene Banknoten drucken, die im übrigen Großbritannien kaum und sehr ungern angenommen werden. Schottische Banknoten werden aber in jeder Bank im Vereinigten Königreich kostenlos in englische Pfund umgetauscht.
An Geldautomaten kann man mit Bank- und Kreditkarten Bargeld abheben. Alle gängigen Kreditkarten werden von den meisten Hotels, Restaurants und Geschäften akzeptiert.
Sperrnummer: Unter Tel. 0049 116 116 kann man in Deutschland Bank- und Kreditkarten, Online-Banking-Zugänge, Handykarten und die elektronische Identitätsfunktion des Personalausweises bei Verlust sperren lassen. Für Österreich lassen sich alle Telefonnummern unter: www.banken-auskunft.at/sicherheit/karte-sperren sperren.
Die Schweiz hat keine einheitliche Notfallnummer; erkundigen Sie sich unbedingt vorab bei Ihrer Bank.

Gesundheit
Die Behandlung in der Notaufnahme in einem Krankenhaus (Emergency Ward) oder bei einem niedergelassenen Arzt (GP) ist für Reisende aus der EU trotz Brexits weiterhin mit der Europäischen Krankenversicherungskarte (EHIC) möglich. Sie sollten dazu die Karte vorlegen können. Allerdings sorgt die Notlage des National Health Service (NHS) insbesondere nach dem Brexit-Votum wegen Personalmangels oft für lange Wartezeiten, speziell an Wochenenden. Man sollte vor der Reise eine Reisekrankenversicherung abschließen, die z. B. die Kosten für einen Krankenrücktransport übernimmt. Bei Zahnbehandlungen muss mit Kosten gerechnet werden. Zu Notfällen siehe »Notruf«. Weitere Infos: www.nhs24.scot.
Ein Thema sind, abhängig von Region und Jahreszeit, *midges,* sehr kleine Mücken, die unter anderem in Moorgebieten in Schwärmen auftreten können, vor allem in der Dämmerung.

In Kontakt bleiben
Post: Postämter in größeren Städten sind in der Regel von Montag bis Samstag bis ca. 17.30 Uhr geöffnet. Porto für eine Ansichtskarte oder einen Brief bis 100 g: 2,50 £.
WLAN und Internet: Die meisten Hotels, nicht aber alle abgelegenen B & Bs besitzen WLAN. Bis auf Weiteres gilt das EU-Roaming.

Notruf

Allgemeiner Notruf	111, 999
Feuerwehr	999
Polizei	101
Notarzt/Krankenwagen	999
AA-Notruf	0800 88 77 66
ADAC-Notruf	00 49 89 22 22 22

Reise mit Hund
Reisende mit Hund sind in Schottland sehr willkommen, gehören Hunde hier doch zum Alltag. Unterkünfte sind oft mit dem Zusatz »Pet friendly« versehen. Für das Tier müssen Sie Folgendes mitführen, um eine kostenpflichtige Quarantäne zu vermeiden: Mikrochip oder Tätowierung (wenn sie vor 2011 gestochen wurde) mit Identifikationsnummer; eine Bandwurmbehandlung muss 1 bis 5 Tage vor der Einreise vom Tierarzt durchgeführt und im Reisedokument des Hundes eingetragen werden; Tollwutimpfung (aktuelle Infos unter: https://uk.diplo.de/uk-de, Register A–Z, Link: 7 Heimtiere). Unterkünfte unter: www.farmstay.co.uk/accommodation.

Reisedokumente
Seit Oktober 2021 sind im Rahmen der Brexit-Regeln Reisepässe für die Einreise

verpflichtend, Personalausweise reichen nicht mehr.

Bei Redaktionsschluss plante Großbritannien ab April 2025 die zusätzliche Einführung einer »Elektronischen Einreisegenehmigung« (Electronic Travel Authorisation/ETA) für alle ausländischen Reisenden. Diese soll im Vorfeld online beantragt werden, zwei Jahre gelten, elektronisch mit dem Reisepass verknüpft werden und 10 £ je ETA kosten. Auch wenn dies kein Visum ist, so handelt es sich um eine neue Post-Brexit-Reisebarriere. Aktuelle Infos unter www.visitscotland.com/de-de und beim Auswärtigen Amt (www.auswaertiges-amt.de).

Für Autofahrer verpflichtend sind der nationale Führerschein und die Fahrzeugpapiere. Für das Mieten eines Autos benötigen Sie eine gültige Kreditkarte.

Reisezeit

Die größte Chance auf freundliches Wetter haben Sie im Frühling und Frühsommer (April-Juni). Im Hochsommer (Juli und August) ist das Klima wechselhaft und oft auch regnerisch. Der Herbst (September und Oktober) ist dann wieder etwas beständiger, eine Garantie auf Sonnenschein gibt's aber nie.

Der Winter präsentiert sich meist düster und nass, klare Sonnentage sind dann umso schöner, außerdem trifft man auf wenige andere Touristen. In den Highlands kann der Winter sehr streng sein - in den Cairngorms können Sie sogar Ski fahren. Doch letztlich kommt niemand wegen des Wetters nach Schottland. Denn die Magie entfaltet sich gerade bei dem wechselhaften Wetter.

Wer unbedingt im Festivalmonat August nach Edinburgh reisen will, sollte sehr weit im Voraus seine Unterkunft buchen. Sehr spezifische Daten für fortgeschrittene Schottlandfans sind etwa das Neujahrsfest Hogmanay insbesondere in Edinburgh sowie auch das Wikingerfest Up Helly Aa in Lerwick auf Shetland am letzten Dienstag im Januar (s. u.; Veranstaltungen). Entsprechend finden sich Pauschalangebote im Internet. Manche Unterkünfte in der Region sind von Oktober bis Ostern geschlossen.

Obwohl Schottland rundum von ganz wunderbaren Stränden gesäumt wird, ist ein Bad nichts für Zimperliche. Die See erreicht im Juli und August maximal 15 Grad Celsius.

Sicherheit

Im Allgemeinen ist Schottland ein sehr sicheres Reiseland. Es gelten die üblichen Maßnahmen: Lassen Sie keine Wertgegenstände offen im Auto herumliegen, wenn Sie den Wagen zu einem Spaziergang oder einer Wanderung verlassen. Verwahren Sie Pässe, Tickets und Wertgegenstände am besten im Hotelsafe auf.

Zeit

In ganz Großbritannien gilt die Greenwich Mean Time (GMT = MEZ −1 Std.), von Ende März bis Ende Oktober analog die British Summer Time (BST). Stellen Sie Ihre Uhren also bei Ankunft um 1 Stunde zurück.

Zollbestimmungen

Durch den Austritt Großbritanniens aus der EU, dem Binnenmarkt und der Zollunion gelten seit 2021 neue Zollbestimmungen Einreise- und Zollbestimmungen können sich kurzfristig ändern. Daher sollten Sie sich vorab zusätzlich bei den konsularischen Vertretungen von Großbritannien oder beim Auswärtigen Amt erkundigen. Der Zoll informiert über die aktuell geltenden Zollbestimmungen bei Wiedereinreise (zoll.de /

Munros

Als Munros werden Berge in Schottland bezeichnet, die höher als 3000 ft bzw. knapp 914 m hoch sind. Sir Hugh Munro hatte es sich Ende des 19. Jh.s zur Aufgabe gemacht, alle Berge dieser Art zu vermessen und in einer Liste zusammenzuführen. Heute ist es ein Sport, diese Liste mit allen ca. 280 Bergen »abzuarbeiten«, d.h. zu erklimmen. Wer jedoch allein die Bergwelt erkunden will, für den ist die Munro-Liste fast wie eine Art Reiseführer zu vielen großartigen Bergen quer durch die Highlands.

bmf.gv.at / bazg.admin.ch). Weitere Infos: www.gov.uk/government/collections/brexit-guidance.

ANREISE

Nach Schottland gelangen Sie per Flugzeug, per Zug (durch den Eurotunnel) oder mit dem Auto; dabei können Sie unter verschiedenen Fährverbindungen wählen, z. B. ab Amsterdam, Rotterdam oder Calais.

... mit dem Flugzeug
Schottland verfügt über vier internationale Flughäfen, die teilweise im Direktflug von etlichen Flughäfen in Deutschland, Österreich und der Schweiz angeflogen werden: Edinburgh (EDI), Glasgow International (GLA), Aberdeen International Airport (ABZ) und Inverness Airport (INV). Die öffentlichen Verkehrsmittel von dort verkehren zuverlässig und häufig. Geldautomaten sind bereits im Flughafenterminal die beste Quelle für das britische Pfund.
Vom Flughafen in die Stadt
Aberdeen International Airport: Der internationale Flughafen von Aberdeen (www.aberdeenairport.com) liegt in Dyce im Nordwesten der Stadt. Von hier aus gibt es vor allem Direktflüge mit KLM nach Amsterdam sowie mit mehreren Fluggesellschaften von/nach London. Der Bus 727 JET von Stagecoach verbindet den Flughafen mit dem Busbahnhof/Bahnhof am Union Square (3,70 £). Ein Taxi kostet rund 20–25 £.
Edinburgh Airport: Schottlands wichtigster Flughafen liegt etwa 12 km westlich von Edinburgh (www.edinburghairport.com). Taxis bringen Sie in 20 bis 30 Min. ins Stadtzentrum (tagsüber ca. 30 £). Öffentliche Verkehrsmittel fahren alle 10 Min. in 25–35 Min. in die City. Lothian Region Transport (www.lothianbuses.com; 5,50 £) unterhält einen Bustransfer (Airlink) zum St Andrew Square über Haymarket Station. Die Straßenbahn (www.edinburghtrams.com; 7 £) fährt in kurzen Abständen zur Princes Street und weiter nach Leith und Newhaven. Mit dem Mietwagen nehmen Sie die A 8 ostwärts und erreichen in etwa 30 Min. das Zentrum.

Glasgow International Airport: Der Glasgow Airport (Tel. 0344 481 55 55; www.glasgowairport.com) liegt in Paisley, 16 km westlich des Stadtzentrums von Glasgow. Taxifahrten nach Glasgow Mitte (ca. 30 £) dauern etwa 20 Min. Der Bus Glasgow Airport Express Service 500 fährt alle 10 Min. in die City (Buchanan Street Station; www.firstglasgow.com; 10,50 £). Mietwagenfahrer nehmen die M 8 ostwärts und folgen den Schildern ins Stadtzentrum (20 Min.).
Inverness Airport: Der recht kleine Flughafen liegt 14 km nordöstlich der Stadt (www.hial.co.uk/inverness-airport). Es gibt sowohl Bus- als auch Bahnanschluss. Ein Taxi kostet ca. 25 £.

... mit dem Auto
Autofahrer haben die Wahl zwischen der Fähre und dem Autozug durch den Eurotunnel. Klassisch sind etwa die Überfahrten Hoek van Holland–Harwich oder Calais/Dunkerque–Dover. Alternativ geht es durch den Eurotunnel. Die Verladestationen des Zugs in Coquelles bei Calais und in Folkestone sind direkt an die Autobahn angeschlossen. Für die 800 km von der englischen Südküste bis Edinburgh muss man mit etwa 8 Stunden Fahrtzeit rechnen.

... mit der Bahn
Wer aus Deutschland, Österreich oder der Schweiz mit dem Zug kommt, steigt entweder in Brüssel oder in Paris in den Eurostar, der durch den Eurotunnel zum Bahnhof St Pancras International im Herzen von London fährt.
Vom benachbarten Bahnhof King's Cross (www.mytrainticket.co.uk) verkehrt mind. einmal pro Stunde ein durchgehender Zug bis nach Edinburgh. Die Fahrt dauert etwa 4,5 Stunden, die Tickets kosten zwischen ca. 40 £ und 180 £. Es verkehren bequeme Nachtzüge von London Euston nach Edinburgh, Glasgow, Fort William und Inverness (www.sleeper.scot; ab ca. 70 £).
Eine Fahrt zwischen Edinburgh Waverley Station und Glasgow Central Station (www.scotrail.co.uk) dauert etwa eine Stunde (offene Rückfahrt 16 £).

... mit dem Schiff
Für Autofahrer bequemer sind die Fähren, die direkt nach Nordengland übersetzen und so weniger Fahrtzeit am Steuer erforderlich ist. Derzeit verkehren Autofähren von DFDS täglich über Nacht zwischen Amsterdam IJmuiden und Newcastle in Nordostengland (einf. ab ca. 400 € mit Innenbettkabine für 2 Pers., inkl. Pkw; www.dfds.com). Die Entfernung von Newcastle nach Edinburgh durch die Borders beträgt dann nur 167 Kilometer, etwa 2–3 Stunden Fahrt. Weitere Fährunternehmen, die zwischen dem europäischen Festland und Großbritannien verkehren, sind P & O (www.poferries.com) und Stena Line (www.stenaline.de).

UNTERWEGS IN SCHOTTLAND

... mit dem eigenen Auto
Dokumente: Der Fahrer/die Fahrerin benötigt außer den üblichen Dokumenten (s. o.) einen Europäischen Unfallbericht (als PDF beim ACE zu bekommen), den Versicherungsschutzbrief und den Fahrzeugschein. Die internationale Grüne Versicherungskarte ist kein Muss, kann aber hilfreich sein.
Verkehrsregeln: In Schottland herrscht Linksverkehr. Um immer daran zu denken, kann ein (aufgeklebter) Pfeil oben in der Windschutzscheibe hilfreich sein.

Wenn nicht anders angegeben, gilt die Geschwindigkeitsbegrenzung von 30 mph (48 km/h) innerorts, 60 mph (96 km/h) auf Landstraßen sowie 70 mph (112 km/h) auf Autobahnen und zweispurig ausgebauten Schnellstraßen. In vielen Innenstädten gilt 20 mph (32 km/h) als Obergrenze.

Die **Alkoholgrenze** liegt bei 0,5 ‰. Die Benzinpreise sind in den Highlands und auf den Inseln höher als auf dem Festland. Am billigsten sind die Tankstellen der Supermärkte. An Fernstraßen und in großen Städten gibt es Tankstellen, die rund um die Uhr geöffnet sind, in ländlichen Gebieten sind sie rar. Notrufsäulen gibt es an den Fernstraßen in regelmäßigen Abständen. Die britische Automobile Association (AA) unterhält einen 24-Stunden-Pannendienst, der auch von Mitgliedern angeschlossener Automobilverbände genutzt werden kann (Tel. 0330 046 046; www.theaa.com).

... mit dem Mietwagen
Die meisten Autoverleiher unterhalten Büros an Flughäfen und in den größeren Städten. Wenn Sie im Voraus buchen, sparen Sie Geld und Zeit. Bei den meisten Vermietern muss Fahrerin oder Fahrer 18 Jahre alt sein. Vermieter verlangen eine Kreditkarte. Neben den üblichen europaweit agierenden Vermieterfirmen ist Arnold Clark (www.arnoldclarkrental.com) die in Schottland am stärksten verbreitete lokale Firma. Weil die Gangschaltung mit links bedient werden muss, sollte man sich für ein Automatikgetriebe entscheiden.

... mit der Bahn
Wer eine Reise mit den verschiedenen Zuglinien mit Fährverbindungen kombiniert, kann viele Reiseziele in Schottland ohne Auto ansteuern. Der Spirit of Scotland Travel Pass bzw. Train Pass (www.scotrail.co.uk/tickets/combined-tickets-travel-passes/spirit-of-scotland) macht eine Zugreise erschwinglich. Vier Reisetage innerhalb von acht Tagen kosten 149 £, acht Reisetage innerhalb von 15 Tagen 189 £. Eingeschlossen sind etliche Überlandbusfahrten sowie alle Fähren von Caledonian MacBrayne (www.calmac.co.uk), Glasgows Subway und Edinburghs Tram. Zugverbindungen und Ticketbuchungen auch unter www.travelinescotland.com.

Die schottischen Züge verkehren über wunderbare Panoramastrecken entlang der Küsten, durch Moore wie das Rannoch Moor und quer durch die Highlands. Von Edinburgh oder Glasgow erreichen Sie mit mehreren Zuglinien und anschließend Fähren die Nordküste, die Hebriden und Orkney. Die wieder aufgelegte Borders Railway verbindet Edinburghs Waverley Station mit Tweedbank in den südlichen Borders, manchmal unter Dampf (www.scotrail.co.uk).

... mit dem Bus
Von den Flughäfen verkehren bequeme Reisebusse auch in entlegenere Destinatio-

nen wie etwa Portree auf Skye. In Edinburgh fahren Überlandbusse von der Edinburgh Bus Station (St Andrew Square/Elder Street), in Glasgow von der Buchanan Street Bus Station. National Express Coaches (www.nationalexpress.com) und Scottish Citylink (www.citylink.co.uk) fahren alle Städte und viele kleinere Orte an.

... mit der Fähre

Das Unternehmen Caledonian MacBrayne (CalMac) unterhält einen sehr weit verzweigten Autofährendienst zu den wichtigsten Inseln und Orten an der Westküste (www.calmac.co.uk).

Wenn Sie mit dem Auto unterwegs sind, sollten Sie die Fähren unbedingt vorab reservieren, auf die Äußeren Hebriden sogar frühzeitig. Kleine Fähren können jedoch nicht gebucht werden, hier geht es nach der Ankunftsreihenfolge.

Northlink Ferries betreiben Nachtfähren von Aberdeen nach Orkney und zu den Shetland-Inseln (www.northlinkferries.co.uk) sowie die Verbindung von Scrabster an der Nordküste nach Stromness auf Orkney.

Eine zweite Fährlinie nach Orkney bietet Pentland Ferries (www.pentlandferries.co.uk) von Gills Bay nach St Margaret's Hope.

... mit dem Flugzeug

Loganair verbindet Glasgow und Edinburgh mit den Highlands und den Inseln, einschließlich der Äußeren Hebriden, Orkney und Shetland (Tel. 0344 800 28 55; www.loganair.co.uk).

Die elf wichtigsten Regionalflughäfen sind: Campbeltown, Islay, Tiree, Barra, Benbecula, Stornoway (Lewis), Sumburgh (Shetland), Kirkwall (Orkney), Wick, Inverness, Dundee; sie werden von der Highlands and Islands Airports Ltd. (www.hial.co.uk) betrieben und verfügen über freies WLAN.

Flughighlights sind der Linienflug Glasgow zur Hebrideninsel Barra, weil die Propellermaschine dort bei Ebbe auf dem Strand aufsetzt. Der kürzeste Linienflug der Welt ist die anderthalbminütige Verbindung zwischen den Orkneyinseln Westray und Papa Westray.

ÜBERNACHTEN

Hotels

Gehobene Hotels kosten schnell mehr als 200 £. In Edinburgh oder Glasgow zahlt man durchschnittlich 150–250 £ für zwei Personen inklusive Frühstück, im Rest des Landes 100–200 £.

Schottland ist berühmt für seine Country-House-Hotels, das sind ehemalige Landsitze reicher Industrieller aus dem 19. Jahrhundert. In den meist einsam auf riesigen Grundstücken gelegenen Anwesen besteht der Luxus auch in der Ruhe, die Gäste hier haben. Auch wurden viele Schlösser in sehr individuell gestaltete Hotels umgewandelt. Die Übernachtungspreise sind hier zwar hoch, aber Luxus und Ambiente suchen ihresgleichen.

Übernachtungspreise: Sie werden meistens pro Person inklusive Mehrwertsteuer (VAT) angegeben.

Preise für ein Doppelzimmer pro Nacht mit Frühstück in der mittleren Saison:

£	unter 100 £
££	100–200 £
£££	über 200 £

Bed and Breakfast (B & B)

Schottische Gastfreundschaft erlebt man in einem Bed and Breakfast. Die meisten B & Bs und Gästehäuser (Guesthouses) befinden sich in Privathäusern. Selbst die einfachsten (ab ca. 60–80 £) sind i. d. R. vernünftig eingerichtet. Luxuriösere B & Bs verlangen 120 bis 200 £/DZ (www.scotlandsbestbandbs.co.uk).

Camping

Trotz des feuchten Klimas ist Camping beliebt. In Schottland ist es auch fernab der offiziellen Campingplätze durchaus erlaubt, ein Zelt aufzuschlagen, solange Sie niemanden behindern oder verärgern. Auf gekennzeichneten Plätzen sind Wohnwagen und -mobile willkommen, das Parken in Parkbuchten oder auf normalen Parkplätzen ist jedoch untersagt. Infos: www.scottishcamping.com.

Hostels

Für Wanderer sind Jugendherbergen (Scottish Youth Hostel Association; www.hostellingscotland.org.uk) und Backpacker-Hostels (www.scottish-hostels.com) eine Alternative, die auch Doppelzimmer bereithalten. Auf den Äußeren Hebriden unterhält der Gatliff Trust in Berneray, Rhenigidale und Howmore reetgedeckte typische Bauernkaten als urgemütliche Hostels mit einigen Stockbetten, Ofen und Kochgelegenheit (www.gatliff.org.uk; 20 £).

Weitere Unterkünfte

Zu Glamping und Selfcatering siehe S. 194. Adressen teils in wunderschöner Lage unter: www.beachviewcottages.eu, https://bluereefcottages.com, www.visitdurness.com. Architektonisch oder historisch reizvolle Unterkünfte bietet auch der National Trust for Scotland (www.nts.org.uk/holiday-accommodation).

ESSEN UND TRINKEN

Die Preise gelten für ein Hauptgericht ohne Getränke:
£ unter 20 £
££ 20–40 £
£££ über 40 £

In Schottlands Küche bekommt man vielerorts alles geboten, von traditioneller einheimischer Kost bis hin zu raffiniertesten modernen Kreationen. Das Geheimnis der Küche besteht in qualitativ hervorragenden einheimischen Produkten wie Angus-Rindfleisch aus Aberdeen, Lachs, Wild und Lamm, der immensen Auswahl an frischem Gemüse, Fisch und Krustentieren von der Westküste und dem guten Angebot an Käse von Inseln wie Arran oder den Hebriden. Oft ist auf den Speisekarten die Herkunft ausgewiesen. In beinahe jedem Ort finden Sie einen Inder und eine traditionelle Fischbude. Besonders in den Städten wird gut für Vegetarier und Veganer aufgetischt.

Traditionelle Gerichte und Getränke

Gerichte: Viele der traditionellen Gerichte stammen aus der Zeit vor dem 18. Jh., als Schottland weitgehend ein Land von wenig begüterten Bauern war. Die bekannteste Mahlzeit ist der Haggis – im Kunstdarm gegarte Schafsinnereien, gemischt mit Rinder-Nierenfett und leicht geröstetem Hafermehl. Sein intensiver und würziger Geschmack ist tatsächlich besser, als man es vielleicht erwartet. Traditionell serviert man ihn mit *neeps* (Steckrüben) und *tatties* (Kartoffeln). Was Sie auch mal probieren könnten, sind:
*Scotch broth (h*otch-potch) – ein leichter Eintopf mit Lamm- oder Rindfleisch, Graupen und Gemüse.
Cock-a-leekie soup – Suppe mit Huhn, Lauch, Reis und Pflaumen.
Cullen skink – eine Suppe aus geräuchertem Schellfisch, Milch und Stampfkartoffeln.
Forfar bridies – Pastete, gefüllt mit Hackfleisch und Nierenfett.
Scotch pies – ähnlich wie *bridies,* aber mit einer delikaten Kruste, die man in Fish & Chips-Läden mit anderen frittierten Beilagen kombiniert.
Käse: Schottischer Käse gehört zu den delikatesten in Europa, von harten, dem Cheddar ähnlichen Varianten bis hin zu weichen, cremigen Sorten. Auch auf den Inseln (etwa Mull, Arran, Lewis) wird leckerer Käse gemacht. Dazu passen schottische Haferkekse. Eine feine Auswahl hat der Edinburgher Käsehändler Ian Mellis (www.mellischeese.net).
Getränke: Beim Bier kennt man die Sorten Lager, Ale und Stout. Craft-Biere werden auch in den entlegensten Winkeln gebraut. Viele der in Schottland erhältlichen Weine kommen aus der südlichen Hemisphäre. Es gibt Pubs mit Hunderten von Malts im Angebot. Alkohol wird nicht an Jugendliche unter 18 Jahren ausgeschenkt. Die antialkoholische Alternative ist Irn-Bru, ein süßer schottischer Powerdrink, oder auch »non alcoholic beer«.

Mahlzeiten

Frühstück gibt es von 8 bis 10.30 Uhr, Lunch von 12 bis 14.30 Uhr, das Dinner von etwa 18 bis ca. 20.30 Uhr, in Städten teils auch 21 Uhr. Für den späten Hunger muss man Fish & Chips-Läden (fragen Sie Einheimische danach vor Ort) oder Take-aways ansteuern.

Restaurants, Cafés, Pubs
Restaurants: Viele Restaurants servieren am frühen Abend für eine Stunde preiswerte Menüs. In vielen guten Restaurants bietet sich der Lunch als preiswertere Alternative an. In gehobenen Restaurants sollten Sie besser einen Tisch reservieren. Die Website des Gastronomieverbands Taste of Scotland listet 200 Restaurants (www.taste-of-scotland.com) auf. 2024 gab es 11 Michelin-Sterne in Schottland.
Cafés und Bistros: Oft finden Sie in den abgelegensten Ecken noch ein heimeliges Café, das mindestens hausgemachte Suppe und Kuchen anbietet, so etwa in vielen öffentlich zugänglichen Burgen und Schlössern sowie größeren Museen. Auch in den Städten lohnen sich Mahlzeiten in Cafés und Bistros: Ein vegetarisches und veganes Angebot ist dort inzwischen eher die Regel.
Pubs: Die Pubs sind meist aufgeteilt in den Schankraum und die Lounge Bar, in der Essen serviert wird. Pubmeals (Gerichte mit Huhn, Pies, Pasta, Fish & Chips, Suppe etc.) sind nicht Gourmetkategorie, aber meist okay; Sie müssen sie an der Bar zusammen mit den Drinks bestellen und gleich bezahlen. Die Drinks nehmen Sie mit an den Tisch, das Essen wird meist gebracht.
Trinkgeld: Im Preis ist der Service (10 %) oft schon enthalten, ansonsten sind 10–15 % Trinkgeld im Taxi und Hotel üblich, in Pubs aber nicht. Und wenn die Rechnung im Restaurant kommt: Mit etwas Trinkgeld macht man nichts falsch.

EINKAUFEN

Interessante Einkaufsmöglichkeiten gibt es in Schottland viele: Am bekanntesten sind natürlich hochwertige Wollprodukte, Kilts und exklusiver Single Malt Whisky. Bei Ersterem muss man jedoch aufpassen, dass man wirklich 100%-ig gute Ware kauft.

Eine international bekannte Besonderheit ist der Harris-Tweed, der inzwischen auch ganz schick für Taschen, Portemonnaies und Rucksäcke verwendet wird.

Und beim Whisky muss man mengenmäßig die neuen Brexit-Zollbestimmungen für den Export aus GB beachten (s. Zoll).

Gute Geschenke sind auch die anspruchsvollen Kunsthandwerksprodukte, wie Designer-Schmuck und Töpferwaren. Gerade in den Highlands finden sich oft kleine Ateliers, wo man direkt vor Ort bei den Kunsthandwerkerinnen und -handwerkern einkaufen kann. Das ist dann ein sehr persönliches Erlebnis. Kulinarisch sind Haferkekse, Shortbread, Farmhaus-Käse und Lachs immer gut für ein schönes Freiluft-Picknick.

AUSGEHEN

Die schottische Unterhaltungsszene bietet alle Genres, vom Avantgarde-Theater bis zum schottischen Volkstheater oder Livekonzert. Veranstaltungskalender erhalten Sie in Hotels und Gästehäusern. In Edinburgh oder Glasgow erfahren Sie alle wichti-

---

Unser besonderer Tipp
Kunsthandwerk mit Stil
Das House of Bruar (Abb.), an der A 9 nördlich von Pitlochry, und die Läden des National Trust of Scotland (NTS) sind die besten Adressen für schottisches Kunsthandwerk. Hochwertigen Schmuck von Orkney stellt Sheila Fleet her, mit einer Verkaufsfiliale in Edinburgh.

House of Bruar
bei Blair Atholl, Perthshire ⊕ www.houseofbruar.com ❶ tgl. 9.30–17.30 Uhr

Sheila Fleet
18 St Stephen Street, Edinburgh
⊕ www.sheilafleet.com ❶ tgl. 10–17.30 Uhr

gen Termine im Magazin »The List«. Auch der »Herald« und der »Scotsman«, die beiden führenden schottischen Zeitungen, haben in der Sonntagsbeilage einen überregionalen Veranstaltungskalender.

Theater, Musik und Tanz
Schottland blickt auf eine lange Theatertradition zurück. Moderne und klassische Produktionen, Musicals und Pantomimen werden das ganze Jahr über aufgeführt. Theater mit Tradition sind z. B. das Traverse (Edinburgh, S. 63), das Tron (Glasgow, S. 93), das Dundee Rep (Dundee; www.dundeerep.co.uk), das Festival Theatre in Pitlochry (S. 149) und das Theatre Royal in Dumfries (S. 117). Opern, klassische Konzerte und sonstige musikalische Darbietungen gibt es in den Großstädten in großer Zahl. Die Royal Concert Hall (S. 93) in Glasgow hat ein vielfältiges Programm im Angebot, ebenso die Queen's Hall in Edinburgh (www.thequeenshall.net), Stammhaus des Scottish Chamber Orchestra. Konzerte und Theater gibt es in der Universal Hall (https://universalhall.co.uk) in Findhorns spiritueller Kommune in Moray (ca. 60 km östl. Inverness).

Pubs und Clubs
An Sommerwochenenden sind Konzerte mit traditioneller schottischer Musik oder auch Jazz keine Seltenheit. Pubs haben unter der Woche 11–23 Uhr und freitags und samstags bis 1 Uhr nachts geöffnet, Pubs mit Sonderlizenz bis 2 Uhr und länger. Sie öffnen sonntags am Mittag und dürfen ab 12.30 Uhr Alkohol ausschenken. In manchen Pubs dürfen sich tagsüber und am frühen Abend Kinder in Begleitung ihrer Eltern aufhalten. Grundsätzlich sieht man jedoch wenige Kinder in Pubs.

Glasgow gilt als musikalisches Epizentrum von Großbritannien. Hier ist die Indie-Musikszene in Clubs aktiv. Aktuelle Veranstaltungen: www.visitscotland.com/de-de/things-to-do/events.

Veranstaltungskalender
Das ganze Jahr über finden Festivals statt, vor allem in Edinburgh. Das Edinburgh International Arts Festival wird zusammen mit dem Festival Fringe im August organisiert und gilt als das größte Kulturfestival seiner Art (S. 26). Die Traditional Music and Song Association (TMSA) in der 95 St Leonard's Street, Edinburgh gibt einen Veranstaltungskalender über traditionelle Musikevents heraus (www.tmsa.scot).

Januar–April
Up Helly Aa: Lerwick, Shetland. Am letzen Dienstag im Januar – *das* Viking Fire Festival. Zum Festival gehört eine große Prozession mit Fackeln (S. 178); www.uphellyaa.org.
Beltane Fire Festival: Edinburgh. Am Abend des 30. April – Fest nach altem heidnischem Brauch auf dem Calton Hill, das den Kampf zwischen Winter und Sommer spiegelt (auch in anderen Orten; https://beltane.org).
Shetland Folk Festival: Ende April bis Anfang Mai – vier Tage lebendige Folkmusik mit erstklassigen Künstlern; www.shetlandfolkfestival.com.

Mai/Juni
Spirit of Speyside Whisky Festival: Speyside, Anf. Mai – vier Tage im Zeichen des Whiskys: Verkostungen u. Führungen durch Brennereien; www.spiritofspeyside.com.
Royal Highland Show: Juni – Schottlands größte Agrarschau auf dem Ausstellungsgelände Ingliston in Edinburgh; www.royalhighlandshow.org.
St Magnus Festival: Orkney. 3. Juniwochenende – erstklassiges Musik- und Literaturfestival; www.stmagnusfestival.com.

August/September
World Pipe Band Championships: Glasgow. Mitte August – eine Invasion der Dudelsäcke; www.theworlds.co.uk.
Braemar Gathering: Aberdeenshire. Anfang September – *die* Highland Games schlechthin, mit Baumstammwerfen, Tauziehen und Pipe Bands, meistens unter Anwesenheit eines Royals; www.braemargathering.org.

Dezember
Hogmanay: Silvester – Feiern zu Neujahr in ganz Schottland. Die Princes Street in Edinburgh verwandelt sich in ein riesiges Straßenfest; www.edinburghshogmanay.com.

Reiseatlas

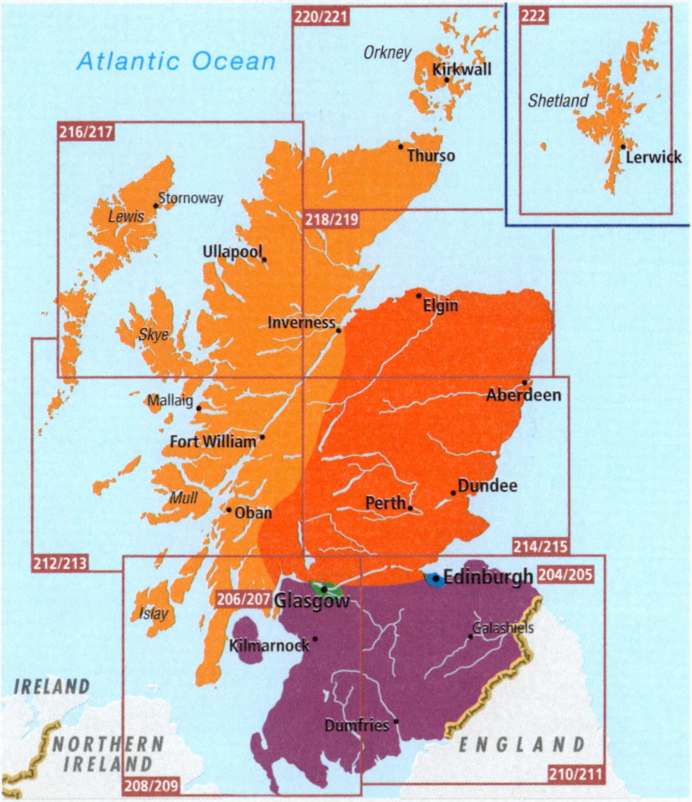

Legende

- Autobahn
- Schnellstraße
- Fernstraße
- Hauptstraße
- Nebenstraße
- Eisenbahn
- Fähre, Schiffsverbindung
- Staatsgrenze
- Provinzgrenze
- Nationalpark, Naturpark
- Römischer Wall
- ★★ TOP 10
- Nicht verpassen!
- Nach Lust und Laune!
- Internationaler Flughafen; Flugplatz
- Kloster; Klosterruine; Kirche, Kapelle
- Burg, Kastell; Ruine
- Sehenswürdigkeit; Archäologische Stätte
- Turm; Leuchtturm
- Wasserfall; Höhle
- Berggipfel; Pass, Joch
- Campingplatz; Aussichtspunkt
- Museumseisenbahn; Jachthafen
- Museum; Theater, Oper
- Polizei; Post
- Erlebnisbad; Denkmal, Monument
- Hafen; Badestrand
- Windmühle; Golfplatz

1 : 850 000

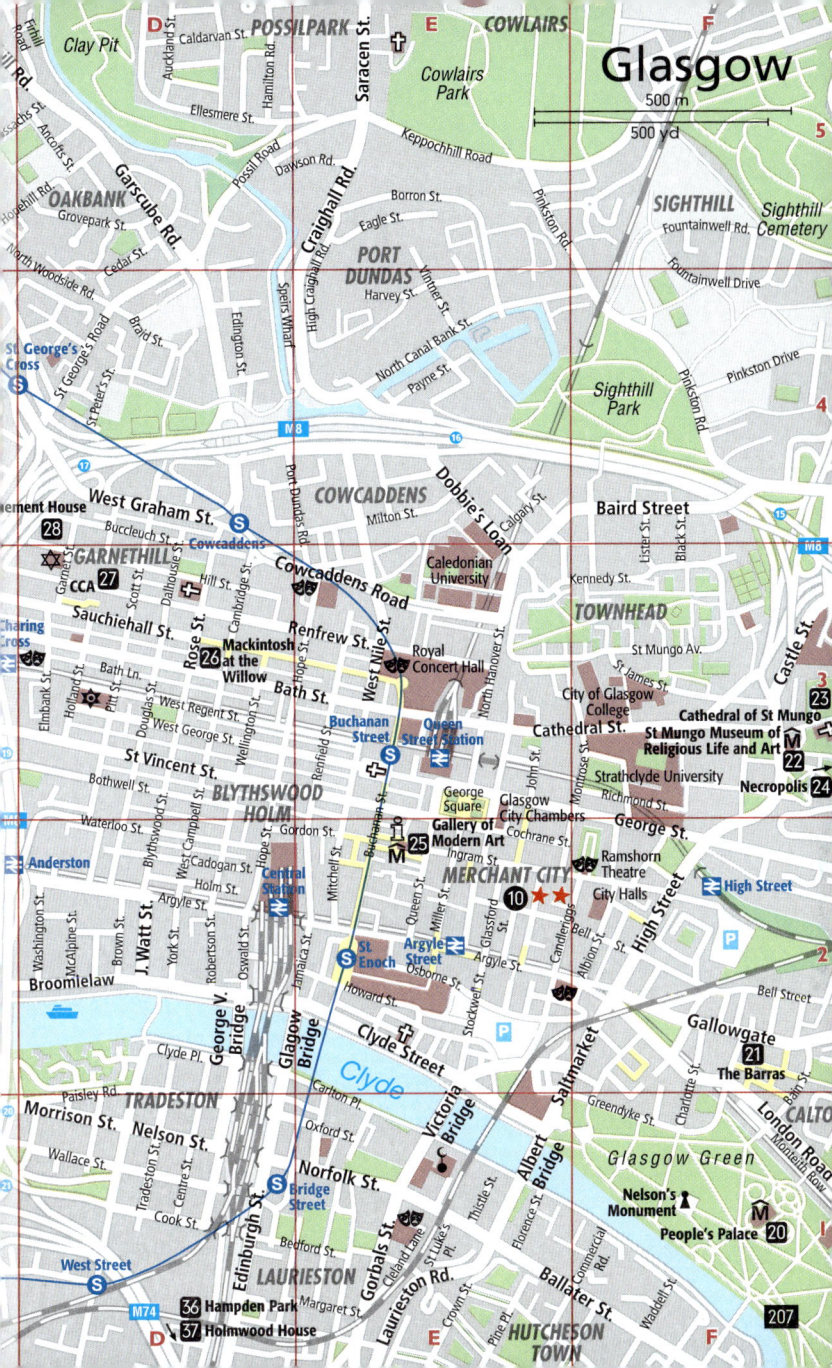

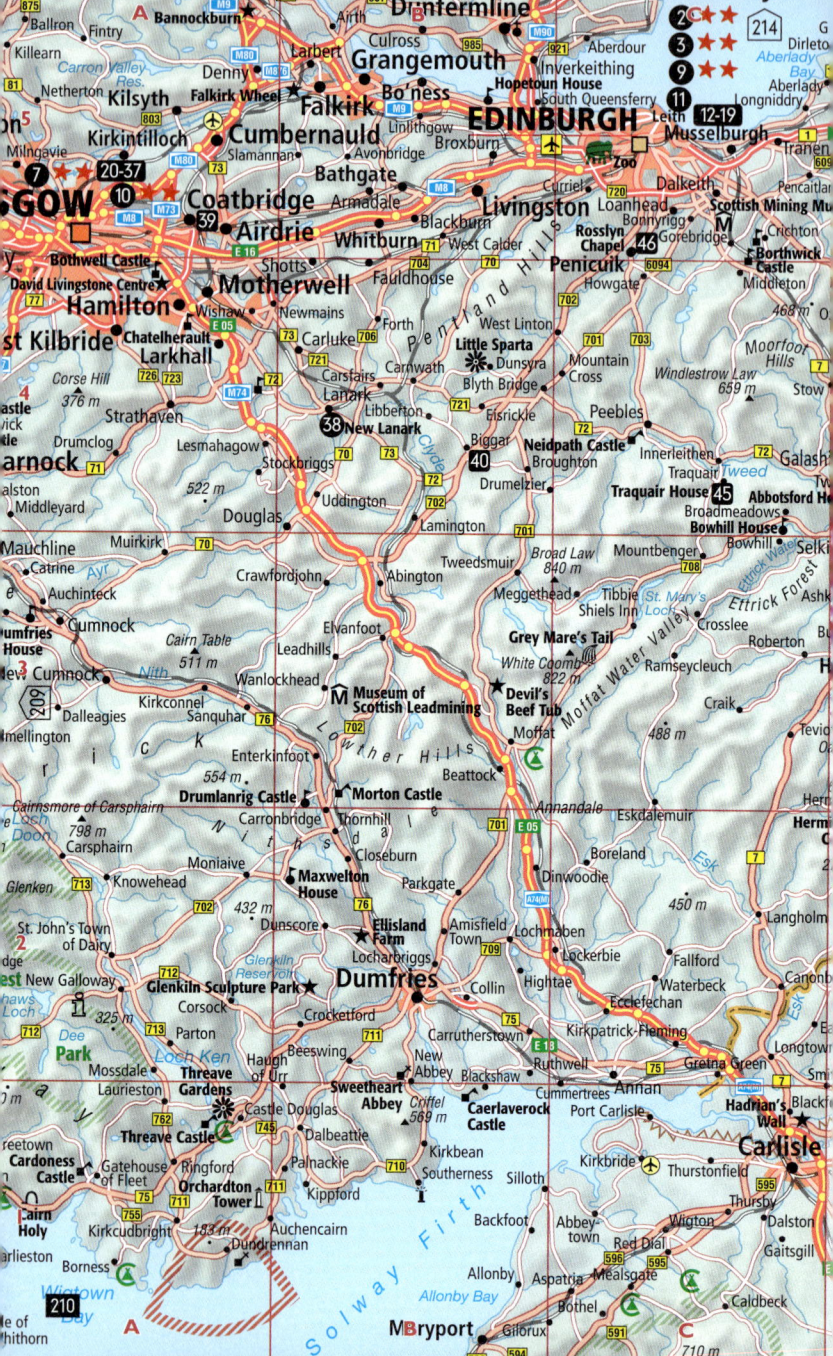

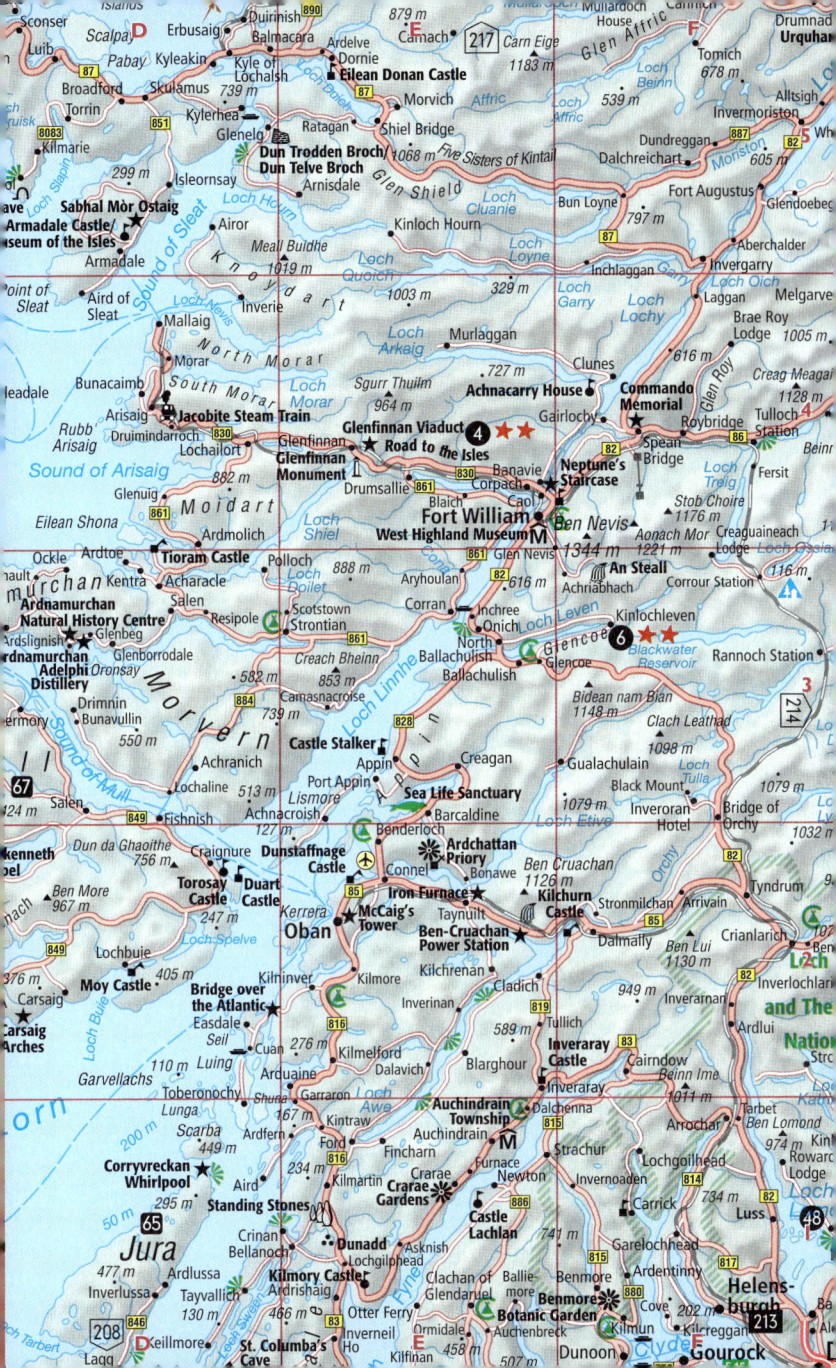

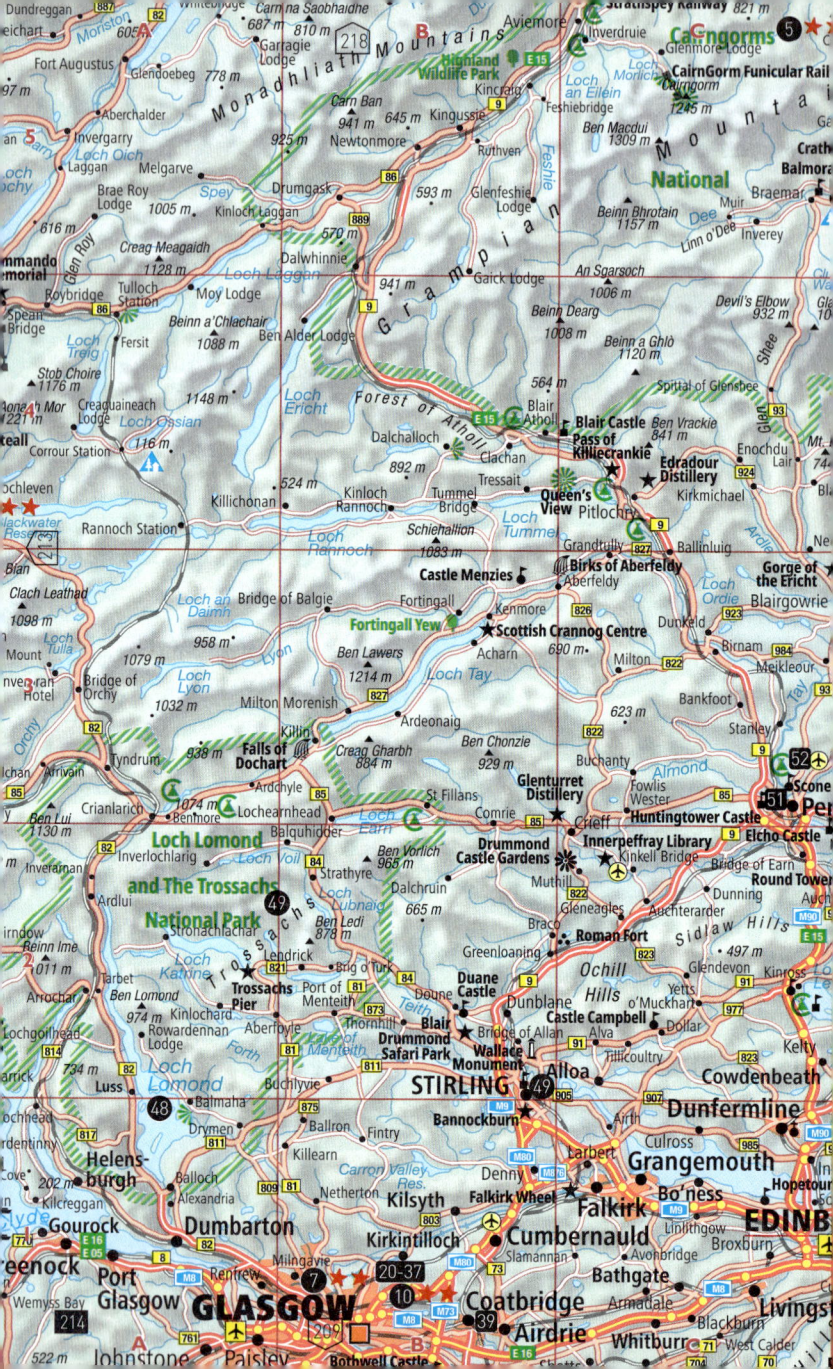

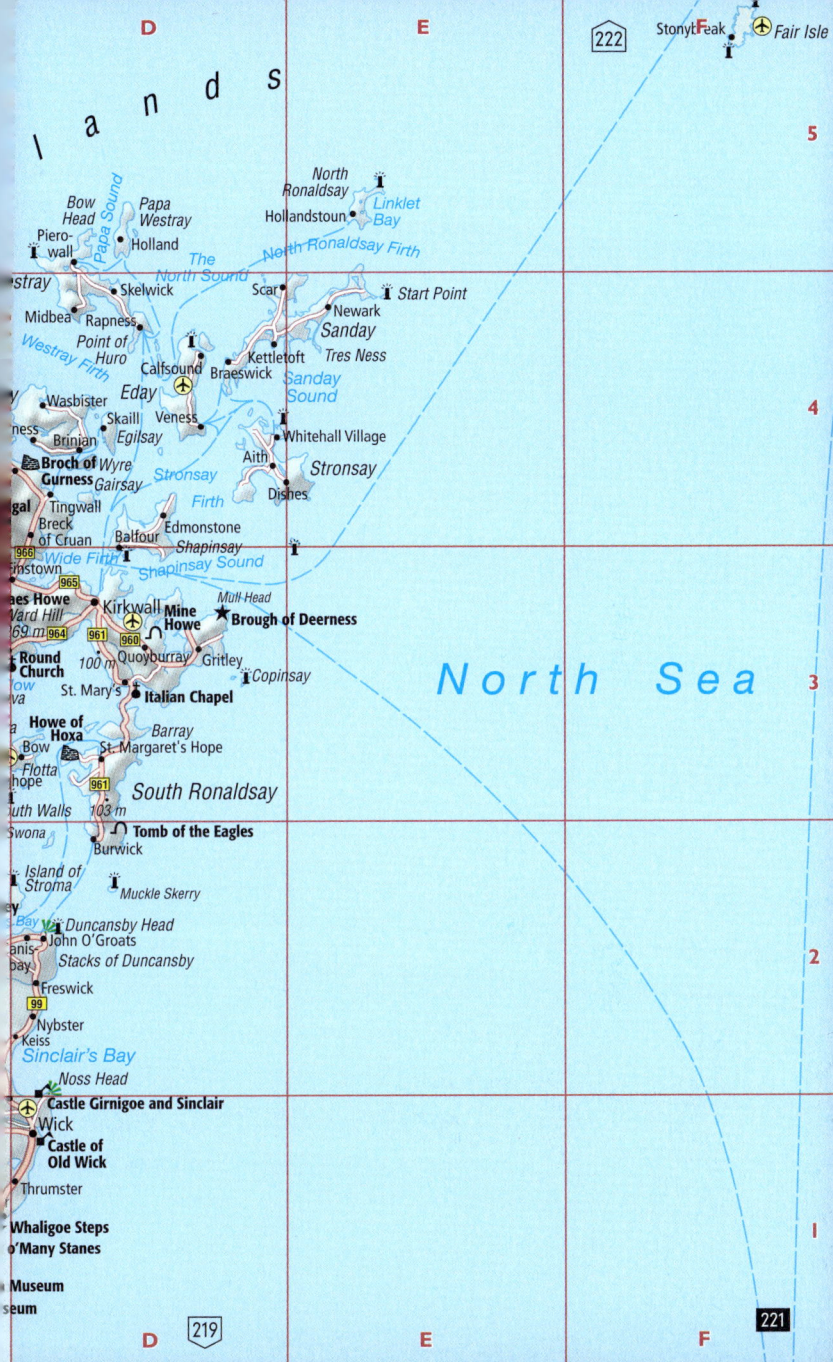

Register

A
Abbotsford House 112
Aberdeen 144
Aberfoyle 37
Alladale Wilderness Reserve 11
Alloway 102
Anreise 197
Anstruther 144
Arisaig 11, 167
Arran 111, 117
Arrochar 133
Ausgehen 63, 201
Auskunft 194
Äußere Hebriden 162
Autofähren 198
Aviemore 129

B
Ballater 140
Ballindalloch Castle 124
Balmoral Castle 140
Balquhidder 137
Banavie 165
Bannockburn 28, 31, 136
Barra 11, 162, 199
Barrie, James Matthew 24
Benbecula 162
Ben Lomond 134
Biggar 110
Blair, Tony 30
Bonnie Prince Charlie 113, 166
Border Abbeys 112
Borders 96, 98
Braemar 140
Braemar Castle 140
Brexit 31
Brodick 111
Bruce, Robert the, König 29, 96
Buachaille Etive Mór 169
Burns Country 102
Burns, Robert 22, 102

C
Cairngorms National Park 128, 140, 196
Caledonian Canal 186, 187
Caledonian MacBrayne 164, 199
Carbost 162
Ceilidhs 21, 183
Craigievar Castle 126, 140, 142
Crail 143
Crianlarich 133
Cuillins 158, 161
Culloden Moor 175
Culzean Castle & Country Park 111

D
Deeside 140
Dokumente 196, 198
Doyle, Arthur Conan 24
Drinishader 183
Drumnadrochit 171, 188
Dryburgh 98, 112
Dryburgh Abbey 100
Dufftown 138
Duke of Roxburghe 101
Duke's Pass 137
Dundee 120, 141
Dunnottar Castle 127, 142
Dunsyre 109
Dunvegan Castle 161

E
East Neuk of Fife 143
Edinburgh 20, 25, 35
  Arthur's Seat 38, 57
  Bute House 46
  Calton Hill 42, 43, 45
  Charlotte Square 45
  Dean Village 45
  Edinburgh Castle 38, 41, 47, 50
  Festival 26, 34, 36
  George Street 44
  Georgian House 46
  Gladstone's Land 46
  Grassmarket 41, 56
  Greyfriars Kirkyard 40
  Moray Place 46
  Museum of Childhood 57
  National Museum of Scotland 40, 53
  New Parliament 30
  New Town 7, 36, 42, 44, 46
  Old Town 38
  Our Dynamic Earth 57
  Palace of Holyroodhouse 57
  Port of Leith 58
  Princes Street 36, 44
  Queen Street 44
  Royal Circus 46
  Royal Mile 38
  Royal Park 57

Royal Yacht Britannia 58
Scotch Whisky Experience 56
Scotish Storytelling Centre 27
Scottish National War Memorial 49
Scottish Parliament 52
Scott Monument 42
Signet Library 55
St Giles' Cathedral 56
St Margaret's Chapel 49
Underground Edinburgh 57
Edinburgh Festival 26
Edinburgh Fringe 26
Eigg 11
Einkaufen 201
Elie Lighthouse 143
Ermäßigungen 194
Essen und Trinken 16, 200
Ettrick 96

F
Fairy Pools 158
Falls of Clyde 108
Fauna 14, 132
Feiertage 195
Fife Coastal Path 148
Floors Castle 101
Flughäfen 197, 199
Food-Trails 17
Fort William 165, 186

G
Galashiels 98
Galloway Hills 96
Geld 195
Georg IV., König 30
Gesundheit 195
Glasgow 20, 65
  Barras Market 80
  Botanic Gardens 85
  Burrell Collection 84
  Cathedral of St Mungo 82
  CCA 83
  Clydeside Distillery 86
  Clyde 68, 73
  Corinthian Club 79
  Finnieston 72
  Gallery of Modern Art 70, 71, 82
  George Square 78
  Glasgow City Chambers 70, 78
  Glasgow Green 80
  Glasgow School of Art 83, 86
  Glasgow Science Centre 73, 86
  Glasgow Tower 86
  Hampden Park 87
  Holmwood House 87
  Hunterian Art Gallery 86
  Hutcheson's Hall 78
  Italian Centre 78
  Kelvingrove Art Gallery & Museum 72, 74
  Kibble Palace 85
  Mackintosh at the Willow 71, 83
  Mackintosh House 86
  Merchant City 70, 77
  Necropolis 68, 70, 82
  People's Palace 80
  Riverside Museum & Tall Ship 85
  Scotland Street School Museum 86
  SEC Armadillo 73
  St Mungo Museum of Religious Life and Art 80
  Tenement House 84
  Trades House 79
  West End 66, 93
Glen Achall 191
Glen Coe 10, 168
Glenfinnan 166
Glenfinnan Monument 166
Glenfinnan Viaduct 165
Glenshee 140
Golf 18
Grantown-on-Spey 129, 131
Great Glen 186

H
Hamilton Finlay, Ian 82, 109
Handa Island 174
Harris 11, 160, 162
Highland Games 10, 11
Holy Isle 111
Hunde 195
Huntly Castle 125, 142

I
Inchmahome 136
Internet 194, 195
Inverewe Garden 8
Invergarry Castle 186
Invermoriston 188
Inverness 173, 188
Iona 172

Islay 33, 172
Isle of Skye 9, 14, 154, 160

J
Jacobite Steam Train 166
Jedburgh 112
Jura 172

K
Kelso 101, 112
Kelso Abbey 101
Kilt Rock 154, 161
Kincraig 130
Kingussie 131
Kirkoswald 103
Kirkwall 8, 176
Konsulate 194
Kyle of Lochalsh 160

L
Lake of Menteith 136
Lamb Holm 177
Lerwick 178
Lewis 163, 164
Literatur 22
Loch Achall 191
Loch Achtriochtan 168
Loch an Eilein 130
Loch Broom 188
Loch Insh 129
Loch Katrine 136, 137
Loch Leven 169
Loch Lomond 11, 118, 120, 132
Loch Morlich 129
Loch Ness 170, 188
Loch Shiel 166
Logan Botanic Garden 8
Luss 133

M
Machrie 111
Mackintosh, Charles Rennie 71, 76
Maeshowe 176
Mainland (Orkneys) 175
Mallaig 167
Malt Whisky 32
Mauchline 104
Melrose 98, 112
Melrose Abbey 98, 100
Mousa Broch 178
Muck 11

Mull 172
Munros 132, 133, 196

N
National Wallace Monument 136
Neist Point 160
Neptune's Staircase 166
Ness of Brodgar 176
Nessie 170
New Lanark 96, 105
Newtonmore 131
North Coast 500 152, 183
North Uist 162
Notruf 195

O
Öffnungszeiten 62, 92
Old Man of Storr 154, 161
Orkney Islands 8, 175
Outer Hebrides 160, 162
Owen, Robert 106

P
Perth 138
Portree 157
Pubs 201, 202

Q
Queen Elizabeth Forest Park 137
Quiraing 154, 156, 161

R
Raasay 156
Rankin, Ian 24
Rannoch Moor 8
Ring of Brodgar 176
Road to the Isles 11, 165
Rosslyn Chapel 113
Rothiemurchus Estate 129
Rowardennan 132
Rowling, Joanne K. 25
Royal Lochnagar Distillery 140
Rum 11

S
Sands of Morar 167
Scapa Flow 177
Scone Palace 29, 140
Scottish Fisheries Museum 144
Scott's View 99
Scott, Walter 22, 30

Selkirk 20, 96
Shetland Islands 8, 177
Skara Brae 175
Skye 160
Slains Castle 139
Sligachan 158
Smailholm Tower 100, 101
South Uist 162
Spean Bridge 186
Speyside 138
Speyside Cooperage 122
St Abb's Head 113
Staffa 172, 173
Staffin 154
Standing Stones of Calanais 162, 163
St Andrews 19, 120, 142
Stevenson, Robert Louis 24
Stirling 120, 135
Stonehaven 126
Stone of Destiny 48, 138
Stones of Stennes 176
Strathisla Distillery 125, 142
Summerlee Museum of Scottish Industrial Life 110

T
Talisker Distillery 162
Tarbet 133
Thatcher, Margaret 30
Tobermory 173
Traquair House 112
Trossachs 120, 136
Trossachs Trail 136

Trotternish 154, 161
Tweed 183

U
Übernachten 199
Uig 157
Ullapool 181, 189
Ulva 173
Up Helly Aa 178
Urquhart Castle 171, 187, 189

V
Veranstaltungen 202

W
Wallace, William 29, 99, 136
Wandern 132
West Highland Line 8
West Highland Way 8, 132
Whisky 32, 96, 162
Whisky-Trail 129
Wigtown 117

Z
Zeit 196
Zug 198

BILDNACHWEIS

Titelbild oben: Eilean Donan Castle (Getty Images/Jrme Servais/EyeEm)
Titelbild unten: Ladenfront in Edinburgh (Getty Images/Dragos Cosmin photos)
Umschlagrückseite: Schottenrock (Getty Images/Gary Bradley Photography)

AA S. 15 o. re., 29; AA/M. Alexander S. 85, 113
AA/J. Beazley S. 189
AA/L. Campbell S. 15 u. re.
AA/S. Day S. 136, 137, 188
AA/E. Ellington S. 123 o.
AA/M. Hamblin S. 6 (5), 15 u. li. und o. li., 128
AA/J. Henderson S. 167
AA/K. Paterson S. 56
AA/J. Smith S. 48, 129, 130, 143, 187 u.
AA/S. Whitehorne S. 83, 87, 173
AA/H. Williams S. 134
akg Images/View Pictures Ltd. S. 53
DuMont Bildarchiv/pa S. 25
DuMont Bildarchiv/Jörg Modrow S. 127
DuMont Bildarchiv/Peter Hirth S. 5 u. und o., 6 (1), 6 (3), 6 (6), 6 (7), 10 u. und o., 12/13, 20, 26, 32, 33, 34/35, 39 u. li., 40/41 o., 47, 58, 62, 64/65, 70/71 o., 72, 72/73, 74/75, 78, 82, 84, 88, 92, 94/95, 99 li. und re., 100/101 u., 101, 105, 117, 124/125 u., 135, 141, 142, 144, 148 re., 150/151, 160, 160/161, 161, 162, 166, 168, 169, 173, 175, 176, 177, 178, 183, 184/185, 187 o., 192/193, 201
Getty Images/Bettmann S. 18;
Getty Images/Culture Club S. 23;
Getty Images/John Finney Photography S. 9
Getty Images/Jeff J. Mitchell/Staff S. 93
Getty Images/Redferns/Ross Gilmore S. 21
iStock/Aksonov S. 149; iStock/Joe Gough S. 90; iStock/Lauri Patterson S. 126 u.; iStock/tirc83 S. 181
laif/Arcaid/Nicholas Kane S. 6 (9), 52
laif/Andrea Artz S. 118/119; laif/Toma Babovic S. 123 u.; laif/Le Figaro Magazine/Martin S. 148 li.
laif/John Guidi/robertharding S. 70
laif/hemis.fr/Giuglio Gil S. 6 (10), 79
laif/Peter Hirth S. 19, 54, 107, 132
laif/Thomas Linkel S. 76
laif/Loop Images/Cath Evans S. 110
laif/Loop Images/Andrew Wilson S. 100
laif/Suse Multhaupt S. 39 u. re.
laif/Karl-Heinz Raach S. 104, 139
laif/Dagmar Schwelle S. 6 (2), 44, 45
laif/Robert van Waarden/Aurora S. 171
Mauritius Images/Alamy Stock Photos/Ben Collins S. 109
Mauritius Images/Alamy Stock Photos/Steve Kydd S. 61
Mauritius Images/Aurora Photos/Michael Hanson S. 157
Mauritius Images/David Chapman/Alamy S. 174
Mauritius Images/Cultura/Leon Harris S. 124, 156/157 o.
Mauritius Images/Danita Delimont/Brian Jannsen S. 158/159
Mauritius Images/Julian Eales/Alamy S. 182
Mauritius Images/Glenn Harper/Alamy S. 55
Mauritius Images/Scott Hortop Travel/Alamy S. 100/101 o.
Mauritius Images/Stuart Little/Alamy S. 114
Mauritius Images/Masterfile RM/R. Ian Lloyd S. 156/157 u.
Mauritius Images/nagelestock.com/Alamy S. 124/125 o.
Mauritius Images/Graeme Peacock/Alamy S. 125
Mauritius Images/PJP daily/Alamy S. 81
Mauritius Images/Prisma S. 106
Mauritius Images/Tschanz-Hofmann S. 155
Mauritius Images/Steve Vidler S. 40
Mauritius Images/Scottish Viewpoint/Alamy S. 179
Mauritius Images/TopFoto/Woodmansterne S. 46
Mauritius Images/Westend61/Fotofeeling S. 191
Mauritius Images/Westend61/Stefan Schurr S. 156
picture alliance/Arco Images S. 190
picture alliance/dpa S. 29, 31
picture alliance/empics/Jane Barlow S. 70/71 u.
picture alliance/empics/Andrew Milligan S. 24, 40/41 u.
picture alliance/Daniel Kalker S. 31
Reincke, Madeleine S. 28
Shutterstock S. 131, 146
Shutterstock/A. Ivanov S. 41
Shutterstock/alice-photo S. 42/43
Shutterstock/anastas_styles 49
Shutterstock/Nick Fox S. 6 (4), 165
Shutterstock/Andre Goncalves S. 170
Shutterstock/ilipap S. 77
Shutterstock/Karl Allen Lugmayer S. 112, 163
Shutterstock/Carole MacDonald S. 6 (8), 102/103
Shutterstock/Dougie Mine Photography S. 133
Shutterstock/Christian Mueller S. 42
Shutterstock/Targn Pleiades S. 126 o.
Shutterstock/Anna Pustynnikova S. 16
Shutterstock/Tana888 S. 69 re.
Shutterstock/Federica Violin S. 158
Shutterstock/Jeff Whyte S. 15, 71 re.
The Willow Tea Rooms Trust/Rachel Keenan Photography: 69 li.

3D-Illustrationen: jangled nerves, Stuttgart

IMPRESSUM

Baedeker SMART Schottland
5., aktualisierte Auflage 2025
ISBN 978-3-575-00714-8
© MAIRDUMONT, Marco-Polo-Str. 1, D-73760 Ostfildern
Alle Rechte vorbehalten. Der Name Baedeker ist als Warenzeichen geschützt.

Text: Martin Müller, Hugh Taylor, Moira McCrossan, Elizabeth Carter, Jenny McKelvie, Robin McKelvie; Matthias Eickhoff (Aktualisierung 2025)
Übersetzung: Brigitte Beier, Helga Wingert;
Dagmar Lutz und Joachim Nagel (»Das Magazin«)
Redaktion: Christiane Wagner
Kartografie: © KOMPASS-Karten GmbH, A-6020 Innsbruck;
© MAIRDUMONT, D-73760 Ostfildern
Gestaltung: Cyclus · Visuelle Kommunikation, Stuttgart; Umschlag: Neue Gestaltung, Berlin

Printed in Romania

Lob oder Kritik? Wir freuen uns auf eine Nachricht! Trotz gründlicher Recherche schleichen sich manchmal Fehler ein. Wir bitten um Verständnis, dass der Verlag dafür keine Haftung übernehmen kann.

Baedeker Redaktion · MAIRDUMONT · smart@baedeker.com

FSC
www.fsc.org
MIX
Fördert gute Waldnutzung
FSC® C127233

DAS KLIMA IM BLICK

Reisen bereichert und verbindet Menschen und Kulturen. Wer reist, erzeugt auch CO_2. Der Flugverkehr trägt in erheblichem Maße zur globalen Erwärmung bei. Wer das Klima schützen will, sollte sich – wenn möglich – für eine schonendere Reiseform entscheiden oder die Projekte von atmosfair unterstützen. Flugpassagiere spenden einen kilometerabhängigen Betrag für die von ihnen verursachten Emissionen und finanzieren damit Projekte in Entwicklungsländern, die dort den Ausstoß von Klimagasen verringern helfen (www.atmosfair.de).